KB267180

융 심리학적 관점에서 본
이용도 목사의 꿈과 환상체험

이용도 목사의 꿈과 환상체험

| 장 덕 환 지음 |

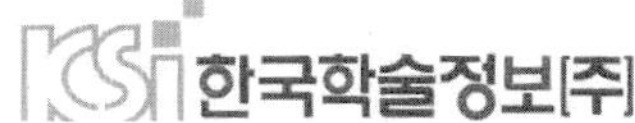

나의 무의식적 화두(話頭)

책표지의 가인쇄본을 보았을 때 예상치도 못한 기분을 경험하였다. 세련되게 디자인된 책 표지 위에 "융 심리학적 관점에서 본 이용도 목사의 꿈과 환상체험"이라는 제목이 제법 그럴듯한 자세로 약간 대견한 듯이 웃고 있었다. 그리고 그 밑에 저자의 이름이 살며시 얼굴을 내밀고 있었다. 그런데 그 이름이 너무도 낯설었다. 내 이름이 맞기는 한데 내 이름 같지가 않았다. 설령 내 이름이라 하더라도 있어서는 안될 곳에 있는 것처럼 어색하기 그지없었다. 이런 느낌은 왜일까? 젊지 않은 나이에 처음 책을 내는데 이보다 더 반갑고 대견한 일이 어디 또 있겠는가? 경사도 큰 경사인데 기분은 어색하고 쑥스럽고 창피하기까지 하다니…….

우선 나는 평범한 정신과 의사일 뿐이라는 것이 그런 기분을 갖게 했는지도 모르겠다. 여느 대학교수들처럼 유학파도 아니고 그렇다고 해서 학문의 깊이가 남달라서 그 동안 여러 권의 책을 낸 것도 아니지 않는가? 열등감이라면 열등감이라고 할 수 있는 감정이 불현듯 솟구쳐서 그랬는지도 모를 일이다. 그러나 아마도 더 큰 열등감은 융 심리학 자체에 있는 듯하였다. 여기서의 이용도 목사에 대한 분석은 융 심리학으로 분석했다고 하기에는 부끄러울 정도로 그에 상응하는 설화, 민담, 혹은 한국적 독특성을 지닌 상징과 그것에 대한 해석적 자료들 등이 빈약했기 때문이다. 다시 말해서 확충의 단계를 다양하게 펼쳐 보이지 못한 단점이 있다. 그런 측면에서만 보면 이 책은 촌스럽기까지 하다. 그러면서도 나는 지금 이 한 권의 책을 막 내려 하고 있고, 어설프게나마 앙증맞은 디자인 덕에 귀여운 모습으로 이 책은 세상에 태어났다.

이런 어리석음은 어디로부터 오는 것일까? 이것은 나의 허망한 지적 사치(知的奢侈)일 뿐이라서 독자들에게 도움이 되기는커녕 오히려 피로감을 주는 부담스러운 책은 아닐까? 이런저런 부담감이 지금 내 마음 속에서 혼란스럽게 요동치고 있음을 숨길 수가 없다. 그렇기 때문에 나는 구차스럽게도 이 책이 가지고 있는 내 나름대로의 가치와 의미를 변명처럼 늘어놓아야 하는 의무감에 사로잡혀 있다.

나에게 있어서 정신의학은 적어도 내 삶의 많은 의문점들을 풀어주는 여러 열쇠 중 하나였다고 해도 과언이 아니다. 물론 의학 이전에 종교가 그러한 문제의 중심에서 큰 힘을 발휘하고 있었기는 하지만, 거대한 종교를 이해하는 데 있어서도 정신의학적 접근이 상당한 도움을 준 것만은 틀림없다. 그 중에서 프로이트는 물론이고 융의 분석심리학적 관점은 어둠에 사로잡혀 있던 내면의 세계를 서서히 밝게 해 주었다. 그러나 프로이트의 정신결정론은 현재의 답답한 상황의 원인을 과거로부터 찾아나가려 했기 때문에 싫었다. 왜냐하면 그런 방식으로 내 인생의 문제를 해결하기에는 과거로의 회귀나 회상이 썩 달갑지가 않았기 때문이다. 아마도 그렇게 찾아 헤매야 하는 나의 과거를 더 이상 적나라하게 들추고 싶지 않았는지도 모른다. 그리고 성적 욕동 모델 혹은 충동적 인간의 본성에 대한 프로이트의 너무도 솔직한 지적들도 또한 거부감을 일으켰다. 인생을 그렇게 보기에는 뭔가 다른 성스러움이 있는 듯했기 때문이다. 그런 거부감은 내안의 성적 충동성이 남보다 더 강렬하게 작동하고 있어서였는지도 모른다.

청소년기 때 격렬했던 성적 충동은 아직도 생생하게 기억 속에 남아 있다. 그 당시에는 내면의 한쪽에서 원초적 욕동이 활화산처럼 용솟음치고 있는 동안에, 다른 한쪽에서는 그에 못지않은 힘으로 성스러운 경건함이 향기처럼 피어올랐다. 그러나 청소년기는 대체적으로 마치 담배를 끊어야 한다는 강박적 사고에 사로잡혀 있는 사람이 하는 행동처럼 연속되는 후회 속에서 지나간다. 다시 말해서 애연가는 어렵게 구한 담배 한 갑에서 한 개비를 꺼내 피우고 나자마자 열아홉 개비가 고스란히 들어있는 담뱃갑을 자신의 단호하지 못함을 자책하며 마구 꾸겨서 쓰레기통에 집어넣는다. 그리고 한동안 죄책감과 후회 속에서 헤매다가 그런 감정이 옅어질 때쯤 되면 언제 그랬냐는 듯이 또 똑같은 실수를 반복하는 것이다. 청소년기에도 동일하다. 그때는 왜 곧 후회할 일들을 그리도 많이 반복해서 저질렀는지! 이러한 청소년기를 누가 파란만장하지 않다고 얘기할 수 있을까?

그러나 한편 인생의 저변으로부터 끊임없이 풍겨져 나오던 그 향기 또한 강렬하지는 않지만 은근하고 변함이 없었던 것도 사실이다. 그것은 신(神)에 대한 의문과 갈망이었다. 물론 이러한 태도는 맹목적 신앙과는 거리가 먼 것들이었다. 차라리 '성실한 경건주의자라도 되었더라면 이렇게 목마른 고통은 없었을 텐데' 하며 그 폭풍과 같은 세월을 힘들게 보냈다. 그런데 이런 마음 바탕이 융을 만났을 때, 프로이트를 만났을 때와는 달리 요동치기 시작했다. 프로이트의 이론을 떠올리면 가슴이 답답해지는 반면, 융의 설명을 듣고 있으면 마음이 시원해지는 듯하였다. 과거에서 원인자를 찾는 프로이트의 분위기에서는 다시 신나게 살고 싶은 마음은 소외되고 마는데 융은 나로 하여금 미래를 향해 마음의 문을 활짝 열 수 있게 하였다. '인간 안에는 죽기 전까지 분열된 우리 자신의 모습을 화해시키려는 힘이 작동하고 있다'고 누군가가 확신을 준다면 여러분은 어떻게 할 것인가? 나는 융의 이러한 견해에 주저 없이 동조하였다. 동조라기보다는 필연적 선택이라고 하는 게 더 합당할 것이다.

이처럼 융은 삶을 미래지향적인 태도로 살아가게 만든다. 이러한 그의 이론에 힘입어 나는 뒤늦게 신학을 하면서 융을 중심으로 한 종교심리학에 점차 빠져들어 갔다. 이러한 탐구는 나이와 관계없이 크나큰 축복이 아닐 수 없었다. 쓸데없는 스트레스, 일테면 교수요원이 되기 위해 꼭 해야 하는 학위 같은 것 말이다. 그런 스트레스 없이 공부한다는 것은 너무도 즐거운 일이었다. 종종 그 밖의 스트레스가 계속 이어지는 과정이기는 하였지만 말이다. 프로이트가 무소부재의 힘 있는 아버지 신(神)을 연상시켜 주었다면, 융은 따뜻하고 포근하고 널널한 어머니 신(神)을 연상시켜주었다.

그렇다면 나는 왜 따뜻하고 포근하고 널널한 어머니 신(神)을 갈망하는 걸까? 아마도 나의 과거에 그런 어머니가 없었기 때문일 것이다. 우리 어머니는 당신의 인생을 성실하게 열심히 살아가신 분이었다. 그러나 그녀는 일찍 과부가 되었던 운명적 불행 때문이기도 했겠지만 하나 남은 자식을 혹처럼 여기셨다. 꽃향기가 남아있던 나이에 과부가 되셨으니 그런 생각이 이상할 것은 하나도 없었다. 그러나 아들의 입장에서 그런 어머니는 적어도 따뜻한 어머니로 기억되지는 않는다. 어머니로부터 따뜻함이 사라지는 순간 인류는 이내 고향을 잃는다. 그래서 실향민의 마음엔 언제나 고향으로 돌아가고 싶은 원망이 시리도록 남는다. 실향민이 된 나에게 그런 고향은 어디에 있을까? 포근한 산등성이와 비단결 같은 저녁연기가 정성스럽게 차려진 밥상을 휘감아 돈 후 귀가하는 식구들을 따사롭게 감싸 안아주는 곳, 그곳은 어디에 있을까? 나는 이러한 고향의 내음을 융 심리학에서 맡았다. 거기서 따사로운 어머니 신(神)이 펑퍼짐한 치마폭을 한껏 펼친 채 나의 영혼을 꼬옥 안아주었다. 그때 비로소 나는 현존하는 어머니에 대한 미움이 사라짐을 경험하였다. 현존하는 어머니는 한낱 표상일 뿐이었다. 그렇기 때문에 그 어머니상은 필연적으로 나를 배반하며, 결국 따뜻한 어머니 신(神)을 찾아가도록 등 떠미는 원동력으로 작용한다는 작은 깨달음 말이다.

이왕 내친김에 이용도 목사에 대한 변명까지 곁들여야겠다. 이용도 목사는 폐결핵이 악화되어 예수처럼 33세에 돌아가신 분이다. 이처럼 짧은 삶의 여정 속에서 그토록 진하게 살다간 사람은 그리 많지 않을 것이다. 주어진 삶을 진하고 성실하게 살아간 사람들은 언제나 감동을 준다. 그들이 선하게 살았기 때문이 아니라 진솔하게 살았기 때문이다. 그의 진솔함은 깊이 숨겨져 있는 무의식을 투명한 유리벽 너머에서 관찰할 수 있게 하려는 듯이 구김살 없는 경험들을 풍부하게 만들어 냈다. 그래서 그는 보통 사람들과는 달리 의미 있는 마귀체험과 환상체험들을 많이 하게 되었다. 이런 것들은 보편적으로 우리들에게 간접 경험을 제공해 준다. 그러나 분석과정 속에서 그와 내가 하나가 되는 순간, 즉 그의 생애를 찬찬히 관찰해 가는 과정에서 나는 나 자신의 무의식까지 돌이켜 보는 시간과 맞닥뜨리게 되었다. 내가 이용도 목사를 분석하고 있는 게 아니라 어느새 그가 나의 무의식을 분석하고 있었다고나 할까? 하여간 나는 일천한 이 연구 중에 이용도 목사를 통해 스스로 감동받기 시작하였다. 그리고 이 과정에서 내 신앙의 물음들이 하나 둘 풀려나가는 것을 느끼고 있었다. 그 동안 나에게 왜 하나님이 필요했는지, 그리고 이 시점에서 왜 하나님은 나를 필요로 하는지를 얼핏 경험하였다. 내가 하나님을 필요로 하는 갈망은 흔한 것이라서 감동스럽다고 하기에는 낯간지러운 것인데, 하나님이 나를 필요로 한다는 말은 크나 큰 감동이 아닐 수 없었다. 그 순간 나는 비로소 나의 신분을 어렴풋이 알게 되었다. "난 아버지 신(神)의 노예가 아니라 어머니 신(神)의 자녀였던 것이다."

이제 의례적 인사말을 해야 할 시점에 이르렀다. 유명하지도 않은 저자의 대중성 없는 책이라도 저자에게 어떠한 부담도 주지 않은 채 기꺼이 출판해준 한국학술정보(주)의 사장님 이하 모든 직원들에게 감사한다. 이유야 어찌됐건 간에 어떠한 미숙아라도 세상에 태어나게 하는 건 나름대로의 가치가 충분한 일이기 때문에 적어도 이 감사는 사실 그렇게 사탕발림만은 아니다. 끝으로 나를 이 자리에 있게 해준 나의 어머니와 모든 이들에게 감사하며…….

2007년 10월
팔달산(八達山) 아래에서

목 차

제 **1** 장

왜 이용도(李龍道)를
되살려 내려 하는가?

1. 한국 개신교회의 위기적 현상과 그 기원

2006년 5월 통계청은 '2005년 인구주택 총조사'를 발표하였다. 이 조사에 의하면 2005년 11월 1일을 기준으로 하여 10년 전인 1995년도와 비교해 볼 때 개신교는 1995년 876만 명으로 인구 구성비에서 19.7%였는데 2005년도에는 18.3%인 861만 1000명으로 1.6%, 즉 14만 4000명이 줄어든 마이너스 성장을 하였다. 이에 비해 불교는 인구 구성비에서는 23.7%에서 23.2%로 0.5%로 감소하기는 했지만 절대숫자에 있어서는 1072만 6000명으로 40만 5000명이 증가하였다. 천주교는 10년 전 6.6% 수준에서 10.9%로 급성장하였다. 295만여 명에서 514만여 명으로 219만 5000명이 증가하여 74.4%라는 놀라운 성장을 기록한 것이다.1) 이 통계에서 보듯이 대한민국 3대 종교 중에서 개신교만이 유일하게 마이너스 성장을 하였다.

개신교에 대한 부정적인 결과가 1998년 한국 갤럽의 여론조사에서도 나타났다. 그 당시 한국기독교목회자 협의회가 한국 갤럽에 의뢰하여 수행한 '한국 개신교인의 교회활동과 신앙의식 조사보고서: 타 종교인과 비종교인과의 비교분석'2)에 나타난 조사결과 한국인은 한국

---

1) 2006년 5월 26일 통계청, '2005년 인구주택 총조사' 발표문.
2) 이 조사는 1998년 5월과 6월 사이 서울, 부산, 대구, 인천, 광주, 대전 등
   6대 도시에 거주하는 18세 이상의 성인 남녀 개신교인, 비개신교인 각

교회에 대하여 매우 부정적인 평가를 내리고 있었다. 즉 한국 교회가 '영적 문제에 해답을 주지 못하고 있다'고 응답한 비율은 81.4%, '지도자의 자질이 부족하다'가 76.0%, '진리추구보다 교세확장에 더 관심이 있다'는 데에 71.1%가 '그렇다'고 했고 '헌금을 지나치게 강조한다'는 응답도 69.9%나 되고 있다. 한편 '봉사 등 사회적 역할을 못하고 있다'는 데 대해서는 62.9%가 '그렇다'고 응답하고 있다. 이러한 부정적인 시각은 비종교인들만을 대상으로 조사했을 때도 비슷한 결과가 드러나고 있다. 한마디로 오늘날 한국교회는 모든 종교인, 비종교인에게 신랄한 비판의 대상이 되고 있는 것이다.(이원규, 2003: 158) 한국교회의 고칠 점에 대하여 개신교인은 '교파분열', '양적 팽창주의', '자기교회 중심적', '성도의 생활 방향을 제시하지 못함', '목회자 욕심' 등의 순으로 지적했고 비종교인은 '양적 팽창주의', '자기교회 중심적', '교파분열', '목회자 욕심', '이단교회' 등의 순으로 지적했다. 한국교회에 대한 부정적인 시각에서는 교인과 비교인 사이에 별 차이가 없었다(159).

이렇게 독선적이고 자기중심적이고 경직되어 있는 현대의 한국교회는 실로 위기가 아닐 수 없다. 그 원인을 이원규(159)는 성장 중심의 목회 페러다임의 역기능으로서의 '양적 팽창주의'와 조직 중심의 목회 페러다임의 부작용으로서의 '교파분열', 그리고 교회 중심의 목회 페러다임의 한 역기능으로서의 '자기교회 중심적'인 것들을 들고 있다. 그러나 이 원인들의 본 뿌리를 역추적(逆追跡)해 보면 기독교가 이 땅에 처음 들어올 당시인 한말(韓末)까지 거슬러 올라가게 된다.

기독교가 처음 한국에 들어올 때 이미 몇 가지 문제점들이 태동되었다. 우선의 문제는 선교사들의 서구 우월주의였다. 이것은 한국교회

1,000명씩 무작위 추출법에 의해 일대일 개별 면접조사 방식으로 이루어진 것이다.(이원규, 2003: 158)

18

에 오리엔탈리즘이라는 왜곡된 인식을 심어 주어 한국의 전통적인 것들을 열등한 것 혹은 미신적인 것으로 치부하게 하였다. 둘째 선교사들의 정교분리정책이었다. 이것은 그 당시 교회가 민족문제를 등한히 하게 만들었고 후대에 와서는 사회적 문제에 기독교가 소극적인 태도를 갖게 하였다. 셋째 선교사들의 교파 간 지역안배와 독점주의는 서구신학 중심의 기독교 특히 보수주의와 근본주의 신학의 기틀을 제공함과 동시에 교회가 처음부터 지역과 교파별로 나누어져서 시작되는 운명에 놓이게 하였다. 게다가 넷째 초기의 네비우스 선교방법3)은 그 본래의 의도와는 달리 병폐의 총체적 온상이 되었다. 따라서 기독교는 처음부터 배타적이고 자기중심적인 개교회주의 및 교회팽창의 동인을 가지고 있었던 것이다. 이처럼 한국교회는 시작부터 분열적인 요인들에 방치되어 있었고 한 세기가 지난 지금에 와서도 그 병적 속성은 변함이 없어 보인다. 왜 한국교회는 이토록 변하지 못하는가?

---

3) 이것은 한말 기독교가 처음 들어올 당시 북장로회의 선교정책이었다. 그 기본이념이 자진전도(Self-Propagation), 자력운영(Self-Support), 자주치리(Self-Government)로 한국 개신교의 대표적인 선교개념으로 이해되었다. 이것은 교인들에게 자립정신과 규칙적 헌금의 습관을 가르쳐 주었으며 한국 기독교의 서양화를 방지하였고 교역자의 지적 수준, 교회의 조직에 대해서 큰 영향을 주었다. 그러나 이것은 선교사들의 한국교회 통치의 한 수단으로 이용되었다. 그러므로 한국 교역자들의 교육의 수준을 한 단계 낮게 설정하고 실천하였다. 그 결과 한국의 교역자들은 존경과 권위의 대우를 받지 못하였다. 그 밖에 많은 부작용을 낳았다. 우선 자주치리를 지나치게 강조한 결과 교회 안에 계급조직이 생겨났는데 이 조직은 종종 교만한 임원진에 의해 좌우되었다. 교회 조직과 예배를 지나치게 강조한 결과 교회가 그리스도인 공동체로 별개의 공동체가 되어 사회적 문제에 관심을 두지 않는 경향으로 흘렀다. 자급운영을 지나치게 강조한 것이 교회 제정은 교회 조직을 운영하는 데만 필요한 것으로 인식되어 사회복지 같은 것을 위해 재정을 쓰는 것은 거의 생각지도 못했다.(한국기독교역사연구소, 2004: 223-225)

많은 사람들이 천주교로 간 이유를 조성돈은 첫째로 천주교가 가지고 있는 종교성을 들었다. 천주교의 엄숙한 종교의식, 결혼도 안하고 엄격한 규율 속에서 살고 있는 성직자들의 모습 등을 통해 영적 가치를 전해 줄 수 있는 구별되어진 곳으로 받아들였다고 보았다. 둘째 천주교가 가지고 있는 봉사적 이미지이다. 셋째 개인적인 차원에서 의미의 추구이다. 조용한 장소로서의 천주교회와 그 의례는 오늘날 삶의 의미와 존재의 의미를 추구하고 있는 현대인들에게 사색이 가능한 곳으로 보였다.4) 불교도 역시 영적 문제에 대한 해답을 제공하는 종교로 인식되고 있다(158). 이처럼 천주교와 불교는 개신교가 주지 못하고 있는 것들을 주고 있다. 물론 종교인들의 이기성과 샤만적 태도에 관한 한 천주교와 불교도 개신교만큼이나 왜곡되어 있지 않다고 볼 수는 없다. 그러나 여기서 이야기하고자 하는 점은 구체적인 사회현상과 연결된 종교의 문제를 다루려는 것이 아니라 보편적으로 종교가 수행해야 하는 기능에 관한 것들이다. 그런 측면에서 볼 때 개신교는 무언가 종교의 한 기능을 상실하고 있는 것만은 틀림없는 듯하다. 과연 개신교는 종교의 속성 중 무엇을 간과하고 있는 것일까?

2. 치유기능으로서의 종교

종교(religion)의 어원은 '묶다 · 연결하다'라는 뜻의 라틴어 'legare'(=to bind or to connect)에서 유래한다. 're-'는 '다시'라는 의미의 접두사이므로 종교란 다시 묶고 연결하는 과정(the process of rebinding or

---

4) 뉴스앤조이 2006년 6월 1일 칼럼, "종교인구 변화에 대한 개신교의 대응 가능성"

20

reconnecting)을 뜻한다. 여기에는 '연결되었던 것이 반드시 떨어져 나간다는 가정과 그 결과 재결합이 필요하게 된다는 것'이 내포되어 있다.(Paloutzian, 1996: 7) 다시 말해서 종교는 온전 또는 완전에 대한 인간의 갈망이다.

이러한 종교를 좀 더 구체적으로 보면 우선 종교의 위로기능(慰勞機能)을 생각할 수 있다. 이는 고통받는 사람들을 가해자들과 구분하고 열등한 사람들을 우등한 집단과 구분하여 그들이 당하는 억울함을 피안의 보상으로 위로하는 경우이다. 이때의 종교는 일시적 평안으로 마음에 위안을 주지만 심리적으로나 사회적으로 분열의 구조를 강화시키고 만다. 따라서 이러한 종교는 결국 믿는 사람을 강한 존재에 의지하게 하여 어린아이 상태에 머물게 한다. 즉 그들의 정신적 성장을 멈추게 만든다.

종교의 이러한 미성숙한 기능을 예리하게 지적한 것이 현대인들에게 종교는 쓸모없는 것이라고 주장하는 실증주의적 과학철학이다. 그들은 이러한 종교에 머물러 있을 수밖에 없는 인간의 심리를 비교적 잘 설명해 내고 있다. 예를 들어 실증주의(positivism)의 상징적 인물이었던 프로이트는 종교가 유아의 소원과 무원(無援)의 어른 상황들 간의 유사점과 반응들에 의해 형성된다고 보았다. 즉 인간은 도움 없는 어린이처럼 항상 안전과 사랑을 위하여 아버지를 기린다. 그 아버지는 그들의 두려움과 불안전을 완화시켜 줄 크고 강한 신의 형상이었다. 그들은 신처럼 강하고 큰 아버지를 그리며 그들의 어린 시절에 강하다고 경험했던 그들의 아버지를 아직도 전지전능하리만치 강력하다고 기억한다.5) 이처럼 사람들은 환상과 소원을 통하여 그들의 욕구를 채우고 긴장을 감소시킨다. 삶과 자연의 공포 앞에서 인간의 무원

---

5) Freud/김석희 역, 1997: 196－197, 204－205, 206, 222 참조.

감을 없앨 수 있는 것 그리고 그들을 행복하게 만들어 주는 아주 멋진 것이 인간의 상상(immagination)을 통해서 '사실'로 되는 것이다. 프로이트는 이와 같은 유아주의(infantalism)가 이성과 경험으로 극복될 수 있다고 믿었다. 즉 지성(과학)은 상상력(환상)을 정복하며 지식이 쌓이면 쌓일수록 종교적 믿음이 삶을 통치하는 힘은 점점 더 약화됨을 역사가 보여주고 있다고 말했다. 그는 과학 곧 이성만이 외부의 실재를 아는 지식을 마련해 주어서 우리를 올바르게 인도할 수 있다고 생각했다.(Fuller, 1994: 46)

프로이트는 신비적 종교체험마저도 유아주의로 해석하였다. 그에게 있어서 신비적 종교체험은 로맹 롤랑(Romain Rolland)과의 편지왕래에서 다루어졌다. 프로이트는 롤랑에게 자신의 저서인 『환상의 미래』를 보냈다. 롤랑은 여기에서 다루어진 프로이트의 종교 분석에 전적으로 동의했지만 그것은 일반적인 사람들의 경우에 한한 것임을 전제로 하였다. 즉 그는 종교적 감정의 진정한 근원을 소홀히 다룬 프로이트의 태도를 지적하면서 그러한 감정은 영원에 대한 감각, 한계나 경계가 없는 마치 대양과 같은 느낌(the oceanic feeling)이라고 표현하였다. 이어서 그는 프로이트에게 이것을 분석해 보기를 권하였다. 그리고 프로이트가 그것에 부응하여 쓴 것이 『문명 속의 불만』(Civilization and Its Discontents)이다. 그는 이 '대양 느낌'을 종교를 요구하는 원천이 아니고 발달 초기의 미분화된 자아의 느낌, 즉 각각으로 분리되기 전의 발달단계에서 세계와 자아 사이의 친숙한 결합의 느낌을 지속하려는 유아적 욕구라고 보았다.(Freud/김석희 역, 247) 말하자면 진정한 변화의 모티브가 아니라 다만 스스로를 위로하려는 심리적 현상이라는 것이다.(Parsons, 1999: 35-52 참조) 이 기능은 또한 윌리암 제임스(William James, 1842-1910)의 '낙관주의적 성품(healthy-mindedness)'

의 종교와도 유사하다. 윌리암 제임스는 그의 저서 『종교적 경험의 다양성』에서 종교를 두 형태, 즉 '낙관주의적 성품'과 '고뇌하는 영혼(the sick-soul)'으로 나누어 보았다. 여기서 낙관주의적 성품의 종교는 모든 사물을 단지 좋은 것으로만 보는 성향(tendency which sees all things only as good)을 일컫는다.(Fuller, 17) 이 성향은 악에 대한 경험을 약화시키고 다만 종교적 흥분상태만 강조하여 세상을 낙관하게 하는 것이다.(James/김재영 역, 2000: 141-192 참조)

한국교회가 변화되지 못하고 정체되어 있는 것은 프로이트의 지적처럼 아직도 유아주의에서 벗어나지 못하고 있기 때문은 아닐까? 그들이 가지고 있는 무소부재의 신에 대한 절대적인 믿음과 그로부터 오는 보수적이고 권위적인 교회분위기는 상당 부분 유아주의에 근거하고 있다고 해도 과언이 아니다. 또한 현 상태의 문제를 직시하려 하지 않고 다만 평안함만 바라는 이기적이고 자기중심적인 태도는 윌리암 제임스의 '낙관주의적 성품'의 종교와도 많이 닮아 있다. 그러므로 거기엔 아직도 떨어져 나간 것들을 재결합해 내는 종교의 참기능은 활성화되지 않고 있는 것이다.

두 번째 종교의 통합적 기능에 관한 견해이다. 이것이야말로 종교의 재결합기능(再結合機能)인데 이때 분열된 개인의 내면세계와 다양한 사회적 분열상황이 모두 치유의 계기를 맞이하게 된다. 이것은 각고의 고통을 수반하면서 결과적으로 개인적 및 사회적 각성을 촉구하게 만든다. 즉 이것은 개인 및 사회를 한층 더 성숙한 단계로 인도하게 된다는 뜻이다. 이런 경우의 좋은 예가 종교체험들을 병리적 관점에서보다는 건강한 사람들에 관련하여 전인적(全人的) 입장에서 연구한 여러 학자들의 체험적 논의들이다. 그들은 정상적인 사람들과 종교지도자들의 변환은 신비적 체험들을 통해서 나타나고 있음을 확인하였다.

이 범주에 넣을 수 있는 종교 현상을 윌리암 제임스는 위에서 언급했듯이 '고뇌하는 영혼'이라고 명명하였다. '고뇌하는 영혼'의 개인은 삶의 악마적 측면을 발견하고 그것의 분열과 갈등을 뼈저리게 느낀다. 그들은 이것을 화해시키려는 과정에서 내적 부적절감(a sense of inner wrongness), 무가치감, 죄책감, 창조자와의 거짓관계의 느낌 등의 불행을 겪게 된다. '낙관주의적 성품'의 개인들이 다만 한 번의 탄생(한 번의 사건: one-storied affair)으로 족한 경우라면 '고뇌하는 영혼'은 그와는 반대로 두 번 태어나야 한다(두 번의 신비: double-storied mystery). 이것은 죽음의 고통이 전제되는 개념이다. 이러한 고통을 통해서 그 과정은 결국 재결합을 완수하여 지속적인 행복을 소유하는 데까지 이르게 된다.(193-234 참조) 이러한 재결합의 기능이 발휘되는 과정에서 바로 신비적인 체험들이 그 중심에 필수적으로 나타난다. 이런 현상들을 윌리암 제임스는 '신비주의 경험', 뷰크(Richard Maurice Bucke, 1837-1902)는 '우주의식', 마슬로우(Abraham Harold Maslow, 1908-1970)는 '절정경험' 그리고 융(Carl Gustav Jung, 1875-1961)은 '자기경험'이라고 명명하였다.

3. 칼 구스타프 융과 이용도

융은 종교의 재결합 기능이 바로 신비적 체험으로부터 기인한다고 보았다. 그는 이 체험을 루돌프 오토(Rudolf Otto, 1860-1937)의 누미노즘(numinosum)6)이라는 개념으로 설명하였다. 이 누미노즘은 그

---

6) 루돌프 오토가 말하는 누미노즘, 즉 성스러운 것이란 종교적 영역에서만 일어나는 하나의 고유한 가치평가의 행위라는 것이다. 이것은 윤리적 선

것이 어떤 원인에 의해 생겨났건 간에 자신의 의지와는 관계없이 발생하는 주체의 경험이다.(*CW* 11, par.6)[7] 이 누미노스적 감각을 좀 더 구체적으로 표현하자면 그것은 인상적인 이미지, 꿈, 환각 그리고 의미 있는 기회에 일어나는 삶의 변환의 사건들과 같은 것들을 통해서 원형적 수준의 무의식이 의식과 충돌하는 것이다.[8] 이처럼 종교의 재결합 기능이 활성화되는 순간은 바로 한 개체의 깊은 무의식이 의식 위로 솟아나올 때이다. 이 과정은 '개인적 통합'과 '포괄적 관계성'이라는 두 가지 형태로 구분되어 진행된다. '개인적 통합'은 개인의 삶을 구성하는 많은 힘 또는 콤플렉스의 중심들을 통합하는 쪽으로 움직인다. '포괄적 관계성'은 그 통합된 개인이 자기 주위의 더 넓은 세계를 무한히 커져 있는 포용과 감정이입(感情移入)을 가지고 통합할 수 있는 성숙된 양상을 말한다. 그것은 마치 개인의 동정(同情)이 보편적 포용으로 확장되는 상태, 즉 더 위대한 전체성으로 회귀하는 것과 같은 것이다.[9] 따라서 종교란 누미노즘 체험을 통하여 변환된 의

만을 일컫는 것이 아니며 그것을 포함한 그 어떤 여의(餘意)를 지니고 있는 단어이다. 말하자면 도덕적인 것의 요소는 전혀 포함되지 않거나 있다 하더라도 근원적인 것이 아니라는 것이다. 그래서 윤리적 요소가 배제된 어떤 언어가 필요하게 되는데 이러한 필요에 의하여 오토는 바로 '누미노즘'이라는 단어를 만들어 냈다. 그래서 이 단어는 엄밀히 말해서 윤리적으로는 중립적인 것이며 따라서 단순한 선과도 확연히 구별되어 있는 개념인 것이다.(Otto./길희성 역, 1995: 37-9) 그러나 융은 이 단어에 무의식이 의식화될 때 나타나는 경이로운 현상이라는 의미를 포함시키고 있다.

7) *CW*는 Collected Works of C. G. Jung의 약자이고 par.는 paragraph의 약자이다.

8) John P. Dourley, "Jung and the Christian Apophatic Experience: Religious and Psychological Implications": 2006년 10월 17일, Mystical Experience and Social Responsibility in a Global Village라는 주제로 서강대 종교연구소 주최 강연에서 캐나다 칼톤대학교(Carleton University) 종교심리학 교수 존 두얼리 신부가 행했던 강의록.

식의 독특한 태도를 의미한다.(par.9) 그리고 이 과정을 통해 인간 속에서 점차적으로 신 자신이 의식되는 것이 종교이다. 이처럼 융은 신비적 종교체험이 갖고 있는 진정한 변환의 힘을 잘 알고 있었기 때문에 그것이 분열되어 있는 인간의 속성을 통합하여 개인과 사회의 병리적 현상을 치유하는 데 도움이 될 것이라고 생각하였다.

한국교회의 자기중심적 정체현상은 바로 이러한 종교의 치유능력을 간과해 왔기 때문은 아닐까? 간혹 종교체험에 관심을 갖는다 하더라도 그들은 그 체험에 맹목적으로 매몰되거나 아니면 냉소적인 태도를 보였던 것이다. 다시 말해서 종교의 통합적 기능보다는 위로기능에만 관심을 쏟아 왔다고 볼 수 있다. 이것은 구복신앙의 형태에 안주하는 결과를 초래했는가 하면 학문적으로는 초창기 선교사들이나 제국주의자들의 폭압적 지배구조에 모든 탓을 돌리는 편협한 결론에 이르게 하였다. 그러므로 거기에선 아직도 분열된 모든 현상들의 재결합이 일어나고 있지 않다. 따라서 현재의 위기상황 타개를 위하여서라도 필자는 기독교 안에서 이러한 종교의 치유기능이 어디로부터 어떻게 왜곡되어 왔는지를 가려내어 그 힘을 회복시켜야 한다고 생각한다. 이를 위한 방법은 할 수 있는 한 초창기 한국 기독교 상황에서부터 찾기 시작하는 것이 타당할 것이다. 더욱이 그 당시를 대표하는 인물을 그 중심에 둔다면 그 역동성을 생생하게 되살리는 데 더없이 좋을 것이다.

한말(韓末), 열악한 환경에 처해 있던 한국에 이용도라는 사람이 융보다 25년 늦게 태어났다. 그는 종교의 치유적 기능을 잘 알고 있었을

---

9) John P. Dourley, "C. G. Jung on Current Implications of Aspects of the Western Christian Mystical Implications": 2001년 6월 1일 가톨릭대학교 인간학연구소 주최로 가톨릭대학교 성심교정에서 있었던 존 두얼리 교수의 초청 강연회 강연문인 "Catholic Mysticism and Jungian Psychology"를 번역 인용한 것이다.

뿐만 아니라 그 스스로가 그러한 치유적 상황에 전 생애를 던지기까
지 하면서 적극적으로 살아갔던 인물이었다. 즉 그는 당시 사회의 아
픔과 교회의 분열상을 뼈저리게 느끼면서 그러한 문제들을 종교의 힘
으로 치유하려고 전력투구했던 사람이었다. 융이 메마른 계몽주의적
이성에 짓눌려 지내던 개신교 목사였던 그의 아버지와의 갈등 속에서
그 자신의 내면적 분열과 치유적 화해를 경험할 수 있었다면 이용도
는 일본의 강압적 통치구도 아래에서 교권주의에 지배된 채 피안으로
도망가려고만 하던 당시 교회와의 갈등 속에서 자신의 내면적 분열과
치유적 화해를 경험할 수 있었다. 그들이 이러한 종교적 치유의 힘을
느낄 수 있었던 계기는 동일하게 신비적 체험을 통해서였다.

둘 사이의 이러한 공통점은 필자에게 하나의 실마리를 제공하였다.
즉 1세기에 걸쳐서 동일한 문제로 병을 앓고 있는 한국교회를 치유할
수 있는 근원적 모티브가 이 두 사람 사이에서 발견될 것 같은 희망
을 보았던 것이다. 그것은 신비적 종교체험으로 점철되었으면서도 피
안의 세계로 도피하기보다는 그 시대적 아픔에 적극적으로 맞섰던 이
용도를, 종교의 현상들을 분석심리학적으로 통찰한 융의 시각으로 재
조명해 보는 일이다. 이러한 작업이야말로 시대적 특수 상황 속에서
종교의 치유적 기능을 확인하고 정리하는 데 있어서 매우 유용할 것
으로 판단되었기 때문이다.

4. 연구의 목적과 개관

학자들은 이용도를 대체적으로 두 특징적 측면에서 보고 있다. 하나
는 그를 수많은 환상과 꿈을 통해 초월적 존재들(주로 마귀)을 자주

접했던 영적인 사람으로서 이성보다는 감성을 중시하는 기도의 사람으로 보는 관점이다. 다른 한편은 그를 기존교회의 교리적 경직성을 신랄하게 비판하고 각 교파를 넘나들며 부흥회를 인도한 사랑의 실천가로 보는 견해이다. 첫 번째 특징에 초점을 맞춘 논문들은 그를 그리스도와 닮아간 고난받는 예수－신비주의자, 십자가 신비주의자, 초분별적(영교의) 신비주의자 그리고 열광주의자 등으로 평가하였다. 두 번째 특징에 초점을 맞춘 논문들은 그를 신비주의자에서 건져내 좀 더 넓은 관점에서 그를 평가하였다. 그들은 그를 현실 비판적 교회개혁가, 한도한기론(韓道韓器論)과 같은 주체적 사상의 실천가, 묵시문학적 상상력과 환상의 힘을 소유한 탈서구적 변혁가, 오리엔탈리즘에 항거한 정신적 근원으로부터의 혁명가 등으로 평가하였다.

많은 학자들이 그의 내면적 특징에 초점을 맞추고 있건 외면적 행위에 초점을 맞추고 있건 간에 그러한 원동력의 근원을 그의 신비주의적인 영적 특성에 두고 있는 것만은 확실하다. 그 요소를 무시하고서는 이용도를 말할 수 없기 때문이다. 그럼에도 불구하고 그러한 신비주의적 특성 자체를 진지하게 논의하고 있는 논문은 찾아보기 어렵다. 과연 그가 체험한 꿈과 환상들은 무엇을 의미하는지, 특히 그의 승마체험을 위시한 신비적 체험들은 그의 개인적 환경 및 사회적 상황과는 어떤 관계가 있는 것인지 그리고 그런 체험들은 그의 삶 속에서 어떤 역할을 하고 어디로 그를 인도하였던 것인지 등에 대한 의문에는 아무도 대답하고 있지 않다.

실제로 그가 신비주의자든 아니든, 성령운동가든 아니든, 교회개혁가든 아니든, 묵시문학적 사상가든 아니든 그리고 영성주의적 신앙가든 아니든 그런 평가들은 그만의 독특한 종교체험을 통해서 유추해 낸 후대들의 고귀한 연구의 산물들임엔 틀림없다. 그러나 정작 그 밑에 흐르고 있는 그의 신비주의적 종교체험 자체를 분석해 보지 않고 그런 연구물들을 본다면 아마도 상당 부분을 박재된 채 보는 편협함에서 벗어나기 어려울 뿐만 아니라 각각 떨어져 진행되어 온 두 관점의 연구물들을 통합해서 보기도 쉽지 않을 것이다. 그러므로 그런 평가들을 더욱더 빛나게 하기 위해서라도 그의 꿈과 환상을 위시한 신비체험들을 직접 분석해 봐야 할 당위성은 충분하다. 이 연구의 목적이 바로 여기에 있다.

또한 이용도의 꿈과 환상을 분석해 볼 수 있는 틀로서 융 심리학을 능가할 만한 도구는 없을 것이다. 융 심리학은 개인의 무의식을 탐구하는 데 있어서 여느 심리학보다 더 꿈과 환상에 관한 분석을 중시하기 때문이다. 특히 융 심리학에 있어서 '개성화(자기실현) 과정'은 개인의 정신적 성숙과정을 이해하는 데 매우 유용한 이론이다. 이 이론은 어떤 사람의 삶과 사상의 발달과정을 일관된 시각으로 재조명해 보게 한다. 따라서 필자는 융 심리학을 통해서 이용도 인생의 질곡들이 어떻게 동일한 맥락으로 연결·발전되어 가는지를 관찰·분석하고자 하는 것이다.

이를 위해서는 우선 제2장에서 이용도에 관한 그동안의 연구들을 개괄하여 필자의 계획이 어디쯤에 놓일지를 가늠하는 일은 필수적이다. 재검토 과정에서는 개인적 삶의 질곡들과 단절된 신학적 평가에 초점을 맞추기보다 그의 삶과 사상의 연속성에 초점을 맞춰 보는 것이 본 주제에 더욱 잘 어울릴 것이다. 이 문제를 좀 더 구체적으로 나누어 보면 이 글의 근간을 이루는 성장과정의 결정적 시기들(15세 때 최초의 승마체험, 강동체험, 통천교회에서의 승마체험, 이단시비에 휘말린 시기)을 다른 논문들은 어떻게 보고 있는지를 살펴볼 것이다. 이어서 제3장에서는 그의 삶과 사상의 발달과정을 일관된 시각으로 보기 위한 도구로서의 융 심리학, 특히 개성화 과정에 대한 기본구조를 정리해 봄으로써 이 글의 기틀을 마련할 것이다. 그리고 이용도에게 있어서 무의식의 의식화와 관련된 마귀형상의 의미가 무엇인지를 짚어보고 이어서 융의 꿈·환상에 대한 해석방법과 그 과정에서 해석자가 주의해야 할 사항을 정리해 볼 것이다. 제4장에서부터는 이용도의 삶의 과정을 융 심리학적 관점에서 본격적으로 분석할 것이다. 우선 '분화의 시작과 첫 승마체험'이라는 제목으로 이용도의 열성적 신앙의 심리적 동인과 첫 승마체험의 의미에 대한 논의를 시작할 터인데 이 장에서는 어린 용도의 가정환경과 그로 인한 그의 원초적인 삶의 태도와 환상체험을 연관지어 분석해 볼 것이다. 이 장의 핵심은 그의 운명적인 개성화 과정의 밑그림을 그의 어린 시절 사건들에서 발견해 내는 일이다. 제5장의 '목회자로의 전환과 개인적 무의식'에서는 투쟁적 페르조나에 대한 자각과 개인적 무의식과의 관계를 분석해 볼 것이다. 즉 이러한 요인들이 어떻게 이용도의 안과 밖에서 상호작용했는지를 유추해 보는 작업이다. 제6장의 '부흥사 사명감과 집단적 무의식'에서는 목회자 페르조나에 대한 자각과 집단적 무의식의 확대·진행 과정을 고찰해 보고 또한 부흥사 페르조나와 집단적 무의식과의 동행을 면밀히 추적할 것이다. 여기서 사람들은 그의 삶이 얼마나 순수하게 집단적 무의식에 열려 있었는지를 새삼 경험하게 된다. 제7장 '자아와 자기의 합일'에서는 개성화 과정의 정점을 향해 나아가는 이용도의 꿈과 행적들을 추적해 나아갈 것이다. 여기서는 모성원형과 모성콤플렉스 그리고 '자기'원형의 의식화 과정을 꿈과 환상 분석을 통해 유추해 볼 것이다. 그리고 그러한 꿈과 환상이 어떻게 현실에 작용하는지를 추적해 갈 것이다. 이는 곧 십자가 예수를 닮아감과 이단집단을 옹호하게 되는 심리적 동인에 관한 분석이 되기도 할 것이다. 결국

'자아'의 '자기'와의 만남 곧 합일의 과정을 그의 삶에서 추적·확인하는 것이다. 제8장 결론에서 필자는 우선 이 연구의 한계점 몇 가지를 돌이켜 본 후 본 논의 전체를 간단히 정리해 볼 것이다. 그 과정에서 기존의 연구에서와는 다른 세세한 이론(異論)들이 제시될 수도 있다. 그러나 무엇보다 중요한 것은 서론에서 제기했던 한국교회의 문제점을 풀어낼 수 있는 실마리를 찾아내는 일이다. 이것을 위해 필자는 의미 있는 결론에 도달하려고 노력할 것이다.

물론 이 모든 과정은 변종호의 이용도 목사전집과 융의 저서들을 중심으로 한 문헌적 고찰로 행해질 것이다. 이용도 목사전집은 2004년 장안문화사에서 다시 발간한 서간집, 일기, 저술집, 전기, 추모집 등 전 5권을 중심으로 하였다. 융의 저서는 그의 영어판 전집을 근간으로 하고 한국 융 연구원에서 번역한 C. G. Jung의 기본 저작집을 독일어판과 비교해 가면서 번역의 오류를 최소화하려고 노력하였다.

제 **2** 장

이용도 연구사 개관

1. 신비주의자로서의 이용도 연구들

이용도에 대한 논의 중 그의 '십자가 예수를 닮아 가는 삶'을 신비주의의 틀로 본 논문들이 있다. 이러한 견해의 선두주자는 민경배다. 그는 오로지 고난받는 예수를 닮아감만을 추구한 이용도의 비신학적 신앙은 일본에게 국권을 빼앗겨 절망상태에 있던 시대적 정황 때문에 비난할 수 없다는 것과 그의 신비적 경건의 과열도 또한 비난의 대상이 될 만큼 그 정도가 지나친 것은 아니었다고 그를 옹호하였다. 아울러 그가 하나님과 인간 사이의 간격을 인정치 않아 그 간격의 신학적 용어인 계시나 은총, 구속의 복음적 깊이를 흐리게 한 점은 비난받아 마땅하지만 반면에 압도적인 사랑과 고난의 신비주의를 경건하게 지켜온 모습은 찬양받을 만하다고 격찬하였다.(민경배, 1969: 128-160)

민경배는 또한 독립투사였던 이용도가 부흥사로 전환한 동기를 다음과 같이 보았다. 우선 대주가인 아버지와 병약한 어머니로 대별되는 환경 그리고 타고난 예민성과 불우한 환경으로 인한 우울증, 게다가 그 당시 사형선고와도 같은 폐결핵 판정, 이러한 상황에서 휴양차 내려갔던 이환신 목사의 고향인 강동의 한 작은 교회에서 부흥회를 인도하다가 말이 아닌 감정의 통로를 발견하게 되면서 그는 새사람이 됐다는 것이다. 그리고 오로지 고난받는 그리스도를 닮으려는 데만 집중되어 있는 그의 신비주의의 틀은 1927년 성탄절에 '십자가를 지는 이들'이라는 성극의 주역을 맡아 연기하는 중에 겪었던 경험에 의한 것이었다고 설명한다. 이러한 그의 태도는 통천에 목사로 부임하면서 더욱 굳건해지고 급기야는 현실교회에 대한 반발로 나타나서 기성교회를 반역하고 이런 속에서 그의 경건은 자기 자신을 고난받는 그리스도로 자처하게 하였다. 결국 그는 이 세상이 필연적으로 자기를 해할 것이라는 피해감정을 갖게 되는 지경에까지 이르게 되었다는 것이다(134-135).

이러한 민경배의 이해는 그가 신령주의파인 원산의 H 씨를 옹호한 태도를 설명해 내는 데도 일관되게 작용하였다. 즉 이용도는 쫓기는 이에 대한 피해의식의 교류에서 묘한 심리적 반발을 경험했을 것이라고 추측한다(138). 아울러 그가 미련하리만큼 꿋꿋하게 당시 이단자들로 몰렸던 이들의 편에 선 이유를 "나 자신이 십자가에서 예수와 함께 죽는 날에 우리의 완성은 있는 것이다"에서처럼 완성을 위한 자기방기(自己放棄) 행위로 보고 있다. 그러나 이용도는 자신을 다 버린다고 하면서도 밖에서 오는 힘인 계시나 은총에 의하지 않고 자기가 다 해낸다고 믿었다. 이러한 그의 태도는 자기증오나 자기방기가 곧 자기만족과 자기실현으로 끝난다는 것과 이는 자기향락에 다름 아니라고 하면서 거기에는 육의 쾌락이 영의 쾌락으로 넘어가는 취미의 교대가 있을 뿐 장엄한 신앙의 순종은 없다는 논지를 폈다(148). 이처럼 이용도를 비판한 민경배는 결론적으로 1930년대 한국교회의 실정과 민족의 비애로 인해 왜곡될 수밖에 없었음을 부연했다.

유동식(1967: 21-27)은 이용도를 사랑의 열광주의자로 보았다. 그가 이처럼 열광주의에 빠질 수밖에 없었던 개인적인 요인들은 그의 열광적인 성격(독립 투쟁적 행동), 폐병 3기라는 죽음의 선고 앞에서 가질 수밖에 없었던 종말의식 그리고 신앙체험 등이었다. 그의 열광주의는 무차별의 사랑과 무한포용을 실천하는 데 주저하지 않았기 때문에 당시 이단시비에 말려들기까지 했던 것이다. 이와 같은 그의 신앙과 열광주의에서 병적인 것이나 이단성, 즉 입신, 방언 따위의 기현상은 없었지만 그의 열정적인 신앙운동이 무지한 교인들로 하여금 기존교회의 냉랭함과 무력함을 비판하게 하여 그의 부흥회가 지나간 교회 안에서는 일종의 분열상이 일어나기 마련이었다. 이것은 이용도가 억압되어 있던 그들에게 부흥회를 통해 생기를 준 이후 교육적 책임을 다하지 못함으로써 그의 주변에 뜻하지 않은 광신자들을 만들게 되었기 때문이었다. 게다가 유동식은 그의 열광주의를 뒷받침할 만한 신학이 없었음도 약점으로 지적하고 있다.

박봉배(1978: 51-71)는 이용도의 사상 속에서 금욕주의적 요소에 초점을 맞추었다. 그는 이용도의 수도원적 금욕주의가 영적인 것만 강조하여 윤리적 방종으로 전락했던 서구 신비주의와 구별되는 윤리적 특성을 지닌다고 보았다. 그리고 이러한 금욕주의적인 고난이 십자가의 고난과 자연스럽게 연계되며 또한 그렇게 연계된 고난이 때론 열광주의적 입장을 낳기도 했다는 설명이다. 박봉배는 이러한 열광주의 때문에 이용도 신비주의가 샤마니즘적 입신사상과 접촉할 때 무차별적인 일치에 빠지게 되어 결국 정의와 사랑을 분별치 못하는 실수를 저지르게 되었다고 말한다.

윤성범과 변선환도 역시 이용도를 신비주의자로 이해하면서 신비주의의 신학적 의미를 새롭게 밝히는 데 주력하였다. 윤성범(1978: 26)은 이용도를 십자가 신비주의자로 보고 이것은 결국 예수 중심의 신앙형태이며 바울에게서부터 시작되어 어거스틴, 루터에 이르는 긴 전통과 맥을 같이한다고 보았으며 또한 그의 신비주의는 매개자를 필요로 하지 않는 서구의 일반 신비주의와는 다르다는 것을 강조하여 민경배의 견해를 반박하였다. 윤성범은 이용도를 다만 신학적 범주에서 논의하고 있기 때문에 이용도가 독립투사에서 부흥사로 나아간 경위를 주요 문제로 다루지 않았다. 다만 그가 십자가 신비주의자가 될 수밖에 없었던 사회적 정황을 간단하게 피력하였다. 즉 이용도는 고난의 의미를 실존적으로 실감한 사람이었는데 사적으로는 그의 폐결핵이 그 요인이었고 공적으로는 당시의 민족적 수난 그것이었다. 윤성범의 말이다.

> 그는 2年 獄苦를 치르고 나왔으며 民族의 처참한 모습을 눈물 짙게 直視하고 있었던 것이다. 十字架神秘主義는 이러한 無力者, 弱者로서의 하나님에 대한 깊은 同情心을 民族의 설움에다가 '感情移入'(Einfühlung)한 것이라고 말해도 좋을 것 같다. 즉 客觀을 主觀에로 移入시킨 狀態라는 말이다. 물론 李龍道는 持病으로 고생하던 時節이며 同時에 民族的인 受難을 겪은 때이고 보면, 그는 主客觀的으로 十字架神秘主義에 빠질 수밖에 없었다고 말할 수도 있는 것이다(11-12).

한편 변선환(1978: 72-123)은 이용도의 신비주의를 다음과 같이 보았다.

> 소년시절 백부 심부름 길에 악마와 천사와의 싸움을 체험하였던 이용도는 신학생시절 폐병에 시들어 가는 몸을 끌고 평남 강동에서 망아의 종교체험(1925)을 한 데 이어, 첫 구역 담임지였던 강원도 통천에서의 악마에 대한 승리자로서의 종교체험(1928)을 하였다. 그는 계속 악마와 싸웠다. 이 점에서 그의 신비주의는 에큐하르트의 이성 우위의 '사변적 신비주의'(Denkmystik)보다는 감정우위의 입신과 황홀을 그 특징으로 하는 망아적 신비주의(ekstatische Mystik), 원시적 주술적 신비주의(primitive, magische Mystik)였다고 본다(87-88).

그러나 변선환은 웨슬레 신학의 빛에서 볼 때 완성과 합일에 이르는 그의 예수 신비주의에는 '회개 · 의인 · 성화 · 완전(悔改 · 義認 · 聖化 · 完全)'을 향하려던 웨슬레의 '구원의 질서' 사상이 분명히 살아 있다고 보았다. 그렇기 때문에 첫째로 이용도는 웨슬레, 존 번연, 키에르케고르처럼 자아애(自我愛)가 아니라 천계적 애(天界的愛)에서 그리고 지옥애(地獄愛)가 아니라 천적 애(天的愛)에서 살아야 한다는 절대적인 자기방기(自己放棄)를 행했다. 둘째로 보편적으로 신비주의자들에게서 기독모방(imitatio Christi)으로써 자기부정과 자기방기의 깊은 피조성의 표상이 전적으로 비상징화되고 파기되는 곳에서 '신의 인간화'인 그리스도와의 합일에 이르게 되기 때문에 이용도도 역시 여느 신비주의자들처럼 그들의 시대와 그들의 환경에서 예수의 명령에 따르고 그의 생활을 모방하고 자기 십자가를 지고 예수를 따랐다. 세 번째 특징으로 시무언 곧 언(言)을 버리고 행(行)이 사는 무차별적 사랑을 말하면서 이용도 신비주의는 한 개인의 종교적 영웅주의로 변질되지 않은 채 오히려 그리스도에 의해 소유되는 그래서 끊임없이 이웃을 향한 겸비적 사랑, 곧 윤리를 가능케 했다는 것이다. 변선환은 이용도가 말년에 이단시비에 휘말리면서도 그들을 옹호한 이유를 바로 이 무차별적 사랑으로 인한 필연적 귀결이었음을 암시한다. 그러나 그의 무차별적 사랑은 역사의식이 결여된 단점을 가지고 있었기 때문에 십자가가 쓴 소금이 아니라 아름답고 감미로운 꿀이었다는 지적을 하고 있기는 하지만 그는 이용도를 한국 사람에 의해 재구성된 한국적 기독교의 전형이라고 극찬했다.

이용도를 성령론적 시각에서 본 정지련은 이용도의 '성령으로 거듭나 예수 그리스도를 따라가자'는 외침을 성령과 예수 그리스도의 분리될 수 없는 관계를 말하려 했던 성서전통을 조명해 주는 예언자적 목소리라고 평하였다. 그러면서 이용도를 제대로 평가하지 못한 것은 잘

못된 서방교회의 가르침, 즉 그리스도와 성령을 분리시켜 예수 그리스도를 믿는 것을 모호하게 만들어 버리고 성령을 구원과 무관한 일종의 부차적인 것으로밖에 보지 않았던 것 때문이라고 보았다.(정지련, 1998: 128) 당시 기존교회가 구원의 주체로서의 성령을 간과해서 이용도는 성령에 의한 거듭남이 구원의 핵심임을 호소한 것뿐이지 여타 열광주의자들처럼 새 계시를 주장한 것도, 자기 자신이 성령과 하나 됨을 주장한 것도 아니라고 강변하면서 그를 신비주의에서 건져냈다. 그러나 이용도가 기존 질서를 무시했다는 점을 그의 과오로 보고 이 점에 있어서는 열광주의자들과 유사했음을 부연한다. 그의 글은 오로지 신앙의 해석학에만 집중되어 있어서 이용도를 연속성의 관점에서는 전혀 보고 있지 않았다.

김상일(2001: 55-96)은 이용도를 진정한 영교의 신비주의자였다고 주장한다. 그는 길선주, 백사겸, 송창근 등은 한국문화라는 전 이해를 가지고 기독교로 건너갔다가 선교사들에게 발목이 잡혀 영원히 한국문화로 되돌아오지 못한 데 반하여 이용도는 기독교로 갔다가 다시 한국문화로 되돌아온 인물이었다고 말한다. 이용도는 한국문화와 기독교 사이를 끊임없이 왕복한 인물이었다는 것이다. 김상일은 신비주의를 차축시대(axial age)를 중심에 두고 그 이전의 것을 전분별적 신비주의, 그 이후의 것을 초분별적 신비주의라고 명명하였다. 그 전 시대란 원시시대를 말하며 그 이후의 시대란 기독교 시대를 말한다. 그는 또한 전분별적 신비주의를 '영합'(靈合, unio mysticism)이라 하고 초분별적 신비주의를 '영교'(靈交, communio mysticism)라고 한 박봉배의 견해를 인용하면서 '합'(合)은 신과 인간이 둘이었다가 다시 하나 됨을 의미하는 것이고 교(交)는 신과 인간이 하나에서 둘로 나누어졌다가 다시 하나 됨을 의미한다고 설명하면서 영합과 영교는 그 양상이 매우 유사하여 구분하기가 힘들다고 덧붙인다(80). 한편 한말 때 동양의 범아일체 사상은 자연과의 조화에는 기여했으나 역사의 역동성에는 무기력할 수밖에 없었기 때문에 도교와 불교는 역사를 상실하였고 또한 주나라 이후 땅 위에서 하늘 신의 음성을 직접 듣는 것을 금해 왔으며 특히 조선시대에는 무당이 중재하여 하늘의 소리를 들려주는 것과 같은 무(巫)를 음사라 해서 금지시켰다고 한다. 바로 이때 기독교가 들어오면서 그 소리를 듣게 해 주었다.

이러한 배경 속에서 1930년대 한국교회에 영합적(전분별적) 신비주의와 영교적(초분벽적) 신비주의가 모두 나타나게 되었는데 영합적 신비주의에 속하는 이들이 황국주, 유명화 등이었고 특히 유명화의 입류신 현상은 영합적 신비주의에 흔히 나타나는 현상이었다. 이용도가 원산에서 유명화의 음성을 듣고 그녀 앞에서 '주여' 하고 부른 사건은 이용도의 초분별적 신비주의가 전분별적인 것을 '관류'(貫流, trans)하였기 때문에 일어난 현상이지 결코 이용도가 그들에게 흡수되었다고는 볼 수 없다(84). 한편 신비주의는 초월 대상으로서의 신을 부정하기 때문에 '계시의 적'이라는 기존교회의 입장에 섰던 송창근과 김인서 등은 분별적 입장에서 이용도의 초분별을 전분별로 오해하였다. 그러나 이용도는 이들을 모두 관류하고 있었기 때문에 이들 모두를 친구로 받아들이는 거리낌 없는 태도를 나타냈다고 한다(87).

2. 사랑의 실천가로서의 이용도 연구들

한편 이용도를 기존교회의 교리적 경직성을 신랄하게 비판하고 각 교파를 넘나들며 부흥회를 인도한 사랑의 실천가로 보고 연구한 논문들이 있다. 송길섭(1978: 125)은 이용도를 현실 비판적 교회개혁가로 이해하였다. 그의 신비적 종교체험, 성령운동 모두는 교회개혁을 위한 원동력으로서만 존재할 뿐이었다. 이처럼 송길섭은 독립운동가에서 목회자로 전환한 이용도의 삶을 오직 독립운동가의 모습으로만 재해석해 낸다. 즉 이용도의 제도교회에 대한 열정적인 비판은 이전의 독립운동가의 애국심에서 우러나온 것이며 그가 당시 한국교회의 현실을 개탄하고 비판한 것은 현실을 부정하기 위한 것이 아니라 조선교회의 개혁을 통해 당시 조선을 새로운 땅으로 만들기 위함이었다. 이처럼 송길섭은 이용도를 열정적 독립운동가의 기질을 가진 인물로만 그려내고 있다.

성백걸(2001b, 19-54)은 한국 기독교 정신사를 서도서기론(西道西器論)에서 대도대기론(大道大器論)으로 그리고 대도대기론에서 한도한기론(韓道韓器論)으로 발전되어 간 것으로 파악하면서 이용도가 활동했던 1920년대 중반에서 1930년대 중반에 대두된 정신을 한도한기론이라고 명명하였다. 이 한도한기론이란 서구 근대문명과 기독교의 실체에 대해 깊고 넓게 파악하면서 근대 가치와 기독교 복음의 진리를 우리의 역사 상황에서 근대적인 민족의식을 가지고 철저하게 주체적으로 수용하고 개성적으로 표현하는 움직임들을 말한다. 즉 유영모, 김교신, 함석헌, 최태용, 이용도 등이 우리 민족의 고유한 종교성과 영성을 근대 가치 및 복음의 진리와 융합시켜 제3의 새로운 창조적인 지평을 열었다. 한도한기론은 세 차원을 지니고 있는데 첫째 우리 민족 고유의 인간 삶의 길과 세계가 우리의 무의식의 심층에 한 원형으로 숨 쉬고 있고 둘째 이 한도한기의 원형이 1920년대 중반에서 1930년대를 통해 근대 가치 및 복음의 진리와 융합되고 합일되어 새로운 지평에서 제3의 창조가 현실적으로 있어났으며 셋째 이러한 한도한기의 세계를 전 인류가 공유하여 평화를 이룩한다는 것이다. 이러한 이론을 바탕으로 성백걸은 이용도의 폐병 3기의 상태를 실존적 죽음 체험으로 보고 그 체험이 역사적 죽음체험으로 확대되어 통천에서 새로운 생명체험(종교체험)으로 극명하게 표출되었다고 보았다. 그는 또한 이용도를 동양적이고 한국적인 영성을 가지고 하나님의 신비를 깊이 체험한 기독교 신비주의자로 보았다(32-47).

이정배(2001: 89-121)는 그동안의 논문들이 이용도를 신비주의자, 성령운동가 또는 교회개혁가로서만 평가하여 젊은 시절의 민족주의자, 독립운동가로서의 그의 모습과 연속성상에서 보지 못하고 있음을 지적하면서 그를 정의와 사랑이 충만한 사람으로서 민족과 종교를 아울러서 하나님 나라에 대한 강력한 비전을 가졌던 인물로 재조명한다. 이정배는 이러한 입장을 뒷받침하기 위해 기독교의 모체인 묵시문학운동을 도구로 사용하였고 이것이 동시에 탈오리엔탈리즘의 맥락에서 이해할 수 있도록 도울 것임을 명시하였다. 그가 본 묵시문학자의 의식은 역사의식과 초월(신비)의식으로 분열된 의식이었다. 따라서 현실 세계는 타락과 심판뿐이며 이로부터 초월에로 의식의 비약 곧 환상이 생겨날 수 있었다고 보았다. 이런 속에서는 자기에 대한 의식이 새롭게 부각될 수밖에 없어서 묵시문학가들은 저마다 자기초월적 체험, 곧 환상을 강조하나 이는 자신의 내면의 소리를 들을 수 있는 자기 서술로서의 창조적 감수성 내지는 카리스마적 상상력이라는 것이다. 바로 이 상상력에 의해서만 현재는 부정되며 새로운 미래에로의 전환이 생겨날 수 있다. 이런 맥락에서 그는 이용도를 창조적 감수성을 지닌 묵시문학적 자의식의 소유자로 보았다. 그러므로 그에게 자의식이 생겼을 때 그는 자기서술, 곧 제소리를 내기 위해 몸부림치고 있었다. 제소리를 내는 일은 현실에 대한 냉철한 이원적 의식과 자신의 내적·

외적 한계성을 넘기 위한 초월에 사로잡힘 없이는 불가능하기 때문에 바로 이런 현실비판과 초월지향성이라는 영적 양극성이 이용도의 성령체험의 동인이었다는 주장이다. 성령체험과 인간의 창조적 감수성은 결코 둘로 나뉠 수 없는 하나의 현실체일 뿐이며 이런 이용도의 성령체험은 자신의 정체성을 되묻게 하는 사건이 되었고 보편적 서구에 대해 의문을 일으키는 결정적 계기가 되었다는 것이다.

최대광(2001: 61-88)은 이용도의 삶 전체를 오리엔탈리즘 구조와의 싸움으로 이해하고 있다. 그는 이용도를 민족주의 계열의 '계몽운동'을 지지하였던 독립운동가로 보고 그의 정치 이데올로기의 문제가 삶과 죽음을 가르는 실존적 문제로 바뀌었던 순간이 바로 폐병 3기 진단을 받고부터였다고 보았다. 이때 강동에서의 종교 체험에서 이용도는 회심했는데 그것은 혁명가에서 부흥사로 회심한 것이 아니었고 민족의 독립이라는 외형적 정치구조에서 인간의 영과 정신으로부터 시작하는 래디칼한 변혁을 요구하는 자주인간, 즉 근원으로부터의 혁명으로 회심을 하였다. 즉 그는 독립운동의 전략을 민족주의자의 정체성을 위한 교육을 통한 민족해방이라는 명제로부터 '자기'로부터의 변혁이라는 영성의 길로 바꾸었다는 것이다.

그 당시 사상적 배경은 '야만적 동양'이라는 오리엔탈리즘이 지배하고 있었는데 여기서 일본은 그런 야만적 동양과의 분리를 추구했으며 따라서 그들은 오리엔탈리즘의 식민지 이데올로기로 '아시아의 개화'라는 주제를 들고 나왔다. 반면에 초창기 선교사들은 조직적으로 강화된 오리엔탈리즘을 가지고 한국으로 들어왔다. 그들이 재생산해 낸 오리엔탈리즘은 야만적 한국인들을 교육으로 개화시키고 그들의 상상에 의한 지형으로 한국을 분류시키며 네비우스 방법을 통해 교단을 장악함으로써 각 교회의 행정과 지도자들을 효과적으로 통제하여 서구인들의 표상적 이미지인 오리엔탈리즘과 자본주의적 물질성을 한국 기독교인에게 재생산하였다. 따라서 기독교인의 이상이라면 철저히 서구화된 자본주의적 인물들이었던 것이다(74).

이러한 상황에서 이용도의 회심이 지향하는 바는 위와 같은 표상적 이미지에 의해 형성된 민족주의자로서의 자기정체성을 극복하는 것이며 바로 이것이 이용도가 전개한 일본과 서구 선교사들에 대한 반식민지운동이었다. 예를 들어 그는 선교사들이 형성해 놓은 선교지 분리정책을 무시하고 전 한반도와 간도지방을 휩쓸며 교파를 초월한 부흥회를 열었다. 이처럼 그의 부흥회는 영적 운동임과 동시에 정치적 운동이었다. 또한 그는 천적 애(天的愛)를 가지고 네비우스 방법론의 효과인 목회자의 물질화, 세속화를 강력히 비판하였고 모든 이들을 무한대로 포용하는 하늘의 사랑인 천적 애를 실천하였다. 이처럼 이용도는 일제 식민지 이데올로기와 선교사들의 선교정책에 의해 형성된 인식과 삶을 거부하고 하나님과의 관계에서만 자신을 확보하고 그 자아에서 출발하는 새로운 대체 문화를 창조하며 계속적으로 일제의 식민지 문화와 서구 선교사들에 의해 형성된 삶을 살아나가는 교회와 사람들을 비판하고 사랑하였다는 것이다(86).

차성환(2001: 129-156)은 한말의 시대적 상황을 소상히 설명하면서 양반제도와 과거제도를 폐지시킨 1894년 갑오경장이 국가관료로서의 사제집단을 괴멸시킴으로써 신유교(新儒敎)가 스스로 사멸되기 시작했음을 지적한다. 이것의 반동으로 절대 다수의 보수적 지식인층은 '위정척사파'로, 진보 지식인층들은 '문명 개화파'로 서로 갈리게 된다. 문명 개화파의 행동은 무비판적으로 서구적인 모형만 따라갔기 때문에 개혁이 추진되면 될수록 오히려 일본의 영향력이 더욱더 강화되는 결과를 초래케 하였다. 이런 폐해를 보면서 대부분의 보수적 지식인층은 반개화의식에 동참하여 자발적으로 무기를 들고 저항하는 의병운동으로 나아가게 되었다. 그러나 이 운동은 1910년 한일합방 후 일제에 의해 소탕됨으로써 막을 내렸다. 그 결과 한국인들은 합리화의 주체를 상실한 유교적 세계관 아래 방치되어 버렸다.

이러한 사회적 상황 속에서 이용도의 열정과 막강한 힘은 여러 번의 신비적 체험을 통해서 제도적 카리스마에 대립하는 개인적 카리스마를 획득하여 영향력 있는 신비주의적 부흥운동가로 변신하게 되었고(143) 그의 신비주의가 지향한 것은 한국민족을 비참함에서 구원하려는 소명의식이 아니라 인류의 죄를 짊어지고 가는 예수의 모습을 닮아감으로써 민족의 비극적 현실을 그대로 수용하는 태도였다. 그리고 신비적인 사랑의 감정에 몰입하여 무차별적 사랑에 맹목적으로 투신하는 경향을 보였다(145-147). 이용도의 철저한 자기부정과 자신의 인간적인 욕망자체를 부정하는 금욕적인 경향은 추종자들이 농민들 특히 부녀자들이었음을 감안할 때 전혀 어울리지 않았는데 이들의 종교적 지향은 전통주의적이고 기복적이며 주술적인 성향을 강하게 지니고 있는 것이 보통이었기 때문이다. 그럼에도 불구하고 이용도의 부흥회가 성공할 수 있었던 이유는 신유교적 세계관이 동질성과 내적 통합성은 약화되었지만 여전히 요지부동의 전통으로 건재하고 있었기 때문이었다. 신유교의 세계관은 절대 불변의 진리라서 그 안의 모든 제도적 질서는 변동되어서는 안 되므로 문제는 제도의 진리성을 받아들이지 못하게 막는 인간의 마음 상태인 것이다. 그렇기 때문에 사회의 제도적인 모순을 해결하기 위해서는 인간의 욕망 자체를 끝없이 최소화하거나 억제해야 한다(149-150).

이처럼 신유교의 구원 수단이 대중들에게 요구했던 것과 이용도의 금욕주의적 신앙태도가 일치하고 있었기 때문에 그의 부흥회가 성공

44

할 수 있었다. 게다가 신유교는 고도의 지식을 요구한 반면 이용도의 그것은 다만 회개의 기도로만 가능했던 강점이 있었다. 이용도의 신비주의 운동은 새로운 세계관의 수립이 필요할 때 대중들에게 대안으로 받아들여지기는 했어도 시대적 과제를 풀어 가는 데는 전혀 영향을 끼치지 못했다. 다만 개신교 교인들의 자부심의 고양과 교인 수의 증가에는 영향을 주었다고 판단되며 아울러 당시의 시민들이 절망적인 사회적 현실에 압도되지 않고 견디면서 자신들의 삶을 유지할 수 있게끔 내적인 힘을 제공해 주었다는 평가를 내릴 수도 있다고 차성환은 결론을 내리고 있다.

김형기(2001: 122-147)는 이용도 연구의 텍스트 문제를 제기하면서 그의 생애에 두 번의 큰 전기가 있었음을 지적하였다. 첫 번째가 1928년 말과 1929년 초 사이에 있었던 일련의 거룩한 역사체험이고 이것이 이용도를 부흥사역으로 내모는 커다란 전기였다. 두 번째는 1931년 9월 삼방약수터에서 요양하면서 원산 수도사들의 방문을 받고 집회를 가지게 된 것이다. 이 만남은 그를 몰락으로 이끈 전기가 되었다. 또한 김형기는 이용도의 활동시기를 초기(1924-1928년), 중기(1928-1931년), 말기(1931-1933년) 등 세 기간으로 나누어서 각각의 특징을 초기는 신학수업의 시기 및 주일학교 교육을 통한 교육계몽의 시기로, 중기는 부흥사역의 시기 및 부흥회를 통한 개혁과 중생의 시기로, 말기는 신앙심화의 시기로 고난과 신비적 사랑에 관심을 기울였던 때라고 보았다. 그리고 시기별 관심사는 초기에는 나라 사랑, 중기에는 교회 사랑 그리고 말기에는 예수 사랑이었고 각 시기의 주제는 각각 민족사상, 무교회주의 그리고 신비주의와 연관되어 있다고 보았다.

3. 기존 연구들의 문제점

이용도를 신비주의자로 본 논문들 중에서 강동체험과 통천교회에서의 승마체험의 중요성을 간과한 학자는 없었다. 그러나 그들은 이용도가 경험한 그 밖의 신비적 체험들은 대부분 나열조차 하지 않았는데 그 이유는 아마도 위의 큰 두 사건이 그의 신비적 종교체험을 대표하는 것이었기 때문일 것이다. 이는 이용도의 신비체험들을 구체적으로 면밀하게 분석해야 하는 것으로 인식하기보다는 체험의 이정표적인 의미로만 인식한 결과이다. 또한 그의 환경에 있어서도 폭군적인 아버지와 병약한 어머니로 대별되면서 지극히 열악하였음을 나열할 뿐이지 그것이 그의 강동체험과 통천교회에서의 마귀체험과 어떻게 연관되어 있었는지에 대한 이해는 찾기 어렵다. 이것은 성격에 있어서도 마찬가지다. 이용도의 성격을 예민하다거나 열광적이라는 단편적 묘사만 있을 뿐 그러한 성격이 그의 신비주의적 체험과 어떤 관계가 있었는지에 대한 연구는 거의 없다. 그리고 그의 신비주의를 학문적으로 서양의 신비주의와 또는 철학사조와 비교·분석해 낸 논문들이 이용도를 이해하는 데 많은 도움을 주고 있기는 하지만 이때 이용도의 인간적 숨소리는 자취를 감추고 정갈한 논리만 남아 버리기 때문에 그에 대한 이해의 폭이 좁아지는 결과를 초래하고 말았다.

사랑의 실천가로서 이용도를 볼 때에도 그의 신비적 종교체험과 성령운동은 전제된 주제에 맞춰 해석되는 것이 우선이어서 송길섭에게 있어서 이용도의 신비적 체험은 다만 교회개혁을 위한 원동력으로서만 존재할 뿐이었다. 성백걸에게 있어서도 그의 신비체험은 한도한기론의 바탕으로서의 폐병 3기에서 실존적 죽음 체험을 통한 역사적 죽음체험에 그쳤고 통천에서의 체험은 새로운 생명체험일 뿐이었다. 이정배는 이용도의 신비적 종교체험을 묵시문학자적 자의식의 소산이라는 전제 아래에서 그의 논지를 펼쳐 보였다. 최대광의 오리엔탈리즘과의 싸움으로써의 이용도의 모습이거나 차성환의 신유교적 전통이 붕괴된 자리에 놓이게 된 신비주의 운동가로써 이용도를 본 관점이거나 김형기의 깔끔한 분류적 관점이거나 간에 이용도의 신비적 종교체험은 그를 신비주의자로 명명하는 데 필요한 사건일 뿐이었다.

이처럼 많은 연구들은 이용도의 신비적 사건들을 그의 성장배경과 성격 그리고 그의 사회적 환경을 배경으로 삼고 그의 신비적 종교체험들 자체를 심리학적인 관점에서 총체적으로 분석하는 작업을 간과하였다. 본 연구는 바로 이렇게 간과된 부분을 보충하려는 의도를 가지고 있다. 이 작업이 나름대로 가치를 가질 수 있는 이유는 기존의 연구들에 반하여 새로운 이론을 전개하는 것이 아니라 그간의 업적들에 새로운 생명력을 불어넣어 그 이해의 폭을 넓혀 주는 데 나름대로의 역할을 할 것이라고 기대하기 때문이다.

제 3 장

개성화 과정과
분석도구로서의 문제들

1. 융의 정신모델의 특성

1) 집단적 무의식과 원형의 개념

'집단적 무의식'과 '원형'은 융 심리학의 핵심 개념에 속하는 것들이다. 이것들은 후에 『변환의 상징(Symbols of Transformation)』으로 번역된 1912년 『리비도의 변환과 상징(Wandlungen und Symbole der Libido)』에서 '집단적 무의식'은 명확하게, '원형'은 암시적으로 표현되기 시작했다. 우선 '집단적 무의식'에 관하여 언급하자면 융은 여기에서 그동안 프로이트의 무의식이 간과해 온 부분을 확장하면서 그것의 개념을 변화시켰다. 즉 그는 개인적 경험에서 독립되어 있고 개인적으로 획득할 수 없으며 유전되는 무의식을 제시하였다. 그것은 개인적 무의식의 깊은 층에 깔려 있는 것, 그래서 모든 인류로부터 원초적이고 일반적인 이미지로 발견되는 것이다. 그는 이것을 집단적 무의식(the collective unconscious)[10]이라고 불렀다.(Palmer, 1997: 94 – 95 참조) 이러한 융의 견해는 프로이트의 리비도 이론을 정면으로 거부하는 것이었기 때문에 이를 계기로 그동안 아버지와 아들처럼 매우

---

10) 앞으로 'personal unconscious'와 'collective unconscious'를 각각 '개인적 무의식'과 '집단적 무의식'으로 번역할 것이다. 이것은 한국 최초의 융학파 분석가이자 정신과 전문의인 이부영의 견해를 따른 것이다.

가깝게 지내던 그들의 관계가 깨지고 말았다.

융은 집단적 무의식을 환자와의 정신치료 과정에서 일어나는 전이(transference)[11] 현상을 통해서도 확인하였다. 즉 전이란 무의식의 내용들이 투사되는 현상인데 처음에는 표면적인 무의식이 투사된다. 그래서 예를 들어 환자는 의사를 가까운 애인처럼 느끼게 되며 좀 더 깊은 무의식이 투사되면 어린 시절 중요한 인물이었던 부모의 상으로 의사를 본다. 그러나 최종단계인 가장 깊은 무의식이 투사되면 의사를 신비한 능력을 가진 사람으로 간주하게 되는데 말하자면 마술사 또는 사악한 마귀, 아니면 인격화된 선(善) 또는 구세주처럼 본다.(CW 7. pars. 98－99) 이 최종단계의 무의식 자료들은 사실 개인의 무의식적 기반에서 유래되는 것이 아님을 융은 관찰하였다. 그리하여 그는 개인적 무의식(a personal unconscious)과 그것과는 별개의 비개인적 혹은 초개인적 무의식(an impersonal or transpersonal unconscious)을 발견하였고 이것을 집단적 무의식(the collective unconscious)이라고 명명했던 것이다.(par.103) 오랜 기간 많은 사람들에게 의미 있었던 대상이나 사건은 인간의 정신에 기록으로 남기 때문에 이런 성향이 인간에게 유전처럼 전승되는 것이 가능할 것이라고 융은 생각했다.

인간의 정신이 선천적으로 어떤 구조를 가지고 있다는 이론은 비단 융만의 생각은 아니었다. 칸트(Immanuel Kant, 1724－1804)는 타고난 구조 또는 범주라고 칭한 정신적 불변의 것들이 존재한다고 말했

---

11) 전이: 정신분석학에서 사용되는 용어로서 환자가 어렸을 때 부모나 기타 중요한 사람들에 대해서 가지고 있던 무의식적 감정과 소원을 정신분석자에게 투사하거나 전치하는 것을 말한다. 정신분석의 핵심이라고 할 수 있는 이 과정은 억압되었던 내용들을 표면화시켜 이를 재경험할 수 있게 하며 후에는 철저작업(working through)을 매개로 그것들을 지속적으로 의식화하게 한다. 이 과정을 통해 신경증적 갈등이 흔히 발견되고 그것들이 일으키는 해로운 효과가 완화된다.(이병윤, 375)

고,(R. Robertson/이광자 역, 2005: 76-77) 언어학자 촘스키(Noam Chomsky, 1928-)는 모든 언어들의 기초가 되는 심층구조 모델을 개발했다. 그는 이 심층구조가 인간 정신의 타고난 고유 구조라고 주장한다.[12] 생물학자이자 심리학자인 피아제(Jean Piaget, 1896-1980)는 어린이의 행동과 발달을 연구했다. 그리고 동작들로부터 언어가 나온다고 주장했다.[13] 노벨상 수상자인 동물행동학자 로렌츠(Konrad Lorenz, 1903-1989)는 모든 동물들은 자신들의 발달과는 달리 환경에서의 특별한 단서들에 의해 야기되는 타고난 상징적 반응을 가진다는 사실을 밝혀냈다. 즉 인간을 포함한 모든 동물들이 비슷하게 타고난 본능적·상징적 반응들을 가지고 있다는 것이다. 엘리아데(Mircea Eliade, 1907-1986)의 원시종교 신화에 대한 연구에서도 이러한 원형적 구조에 대한 다른 근거를 찾을 수 있다. 엘리아데는 발달 수준이 비슷한 문화의 각 신화에서 공통된 상징들이 나타난다는 사실을 발견했던 것이다. 다양한 분야에서의 이러한 예들은 융이 조심스럽게 묘사하려고 한 집단적 무의식의 원형, 플라톤의 이데아, 칸트의 판단 범주 등과 비슷한 어떤 것이 존재할 가능성을 암시한다(128-130).

다시 말해서 인류에게 유전처럼 이어져 오는 무의식이 있다는 관념은 동시에 그것들을 실어 나르는 어떤 틀을 상상하게 한다. 사람의 신체의 각 기관이 이미 그렇게 형성되도록 조건지어져 있듯이 집단적 무의식도 또한 그 자체의 구조를 갖추고 있다는 생각이다. 이것을 융은 '원형'이라고 명명하였다. '원형'은 마치 아직 아무런 물질로도 채워져 있지 않으나 그 구성 방향을 이미 결정하고 있는 결정체의 축계

---

12) Richard L. Gregory, ed.(1987), *The Oxford Companion to the Mind*, Oxford University Press, New York. pp.419-421.

13) Jean Piaget(1955), *The Language and Thought of the Child*, Meridian Book/World Publishing.

(軸系)에 비유될 수 있다.(이부영, 2005c: 104) 그러므로 대를 이어 전승되는 것은 관념들이 아니라 바로 이러한 여러 가지 형 곧 틀인 것이다. 그리고 그 틀 안에 내용이 담긴다. 그 내용은 자연현상을 신화적으로 설명하기 위해 만들어지는 상이 아니라 어떤 정동(감정)에 의하여 생긴 환상이 상으로 머물러 있게 된다고 융은 보았다(103).[14] 참고로 말하자면 융도 처음부터 '원형'이라는 용어를 사용한 것은 아니었다. 융은 원형의 개념을 1912년 『변환의 상징』에서 '원초적 상들(primordial images)'로 표현하였고 1916년 『분석심리학의 두 에세이(Two Essays on Analytical Psychology)』에서는 집단적 무의식의 '주요한 것들(dominants)'이라고 표현하였다. 그는 1919년 '본능과 무의식(Instinct and the Unconscious)'이라는 에세이에서 비로소 원형(archetype)이라는 단어를 쓰기 시작하였다.[15]

---

14) 해가 뜨고 지고 밤이 되었다가 아침이 되는 자연현상을 신화는 "매일 아침 영웅신이 바다에서 탄생해서 해의 수레를 타고 하늘에 오르며 서쪽으로 향한다. 서쪽에는 태모(太母)가 있어 그를 기다렸다가 그가 서쪽으로 오면 저녁에 그를 삼켜 버리며 밤중에 그는 용의 뱃속을 헤매면서 그 '밤의 구렁이'와 무시무시한 싸움을 하게 되고 그 후 아침에 영웅신으로 다시 태어나게 된다"고 얘기한다. 융은 이것을 자연의 물리적인 과정이 환상적인 변화과정에 동화되어 파악되고 무의식으로 하여금 비슷한 상을 재생하도록 하였으리라는 것이다. 즉 정신은 사실 일어나고 있는 과정을 기록하는 것이 아니라 그 물리적 사실에 대한 환상을 기록하는 것이다.(이부영, 2005c: 103)

15) 융의 원형에 대한 생각은 원시현상이라는 낭만주의의 철학개념으로부터 온 것이다. 그는 특히 독일 낭만주의의 한 분파인 쉘링(Friedrich Wilhelm von Schelling, 1775-1854)의 자연철학의 영향을 많이 받았다. 낭만주의와 융의 관계는 Ellenberger의 『무의식의 발견』이라는 저서에 잘 설명되어 있다.(Ellenberger, 1970: 200-205 참조) 융은 자신의 원형 개념이 플라톤의 형상들(eidola)과 어거스틴의 원형적 개념과 유사한 것이라고 설명하기도 한다.(CW 11, par.845 참조) 좀 더 자세히 보면 다음과 같다. 우선 유다의 필론(Philo Judaeus)이 사용한 인간 안에 있는 '하나님 형상(Imago Dei)'

2) 무의식으로부터 분화되는 의식과 원형의 역할

프로이트는 의식에서 무의식을 이끌어 낸다. 즉 무의식은 의식에서 용납될 수 없는 것들이 억압되어 의식 밖으로 밀려남으로써 형성된 것이라고 보았다. 반면에 융은 프로이트와는 정반대로 인간이 태어날 때 무의식 덩어리로 태어나며 성장과정에서 그것으로부터 의식이 분화되어 나온다고 보았다.(Jung, 1968: 8) 예를 들어 배고픔을 해결하기 위해 엄마의 젖가슴을 찾는 갓난아기가 배고플 때마다 그 젖가슴이 늘 자기가 원하는 그 자리에 있는 것이 아니라는 것을 알게 될 때 엄마의 젖가슴이 자신과 분리되어 있다는 인식을 갖게 된다. 이때가 바로 의식이 생겨나기 시작하는 순간이다. 이 의식은 나머지 세상과 분리되고 구별되는 것으로서의 아기의 의식이다. 이 의식은 '자아'이다. '자아'는 아기가 자신의 개념을 주위의 환경들과 분리시킴으로써 나타난다.(Robertson/이광자 역, 199-200) 이러한 의식은 성장과정을 거치면서 점차적으로 집단적 무의식으로부터 분화된다. 이 과정을 돕는 것이 아기와 엄마와의 관계에 존재하는 원형이다. 예를 들어 아기가 삶을 경험함에 따라 모성원형(archetype of Mother)의 틀 속에 아기가 알게 된 엄마에 대한 특정 지식이 담긴다. 그러니까 이 특정적·개인적 경험의 밑에 모성원형이 존재한다는 말이다. 이처럼 인간은 세상을 관계적으로 경험하기 때문에 원형은 거의 모든 관계상황에서 활성화된다. 결국 인간은 개인적 기억들에 의해 세상을 만나게 되며 원형은 그 안의 깊은 곳에 놓여 있는 것이다. 같은 맥락에서 의식의 분

이라는 단어가 융의 원형개념과 유사하다. 이 단어는 이레니우스 (Irenaeus)와 디오니시우스 아레오파기타(Dionysius the Areopagite)에게서도 발견된다. 성 어거스틴은 '이데아원리(ideae principles)'라는 단어로 이 개념을 사용하였다.(Palmer, 115)

화는 개인적 경험들이 축적되어 그것이 자아콤플렉스를 형성하면서 이루어진다. 이러한 일연의 과정을 거치면서 '자아'는 의식의 중심을 이루게 되어 외부의 감각적 세계와 내부의 무의식적 세계를 연결한다 (200–202 참조).

2. 개성화(자기실현) 과정

1) 개성화란?

이미 언급했듯이 인간의 정신적 성장은 무의식에서 의식이 분화되는 시점에서부터 시작된다. 성장과정이란 의식의 중심인 '자아'가 점점 강해져서 주체적 주관성을 확립하는 것이다. 이러한 과정에서 개인적 및 사회적 전통과 가치관 그리고 윤리적 규범들은 필연적으로 '자아'의 밝은 면만을 강조하여 그것의 열등한 속성들을 의식 밖으로 몰아내 버린다. 이때 우열 혹은 음양을 판단하기 위한 기준점이 집단적 무의식의 가장 중심에 있는 '자기'이다. '자기'는 '자아'가 중심에서 멀어지면 질수록 짙은 '그림자'를 형성하게 한다. 이렇게 의식과 무의식이 분화되기 시작해서 그 골이 깊어지면 '자기'원형은 본능적으로 강력한 힘을 가지고 그 골을 메우려고 한다. 이것이 개성화(자기실현) 과정이다. 그러므로 이 과정은 원래 삶의 자연스러운 경과, 즉 개체가 늘 그랬었던 것으로 되어 가는 과정을 따르는 것이다.(*GW*[16] 2, 112/*CW* 9i, par.84) 이

---

16) 앞으로 Grundwerk C. G. Jung(독일어판)은 *GW*로 줄여서 사용할 것이다. *GW* 뒤의 아라비아 숫자는 Band를 나타낸다. 참고로 *GW*(총 9권)는 *CW*(총 20권)에서 핵심적인 글들만 발췌하여 묶어 펴낸 것이다.

러한 속성을 융은 '재생의 심리학'이라는 글에서 "개성화 과정은 우리가 좋아하든 안하든, 알든 모르든 자연적 변환(natural transformation)과 정이며 이 과정은 중요한 정신적 자산들을 발전시킨다.(*CW* 9i, par.234)"고 말한다. 따라서 개성화 과정은 모든 사람이 어떤 틀을 갖춘 전인형(全人型)이나 성인형(聖人型)이 되게 하는 것이 아니다. 다만 각자가 가지고 있는 다양성과 특기 속에서의 전일성(全一性)이 바로 자기 자신의 모습임을 자각하게 하는 것이다.(이부영, 2005b: 114) 그러므로 우리는 개성화를 '자기화'(Verselbstung/coming to selfhood)나 '자기실현'(Selbstverwirklichung/self-realization)이라고 번역할 수 있다.(*GW* 3, 56/*CW* 7, par.266)

2) 진행과정

(1) 페르조나와 '그림자'의 의식화

개성화 과정을 단적으로 말하면 무의식의 의식화이다. 그것은 한편 '자기'로부터 페르조나의 거짓 포장(the false wrappings of the persona)을 벗겨 내고[17] 다른 한편 원초적 상들(=원형)의 암시적인 힘들(the

---

17) 개성화 또는 자기실현은 첫째로 집단정신과 나의 삶의 목표를 구별하는 데 있다. 이와 같은 구별은 하나의 자각된 인식을 바탕으로 이루어지는 데 이것이 결코 집단정신-페르조나를 부정하는 것이 아님을 알아야 한다. 개성이라든가 개성화라는 말을 쓰면 곧 사회규범을 무시하고 세속을 떠난 초속적(超俗的)인 세계에서 고고한 생을 누리거나 아니면 개인지상주의를 말하는 것처럼 오해하기 쉽다. 그러나 개성화(Individuation)는 개인지상주의(Individualism)와는 다르다. 개인지상주의는 집단적 고려나 의무에 대하여 고의적으로 자기의 개인적 특수성을 강조하거나 내세우는 것이다. 대개의 경우, 이런 사람은 무의식적으로 더욱 강하게 집단에

suggestive power of primordial images)을 제거하는 것이다.(CW 7, par.269) 이 과정을 좀 더 구체적으로 표현하면 우선 무의식의 의식화는 페르조나의 한계성을 깨닫는 데서부터 시작된다. 페르조나란 그리스어의 프로소폰(prosopon)과 같은 것으로 배우가 어떤 특별한 역을 하기 위해 쓴 가면을 의미한다.(Tillich/송기득, 1986: 79) 융은 이 단어를 어떤 개인이 살고 있는 사회에 보여주는 자신의 외면적 역할을 지칭하는 말로 사용하였다. 이것은 상황에 따른 인간의 본분이고 개인과 사회가 서로 타협하여 얻은 결과이기 때문에 진정한 내가 아니고 남들이 생각하고 있는 '나'이다.(*CW* 9i, par.221) 이처럼 자기 자신이라고 알고 있던 것이 사실은 가상적인 모습이었음을 깨닫게 될 때 비로소 개성화 과정에 들어서는 것이다. 즉 의식은 진퇴양난에 빠지면서 동시에 본능적으로 의식 밖(무의식)에서 도움을 줄 만한 어떤 힘을 갈망한다. 이때 그 어려움 속에 자신을 향한 어떤 희망의 메시지가 있을 것이라는 믿음과 용기가 생기게 되면 인간은 비로소 자신의 무의식에 직면하게 된다. 그리고 그것의 첫 만남이 바로 '그림자'와의 만남이다.(Franz/이윤기 역, 1996: 167)

'그림자'란 인간이 발달시켜 나간 인격이 근본적인 존재로부터 너무 멀리 벗어나게 되면 무의식에서 보상적으로 만들어 내는 '자아'의 어두운 상(像)이다. '그림자'의 틀이 '집단적 무의식'을 실어 나르는 원형으로 이루어졌다 해도 '그림자'는 개인적 생활에서 부적합해 보이고 부정했던 모든 부분들이 하나의 원형적 핵 주위에 모여서 만들어진다. 즉 우리가 '나쁜 것'으로 혹은 '우리가 아닌 것'으로 간주한 모든 것이 주위에 축적된 것이다.(Robertson/이광자 역, 220) 따라서 그림자는 개인적인 '자아' 또는 사회적인 '자아'의 영역을 벗어나지 않기 때문에 개인

의지하고 있다.(이부영, 2005c: 119)

적 무의식[18]을 나타내는 것이라고 할 수 있다. 그리고 이렇게 모여진 각각의 감정 덩어리들을 감정이 깃들어 있는 콤플렉스들(feeling-toned complexes)이라고 한다.(*CW* 9i, par.4)

콤플렉스란 어떤 특정한 원형에 축적되는 개인적 경험들의 집합체이다. 따라서 그림자를 개인적 무의식의 영역에 속하는 것으로 한정지었을 때 콤플렉스는 그림자의 핵심구조라고 말할 수 있다. 그리고 그 콤플렉스의 기저(基底)에 원형이라는 틀이 존재하고 있음을 이해하고 있다면 또한 원형이 왜 집단적 무의식의 핵심적 구조로 취급되고 있는지도 이해하게 된다. 즉 개인적 무의식으로서의 콤플렉스가 의식화되고나면 이내 그 밑의 원형이 드러나게 된다. 이때 비로소 집단적 무의식을 나르는 틀로서의 원형의 모습을 만나게 되기 때문에 그것에 대한 분석은 곧 집단적 무의식 탐구의 열쇠가 되는 것이다.

대부분의 '그림자'는 표층의 개인적 무의식의 내용을 나타내고 있어서 그렇게 큰 어려움 없이 마치 그 자신의 개인적 성질처럼 인식될 수 있다. 물론 상담자의 도움이 필요할 정도의 깊이를 가진 개인적 무의식의 문제가 있을 수도 있지만 대체적으로 약간의 자기반성(self-criticism)으로도 큰 저항 없이 선량한 의지와 통찰력을 얻어 어느 정도 의식적 인격에 동화시킬 수 있다.(*CW* 9ii, par.19) 이러한 개인적 경험들과 상들

---

18) 융이 보는 개인적 무의식은 잊혀진 기억, 억압되어 있는 아픈 인식들, 감각적 지각이 그 강도가 미약하여 의식에 아직 도달하지 못한 잠재의식적 지각 그리고 아직 성숙하지 못해 의식 밖으로 튀어나오지 못한 것들로 이루어져 있다.(*CW* 7, par.103) 개인적 무의식은 프로이트가 말한 억압(repression)에 의해 고통스러운 의식의 내용이 의식 아래로 가라앉아 형성된다.(*CW* 6, par.839) 그렇기 때문에 그 무의식의 가장 밑바닥에는 최초의 유아기 기억이 깔려 있으며,(*CW* 7, par.118) 이것이 꿈에서 종종 '그림자'의 형상으로 나타나게 되는 것이다.(par.103) 이처럼 융의 개인적 무의식은 프로이트의 무의식과 다를 바가 없다. 다만 의식에 도달하지 못할 정도의 미약한 잠재의식까지를 거기에 포함시켰다는 것이 다를 뿐이다.

을 인식하게 되면서 인간은 부분적으로 원형을 어렴풋이 만난다. 그러면서 일단 그가 원형을 둘러싸고 있는 개인적 경험과 원형자체의 집단적 경험을 구별하고 동시에 개인적인 것을 자신의 의식으로 통합할 수 있게 되면 원형은 집단적인 것으로 줄어들게 된다. 그리고 이는 다시 한번 인격으로 통합할 수 있는 개인적 능력을 넘어서게 된다. 즉 인간이 자기인식을 통해 스스로를 의식화하고 그에 따라 행동하면 할수록 집단적 무의식에 겹쳐진 개인적 무의식의 층은 얇아지게 된다.

그림자의 개인적 내용에 대한 성공적인 통합은 자신의 성격에 다른 부분이 존재한다는 점을 받아들일 수 있도록 한다. 그러나 이것만으로는 인간 정신의 근원적 화해는 일어나지 않는다. 왜냐하면 그림자를 인정한 후에 인간은 자신이 세상에 제시하는 얼굴보다 더 많은 얼굴을 가지게 되어 그 정신이 과거보다 더욱더 건강하게 확장되어 감을 인지하기는 하지만 동시에 또 다른 딜레마가 증가하게 되기 때문이다. 그러므로 심리적 성숙 또는 변환이 궁극적으로 일어나려면 집단적 무의식의 의식화가 필수적 조건이 된다. 그런 면에서 그다음 단계로 새로운 원형들인 아니마·아니무스가 등장하는 것은 자연스러운 현상이다.[19]

---

19) 집단적 무의식 속의 수많은 원형들 중 아니마·아니무스 원형은 무엇보다 중요하다. 그것의 창조적 힘이 우리의 진정한 중심인 '자기'를 만나게 하는 역할을 한다고 보기 때문이다. 이 원형이란 외적 인격과 반대되는 성질을 갖고 있는 내적 인격을 일컫는 용어이다. 다시 말해서 남성의 무의식 속에 있는 여성적 심리경향을 '아니마', 여성의 무의식 속에 있는 남성적 심리경향을 '아니무스'라고 부른다.(이부영, 2005c: 87) 이것들은 인류가 조상 대대로 이성(異性)에 관해서 경험한 모든 것의 침전물이다. 그것은 남성에 있어서 여성에 대한 경험의 총화이며 여성에 있어서 남성에 대한 경험을 통튼 것으로 오랜 역사를 지닌 인간 정신 속에 전승된 여성적 요소와 남성적 요소이다. 그리하여 남성에서의 아니마는 기분(mood), 정동(emotion)으로 나타나고 여성에서의 아니무스는 생각, 의견으로 나타난다(92-93).

(2) 집단적 무의식의 의식화: 아니마·아니무스

그림자가 숨겨진 개인적 성격이 인격화된 원형의 표현이라면 아니마와 아니무스는 개인적 경험과는 무관한 의식과 무의식 사이의 관계를 인격화한 원형의 표현이다. 아니마가 영혼이라는 뜻의 그리스어인데 반해 아니무스는 마음 또는 정신이라는 뜻의 그리스어인 점을 보더라도 융은 분명히 아니마와 아니무스를 의미상 정확히 구분해서 사용하였다고 볼 수 있다. 즉 아니마의 문제를 해결하는 남성의 일은 영혼을 통합하는 것이고 아니무스를 해결하는 여성의 일은 정신을 통합하는 것이다. 여기서 '남성은 정신이 발달된 이성적 피조물이고 여성은 감정과 직관이 발달된 비이성적 피조물'이라고 본 융의 관점은 현대의 시각으로 볼 때 남녀 차별적이라고 비판받아 마땅하다. 그러나 이것은 여성의 중요성이 전혀 언급되지 않던 시대에 남녀의 특징이 동등하게 중요함을 주장한 것임을 간과해서는 안 된다. 그러므로 아니마·아니무스를 통합하는 데 있어서 각 경우의 목적은 그림자와 마찬가지로 상실된 전체성의 회복에 초점이 맞추어져야 한다.(Robertson/이광자 역, 230-232 참조)

아니마·아니무스는 그림자보다 의식으로부터 더 멀리 떨어져 있다. 이미 언급했듯이 그림자가 원형으로서 집단적이고 비개인적이긴 하지만 그 내용들은 주로 개인적이다. 반면에 의식과 무의식 사이의 다리로서 아니마·아니무스는 훨씬 덜 개인적이다. 이러한 개인적 자각으로부터의 거리감 때문에 아니마·아니무스 문제들은 해결하기가 더 어렵다. 따라서 아니마·아니무스 문제들을 다루는 것은 더 많은 원형적 경험들을 개인적 삶으로 통합할 수 있는 의식으로 가져오는 일이다. 한 남성이 그림자의 내용들을 통합한다는 것은 지금까지 인정하지 않았던 남성적 성격의 특성을 통합한다는 의미다. 반대로 한 남성이 아니마의 내용들을 통합하게 되면 그는 자신의 집단적 무의식에 침잠되어 있던 여성적 특성을 이해하고 그것과 낯설지 않게 되는 것이다. 예컨대 "아니마가 기분을 만들어 내듯이 아니무스는 의견을 만들어 낸다.(*CW* 7, par.331)"는 융의 설명에서처럼 남성이 자신의 감정을 받아들이고 그 감정을 통해 사람 또는 어떤 것과 맺는 것을 배우는 과정에 이르면 아니마가 집단적인 기분을 외부 세계로 투사할 필요가 없어진다.

그러므로 대부분의 남성들에게 있어서 아니마에 의한 개인적 내용들의 통합은 자신의 감정을 인식하고 받아들이는 능력의 증가로 특징지어진다. 그들은 감정을 미묘하게 분별할 수 있는 능력을 통해 내부 세계와 외부 세계를 동등하게 관계시킬 수 있다. 대부분의 여성들에게 있어서 아니무스에 의한 개인적 내용들의 통합은 그녀들로 하여금 날카롭고 분석적인 구별을 할 수 있게 만든다. 그녀들은 신속한 사고 판단으로 내부 세계와 외부 세계에서 활동할 수 있다. 외부 세계를 향한 투사의 필요성에서 해방되어 아니마·아니무스는 의식과 무의식의 간격을 연결하는 심리학적 기능으로 되돌아갈 수 있다.(Robertson/이광자 역, 241-242)

그림자의 통합 이상으로 아니마·아니무스의 통합은 개성화 과정 동안 계속해서 반복적으로 일어나는 평생의 과정이다. 그러나 융은 노현자 또는 대지의 어머니의 원형이 활성화되는 더 높은 수준의 개성화 과정이 존재한다는 사실을 깨달았다. 이것이 집단적 무의식의 중심 원형인 '자기(Self)'이다.

(3) 집단적 무의식의 의식화: 자기

여러 가지 원형, 특히 아니마·아니무스의 마성을 극복하고 통합에 이르면 무의식은 다시 그 지배적인 성격을 바꾸어 정신의 가장 심오한 내적 중심인 '자기'원형을 상징적으로 드러낸다. 여성의 꿈에서 이 마음의 중심은 일반적으로 초인적인 여성상(무녀, 마녀, 어머니의 대지, 자연, 사랑의 여신 등)으로 인격화하고 남성의 경우에는 입문의례의 스승이나 수호자(인도의 구루, 현자, 자연의 영신 등)로 인격화한다.(Franz/이윤기 역, 196) '자기'원형은 동양의 아트만과 도(道)의 개념에서처럼 믿음이나 형이상학적인 조망에 근거한 것이 아니라 어떤 상황 아래에서 무의식이 자연스럽게 전체성의 원형적 상징을 만들어 내는 경험에 근거한 인식의 산물이다.(*CW* 9ii, par.124)

다시 말해서 '자기'원형의 상징들이 모습을 드러낼 때 만약 의식이 능동적으로 참여하고 그 과정의 모든 단계를 체험하면서 적어도 직관적으로 그것들을 이해한다면 바로 그다음의 상은 그것을 통해 얻을 더 높은 단계 위에서 시작될 것이다. 그리고 그 상은 우리 자신이 돌아가야 할 살아 있는 '어떤 것'으로서 안과 밖 두 세계상에서 그저 막연히 예감되지만 그러나 그럴수록 뚜렷이 지각되는 존재로서의 상이다. 이와 같은 '어떤 것'은 우리에게 낯설면서도 매우 가깝고 우리 자신이면서도 우리에게 인식되지 않은 그토록 비밀스러운 체질을 갖춘 잠재적 중심이다. '어떤 것'이란 바로 융이 '자기'라고 명명한 것이다.

나는 이 중심을 '자기'라고 불렀다. 지적인 면에서 '자기'는 하나의 심리학적인 개념에 지나지 않는다. 즉 정의상 그것은 우리의 이해 능력을 초월해 있기 때문에 우리가 파악할 수 없는 인식 불가능한 본체(unerkennbare Wesenheit/unknowable essence)를 표현하는 데 사

용되는 하나의 구조이다. 그것은 '우리 안에 있는 하나님'이라고도 말
할 수 있을 것이다. 우리의 전체 정신생활의 여러 시작들은 피할 수
없이 이 중심으로부터 발원하는 듯하다. 또한 모든 최상의 그리고 최
후의 목표는 이 중심을 향하는 것 같다.(*GW* 3, 120/*CW* 7, par.399)

이러한 '자기'원형은 상징을 통하여 스스로의 모습을 나타낸다. 첫 번
째 유형은 산스크리트어로 원륜(圓輪) 또는 마법의 원이라는 뜻의 만
다라(Mandala)이다. 이 그림은 원과 사각을 기본으로 하여 구성되어
있고 그 중앙에 최고의 원리를 상징하는 상이 도시되어 있다. 두 번째
유형은 인격화된 모습으로 나타나는 경우다. 종교에서 '신'이라 부르거
나 최고의 진리로 삼는 상들은 '자기'원형상들이다. 인간의 마음을 살펴
보면 '신'(神)이라든가 '도'(道) 또는 '불성'(佛性)이라 부르면서 그것에
관해서 사람들이 생각하고 있는 것들이 무의식 속에 있어서 여러 가지
인격적인 상으로 나타난다는 것을 알 수 있다. 이러한 인격상은 부처나
그리스도의 모습으로 나타나기도 하지만 산신령 같은 노현자 때로는
어린이의 모습으로도 나타난다. 세 번째는 인격상이 아니더라도 금강
석, 황금의 꽃, 연꽃, 장미 같은 상도 흔히 '자기'원형으로 표현된다. 네
번째는 음양이 합쳐 태극을 이루듯 '자기'원형의 상징도 흔히 두 가지
대극적인 요소의 합일로 표현된다. 신화나 종교 현상에서 보는 신성혼
(神聖婚: hieros gamos)은 '대극의 합일'(coniunctio oppositorum)의 전
형적인 상징적 표현이다.(이부영, 2005c: 114-117)

집단적 무의식의 의식화 과정을 의식과 무의식의 거리로도 나타낼
수 있다. 즉 무의식이 의식으로부터 멀리 떨어져 있으면 있을수록 그
무의식은 신비로운 힘을 가진 뚜렷한 인격체의 형상을 하고 의식 속
에 나타난다. 그럴 때 나타나는 신비적 인격체를 마나-인격[20]이라고

---

20) 마나-인격이란? 마술적인 지식과 힘을 가진 신비롭고 주술적인 성질로

부른다. 이것을 뒤집어 얘기하면 무의식이 의식과의 거리를 좁혀 가면 갈수록 마나-인격의 마력은 점차 약해진다는 말이기도 하다.

3) 무의식의 언어들

무의식을 의식화하려면 우선 그것의 존재를 인정하고 그것과 의사소통할 수 있는 방법을 찾아야 한다. 그런데 무의식이란 본능적인 것이라 분화된 기능이 없다. 무의식은 우리가 사고라고 이해하는 그런 방법으로 사고하지 않는다. 무의식은 단순히 의식의 정황에 응답하는 상(Bild/image)을 만들어 낼 뿐이다. 이 상들은 풍성한 관념뿐 아니라 감정을 포함하는 모든 것이다. 다만 결코 합리주의적으로 숙고한 상들이 아닐 뿐이다.(기저3[21], 87-88/*GW* 3, 66/*CW* 7, par.289) 이러한 상들은 종종 환자의 증상을 통하여 때로는 행위, 견해, 감정, 환상과 꿈을 통하여 부분적으로 그 자체의 모습을 드러낸다. 그렇기 때문에 무의식을 관찰할 때 돌발적 행위나 꿈 그리고 환상 등은 매우 중요한 자료가 된다.

예를 들어 꿈의 기능을 보면 이 말이 쉽게 이해된다. 융은 프로이트의 무의식 탐구의 기술, 즉 환자가 치료자와의 관계에서 경험하게 되는

충만되어 있는 존재를 일컫는 것으로 이것은 '자기'(Selbst/Self)에 대한 무의식적인 인식을 밖으로 투사하고 있는 것이다. 그러므로 이것이 작용하면 "그것은 탁월한 생각을 내 머릿속에 집어넣을 수 있고 내가 바라지도 않고 환영하지도 않는 기분과 정서를 유발할 수도 있고 내가 책임질 수 없는 놀랄 만한 행동을 하게 할 수도 있고 나의 타인과의 관계를 자극적인 방법으로 방해할 수도 있다." 사람들은 이러한 사실에 무력감을 느낀다.(*GW* 3, 110/*CW* 7, par.375 참조)

21) 앞으로 한국 융연구원에서 번역한 『융 기본 저작집』(총 8권)의 약자를 '기저'로 사용할 것이다. 이것은 Grundwerk C. G. Jung을 번역한 책이다.

전이현상을 해석함으로써 무의식을 의식화하는 기술이 일면 효과적임을 인정하지만 그러나 그러한 전이가 정신발달에 있어서는 또 다른 장애요인으로 작용할 수 있음을 보았다. 그래서 그는 그것의 한계를 넘어서 인간 정신의 발달 성향을 감지하고 촉진할 수 있는 방법을 겸허한 마음으로 모색하였다. 즉 순수한 정신으로부터 일어나는 움직임을 의식적인 계획 아래 아무런 편견 없이 지혜를 가지고 관찰하고자 했다. 이러한 방법이란 환자의 꿈을 관찰하는 일이었다. 융의 표현이다.

> 꿈에서는 우리가 의식적인 의도로 만들어 낼 수 없는 이미지와 사고 연상이 나타난다. 꿈은 우리의 도움 없이 자발적으로 일어나는 것으로서 우리의 독단적 의지로부터 퇴각된 정신활동을 나타낸다. 그러므로 꿈은 상당히 객관적이고 자연적인 정신의 산물이라서 그로부터 정신과정의 어떤 기본적 성향들에 대한 힌트를 발견할 수 있다. 다른 생명과정에서와 같이 정신과정도 단순히 인과적 귀결이 아니고 목적론적 방향성을 가지는 과정이다. 그러므로 우리는 꿈을 객관적 인과관계에 대한 것뿐 아니라 객관적 경향들을 알려 주는 지시물로 볼 수 있다. 꿈은 정신생활 과정의 자화상이기 때문이다.(*GW* 3, 15−16/*CW* 7, par.210)

이처럼 꿈과 같이 의식적 의도와는 상관없이 활동하는 여러 가지 정신현상들을 곧 그 사람의 무의식의 언어들이라고 하는데 이의를 제기할 사람은 하나도 없다. 그러므로 이용도의 무의식의 변화과정을 추적해 나가는 데 있어서 그의 꿈과 환상들은 절대적인 가치를 지닐 수밖에 없다. 그러나 꿈이나 환상 그 자체로 끝나면 아무 의미가 없다. 다시 말해서 꿈이나 환상은 해석이라는 과정을 거쳐야 비로소 그것의 의미가 활성화되기 때문이다.

해석은 무의식을 의식화하는 도구이다. 그것은 적극적 명상법과 꿈

분석 같은 것들을 통해 이루어진다. 좀 더 구체적으로 표현하면 그것은 의식화되려는 무의식에 대한 '자아'의 저항을 분석해 내는 일이다. 저항에 대한 분석은 또한 '퇴행(regression)'[22]이나 '투사(projection)'[23]라는 방어기전을 가려내는 것이다. 일반적으로 퇴행은 무의식에 직면하고 있는 '자아'가 자신을 방어하기 위해 사용하는 기전으로 일시적으로 좀 더 미숙한 행동으로 되돌아가는 것이다. 이 방어기전은 대체적으로 정신병을 유발시키는 과정 중 하나이다. 그렇다고 해서 이것이 항상 위험하다는 뜻은 아니다. '자아'의 기능이 건강하면 이것도 또한 심리적 성숙의 한 과정으로 활용할 수 있기 때문이다. 즉 그것은 '자아'가 건강할 경우 큰 깨달음을 위한 일시적 후퇴일 수도 있다. 반면에 투사에 대한 분석은 '자아'가 건강하다는 전제하에 무의식의 의식화를 촉진시킨다.

그렇다면 무의식을 의식화시킬 때 반드시 분석가의 도움이 필요한 것일까? 그것은 그렇지 않다. 왜냐하면 자기실현의 과정은 모든 인간에 내재하는 원형적 과정이기 때문이다. 다만 자아의식이 내면세계의 이와 같은 창조적 메시지에 주의를 기울이고 자기 자신을 성찰하는 자세를 갖추어야 할 것이다. 선불교의 수행, 요가, 마이스터 에크하르트나 성 이나시오 데 로욜라의 영성훈련 등이 모두 융의 자기실현과

---

22) 퇴행: 엄청난 외적 사건이나 또는 내적 갈등에 의하여 심리적 위협을 받을 때 좀 더 미숙한 행동으로 되돌아가는 정신방어기전을 말한다. 이렇게 되어 나타나는 울음, 삐쭉거리기, 손가락 빨기, 신경질 등과 같은 어렸을 때 반응의 재현은 대개의 경우 특별한 관심과 동정을 받고자 하거나 또는 자신의 문제를 딴 사람이 해결해 줄 것을 강요하는 시도이다. 정신분석학에서의 개념은 정신성적 발달단계에서 좀 더 초기 단계로 되돌아가는 면을 강조하고 있다.(이병윤, 463)

23) 투사: 정신방어기전의 하나로서 자기 자신이 지니고 있으면서 자신이 받아들일 수 없는 충동이나 속성을 타인의 것으로 돌리거나 또는 자신의 실패를 타인의 탓으로 돌리는 심리기전이다.(이병윤, 463)

같은 목표를 가지고 있고 개체가 전체가 되도록 하는 방법을 사용하고 있다.(이부영, 2005b: 152-153) 이때 종교적 의례들 희생, 탄원, 기도 같은 것들은 의식을 내향화시켜서 리비도(libido)[24]를 무의식으로 향하게 한다.(기저8, 216/*GW* 8, 148-150/*CW* 5, par.450 참조)

3. 개성화와 종교적 체험

종교적 측면에서 표현할 때 모든 종교적 고백은 한편 누미노즘 체험에 또 다른 면에서는 피스티스(pistis: 신앙), 즉 누미노즘적 효과를 느끼게 하는 어떤 특정한 체험과 그 결과로서의 의식의 변화에 대한 신뢰 및 신앙에 근원을 두고 있다.(Jung/이은봉 역, 1980: 12-3) 한편 심리학적 측면에서 표현하자면 인간이 무의식과 만날 때 믿음과 용기를 가지고 적극적으로 무의식과의 대면을 시도하면 그 낯설음과 두려움은 경이로운 신비로 다가온다. 즉 무의식과의 만남은 누미노제적 성격을 띠고 있는 것이다(89). 그렇기 때문에 분화된 '자아'(실존적 인간)가 집단적 무의식의 '자기'(인간의 본질적 속성)와 통합되는 개성화 과정은 필연적으로 누미노제적이다.

이와 같이 신적인 것에 대한 두려움과 그것에 대한 신앙이라는 관점

---

24) 리비도: 정신분석학에서는 여러 가지 표현으로 나타나는 성본능의 에너지를 말한다. 맨 처음 프로이트는 이 리비도의 개념을 좁은 의미의 성적 에너지로 생각하였다. 그러나 점차 그 개념을 넓혀서 사랑과 쾌감의 모든 표현까지도 포함시켰다. 또 그의 말년에 가서는 리비도의 개념 속에 삶과 죽음의 본능(Eros and Thanatos)까지도 포함시켰다. 융은 프로이트의 본래의 개념을 넓혀 생물학적, 성적, 사회적, 문화적 그리고 창조적인 모든 형태의 활동에 에너지를 제공하는 전반적인 생명력(life force)에 이 용어를 적용하였다.(이병윤, 109)

에서 개성화 과정과 종교적 체험은 유사한 속성을 공유한다. 이런 관계를 융은 단도직입적으로 "그리스도의 희생으로 말미암아 값없이 얻는 구원이란 다름 아닌 개성화 과정을 통한 집단적 무의식의 완성과 같다.(*CW* 9ii, par.72)"고 표현한다. 이는 종교현상이란 중대한 심리적 측면을 가지고 있을 수밖에 없는데 그런 관점에서 볼 때 공통점이 있다는 이야기이지 형이상학적이거나 철학적인 고찰방법을 사용했을 때 그런 것은 아니라는 뜻이다.(Jung/이은봉, 8) 융은 그의 이러한 입장을 개성화 과정에서 만나는 '자기'원형과 기독교에서 말하는 하나님과를 비교하면서 다만 무의식 속에는 사람을 변화시키는 누미노제적인 요소가 분명히 있음을 발견할 수 있다고 말하고 있다. 다음은 그의 표현이다.

신이 우리들에게 행하는 것을 우리가 입증할 수 있는 것은 단지 정신을 통해서일 뿐이다. 그러나 우리는 그런 행위들이 신으로부터인지 아니면 무의식으로부터인지를 구분할 수는 없다. 우리는 또한 신과 무의식이 두 개의 다른 범주인지 아닌지도 말할 수 없다. 이 둘은 초월적 내용을 일컫는 경계선상의 개념이다. 그러나 경험적으로 그것은 충분한 가능성을 가지고 무의식에는 전체 또는 전체의 원형(an archetype of wholeness)이 있다는 것을 확증할 수 있다. 전체의 원형은 꿈 등을 통해서 그 자신을 자발적으로 나타내며 의식적인 의지와는 무관하게 다른 원형들과 관계를 형성하는 경향을 가진다. 이 전체의 원형은 하나님-형상(the God-image)에 가까운 중심위치를 차지하는 것이라고 할 수 있다.

이러한 유사성은 그 원형이 항상 신을 표현하고 특징짓는 하나의 상징을 만들어 낸다는 독특한 사실에 의해서 생겨난 것이다. 엄밀히 말해서 하나님-형상은 그와 같은 무의식과는 똑같지 않다. 다만 주로 '자기'원형의 어떤 특별한 내용과 동일한 것이다. 그것은 이제 경험적으로 더 이상 그것으로부터 하나님-형상을 분리해 낼 수 없는 그 원형이다.(*CW* 11, par.757)

이처럼 '인간 심성의 변화'라는 관점에서 개성화 과정과 종교적 체험은 같은 것이다. 이제 이와 같은 융심리학에 대한 기본 이해를 가지고 이용도를 볼 것이다. 그러나 그의 꿈과 환상을 분석하기에 앞서 반드시 규명하고 가야 하는 문제가 또 하나 있다. 그것은 바로 그의 꿈과 환상 속에서 빈번하게 나타나는 마귀형상을 무엇으로 보아야 하는지에 대한 문제이다.

4. 이용도에게 있어서 무의식의 의식화와 마귀형상의 의미

이미 언급했듯이 집단적 무의식의 의식화 과정에서 아니마·아니무스는 '자아'를 '자기'로 인도하는 데 무엇보다 중요한 길라잡이 역할을 하는 원형적 무의식이다. 따라서 이용도의 집단적 무의식의 의식화 과정을 관찰하는 데 있어서도 이 개념에 대한 정리는 매우 중요할 수밖에 없다. 그러나 불행스럽게도 이용도의 꿈과 환상 속에서는 아니마라고 칭할 만한 형상은 별로 나타나지 않는다. 다만 그 속에서 주요한 길라잡이 역할을 하고 있는 것은 마귀의 형상이다. 따라서 이용도의 꿈과 환상을 분석하는 데 있어서 마귀에 관한 논의는 가장 기본적인 규명작업에 속한다.

첫째 마귀는 모성원형의 부정적인 부분과 미해결의 모성콤플렉스 형상일 수 있다. 모성원형의 전형적인 형태는 개인적인 어머니와 할머니, 계모와 장모 및 시어머니, 유모나 보모, 조상 할머니 그리고 보다 높은 의미에서는 여신, 특히 모성신, 성처녀, 지혜의 여신 소피아 등이 있다. 또한 구원을 희구하는 궁극적 목표인 낙원, 신의 나라, 천상의 예루살렘 등이 되기도 한다. 보다 넓은 의미로는 교회, 대학교, 도시, 나라,

하늘, 땅, 숲, 바다, 고요한 물, 물질, 지하 세계 그리고 달이 있으며, 보다 좁은 의미로는 출산 및 생성처로서의 논밭, 정원, 바위, 동굴, 나무, 수원지, 깊은 우물, 세례 반(盤), 그릇으로서의 꽃, 마법의 원으로서 혹은 어린 제우스에게 젖을 먹였다는 염소의 뿔로서 나타난다. 가장 좁은 의미로는 자궁, 모든 구멍 형태(예를 들면 암나사), 빵 굽는 오븐, 요리 냄비, 동물로서는 암소, 토끼, 도움을 주는 일반 동물들이 있다. 또한 양가적 측면으로는 운명의 여신(파르젠, 그래엔, 노르넨)이 있으며 부정적으로는 마녀, 용(거대한 물고기와 뱀같이 모든 것을 삼키고 칭칭 감는 동물들) 그리고 무덤, 석관, 물의 심연, 죽음, 유령(악몽) 그리고 어린이를 놀라게 하는 괴물들이 있다.(기저2, 202/*GW* 2, 148-149/*CW* 9i, pars. 156-157)

모성 원형의 성질은 (긍정적으로 볼 때) '모성적인 것'들로, 여성적인 것의 마술적인 권위, 상식적 이해를 초월하는 지혜와 정신적인 숭고함, 자애로움, 돌보는 것, 유지하는 것, 성장하게 하고 풍요롭게 하고 영양을 공급하는 것들이다. 반면 (부정적인 측면에서의 모성원형은) 도움을 주는 본능이나 충동이며 비밀스러운 것, 감추어진 것, 어둠, 심연, 죽은 자의 세계, 삼켜버리고 유혹하고 독살하는 것, 두려움을 유발하는 것 그리고 피할 수 없는 것 등등이다.(202-203/149/par.158) 이 중에서 부정적인 형상(마녀, 용, 뱀, 유령, 괴물 등)과 부정적인 성질(어둠, 죽은 자의 세계, 두려움 유발자 등)은 이용도의 마귀형상을 상당히 많이 닮아 있다. 그렇다고 해서 그의 마귀형상이 이처럼 부정적인 요소만 내포하고 있다는 뜻은 아니다.

한편 이 문제를 '자아'가 무의식의 모성성에 지배된 상태인 모성콤플렉스의 측면에서 볼 수도 있다. 본래 모성콤플렉스란 병리학적 수준에서 동성애의 원인요소 등으로 논의되는 것인데 이것을 융은 폭넓게 재해석하여 그것의 긍정적인 부분을 돋보이게 하였다. 그의 재해석에 의하면 이 모성콤플렉스가 아들에게서의 동성애 대신 그것과 함께 에로스의 분화를 제공한다. 따라서 모성콤플렉스는 ① 여성적 공감 능력 때문에 완벽에 가까운 능력을 발휘할 수 있는 교육적인 자질, ② 과거의 모든 가치를 가장 충실하게 보존하는 보수적이고 역사적인 정신, ③ 놀랄 만치 부드러운 유대로 남성들 사이의 마음을 이어 주며 심지어 도저히 생각할 수 없는 저주로부터 이성 간의 친밀감을 이루어 내는 우정의 소질, ④ 영성적 교회를 현실화하는 종교적 감정의 풍성함, ⑤ 마침내는 계시를 위해 기꺼이 자신을 바치는 영적인 수용성 등으로 평가되기도 한다.(208/153/par.164. 참조) 모성콤플렉스의 긍정적인 면으로서의 에로스의 분화 모습은 마치 이용도의 행적을 정리해 놓은 듯이 친숙하다. 자기실현(개성화) 과정에서 남성은 모성과의 유대로부터 독립해야 하는 것이 필연적인 과제이며 이것이 바로 모성콤플렉스의 해소이다.(이부영, 2005b: 143) 그러나 그 문제가 해결되지 않은 채 남아 있다면 그 남아 있는 정도만큼 어두운 형상으로 표출될 것이다.

둘째 그것은 바로 아니마원형의 투사일 수도 있다. 그러나 마귀형상을 여성이라고 보기에는 무리가 있다. 따라서 만일 마귀가 아니마의 형상이라면 왜 중성적 형상을 띠고 있는 것인지를 규명하지 않으면 안 된다. 우선 동서양의 문화 차이에서 그 답을 얻을 수 있지는 않을까? 융(GW 3, 75/CW 7, par.304)은 동양의 관점에는 아니마의 개념이 없다고 말한다. 왜냐하면 '의식의 경계를 넘어선 어떤 심리적 활동'을 일컫는 불멸성으로서의 아니마·아니무스는 문화적 차이로 인하여 그것이 지닌 역사적 요소들을 다른 곳에 귀속시키기 때문이라는 것이다.(73/par.302 참조) 다시 말해서 철저히 외향화된 서양 정신은 불멸성을 감정적으로 심혼(아니마, 영혼, 정신)에 돌려서 그 심혼(아니마)

의 여성적 특질(its feminine qualities)과 '자아'를 구분해서 분리하는 반면 불교도는 내향화된 정신문화로 인하여 역사적 요소를 심혼(아니마)이 아닌 '자기'에 귀속시킴으로써 인간의 정신현상을 총체적으로 파악하려 한다는 것이다.(74/par.303 참조)

이러한 예는 중국에서도 관찰된다. 중국의 사상은 음양 조화의 사상이다. 그것은 심성의 중심적인 사실로부터 멀리 떠나서 하나하나의 심적인 기능만을 일면적으로 과장하거나 과대평가하는 일이 결코 없다. 서로 대립하는 것은 언제나 균형을 유지해 왔다. 그러므로 정신의 빛나고 초인적인 높이를 지향하는 측면에 대항하는 여성적인 것, 어두운 것, 땅에 뿌리를 둔 원리는 우열의 관계에 놓이는 것이 아니기 때문에 특별히 성적(性的) 특성이 강조될 필요가 없는 것이다. 이것은 높은 문화의 징표라고 융은 말하고 있다.(*CW* 13, par.7 참조) 이러한 성향의 차이는 바로 무의식을 보는 관점에서 차이를 보인다. 즉 서양은 무의식의 여성성을 강조하게 되고 동양에서는 그것의 어두운 속성을 강조하게 된다. 이런 측면에서 볼 때 아니마를 성적(性的) 특성을 무시한 채 무의식의 인격화로서 정의하고 있는 융(par.62)의 견해에 동조하게 된다. 즉 아니마는 무의식의 영역에로의 다리 곧 무의식에 대한 관계의 기능으로 파악되는 것이다.

그러나 마귀를 여성성의 변형이라고 보았을 때는 전형적인 아니마를 나타내는 어두운 형상이라고 가정할 수도 있다. 그렇다면 이용도에게서 아니마의 두 모습을 찾아봐야 한다. 하나는 우리의 외적 인격의 '그림자'로서의 열등한 모습이고 다른 하나는 그 본래의 인격으로서 우리를 우리의 중심인 '자기'에게 인도하는 창조적 모습이다. 열등한 모습은 그들의 어머니나 아버지로부터 부정적 혹은 과잉의 긍정적 영향을 받아 형성된 아니마·아니무스의 모습이다. 어머니로부터 나쁜 영향을 받아 부정적 아니마를 가지게 된 남성은 "나는 아무 데도 쓸데없는 인간이다", "세상만사가 무의미하다", "다른 사람에게는 어떨지 몰라도 내게는 좋은 일이 하나도 없다"는 식의 자기암시를 끝없이 되풀이하게 되고,(Franz/이윤기 역, 178) 어머니로부터 과잉의 긍정적인 영향을 받았을 때는 감상주의자가 되거나 신경과민이 될 수 있다(179).

이용도에게 있어서 이것에 견줄 만한 것이 바로 거지 '억성이'에게 보인 무한한 희생적 사랑행위이다.(피터스/변종호, 2004: 66-76 참조) 이것은 '예수의 인류에 대한 사랑' 같은 것이라기보다는 감상주의적 색채가 강한 감정적 행위로 보이기 때문이다. 반면에 창조적인 아니마 상은 '신의 짝'(Syzygie)의 상징을 아니마·아니무스의 원형적 기원으로 삼고 있는 융의 견해(이부영, 2004: 77)[25]를 따르면 '신과의 애인 관계'와 '어머니의 속성으로 묘사된 하나님과의 관계'에서 찾아볼 수 있다. 이것은 '자아'를 '자기'와의 만남에까지 이끌어 가고 있는 모습처럼 보인다.

그러나 여기서의 또 하나 생각해 봐야 할 문제는 아니마와 모성원형이 밀접한 관계에 있을 수밖에 없다는 점이다. 인간은 운명적으로 모성과 아니마상을 구분하지 못한 상태에서 태어나고 일정 기간 자란다. 어느 정도 성장한 후에야 이것들은 각각 분리된다. 다시 말해서 모성콤플렉스의 해소 이후에 비로소 아니마상이 독립해서 나타난다는 말이다. 융은 아들이 어머니에게 무의식적으로 투사하는 요소를 한 곳에서는 모성 이마고(imago)라고 했고 다른 곳에서는 아니마 또는 아니마로 대표되는 무의식이라고 말한다.(*CW* 9ii, par.24) 또한 아니마 원형의 여러 측면은 모성 이마고를 포함하고 있지만 융이 모성의 상

---

25) 1950년에 융이 서문을 썼고 1951년 출간된 『아이온』 중 「자기의 상징성에 대한 기여」라는 논문에 수록되어 있다.

징을 말할 때는 모성적 인격상뿐 아니라 여러 가지 비인격적 상, 자연
의 사물, 궁극적으로는 무의식 자체를 모성상으로 보고 있으므로 두
개의 개념은 서로 교차한다고 말할 수 있다.(이부영, 2004: 81) 따라
서 모성원형 혹은 모성콤플렉스를 이야기할 때 아니마원형은 그 속에
내포되어 있거나 미분화 상태로 있을 수 있다. 이런 이유로 해서 본
연구에서는 이 두 가지 형상을 구분해서 기술하지는 않을 것이다.

셋째 마귀는 '자기'원형의 '그림자'일 수 있다. 이것은 보이는 그대로
선(善)에 대한 악(惡)의 모습을 말한다. 이는 가장 단순하고 명확한
것처럼 보이지만 사실상 가장 근원적인 관점이다. 여기에 기독교의 그
리스도와 적그리스도, 동양의 음양과 같은 상징적 합일이 숨어 있기
때문이다. 기독교 문화권의 측면에서만 보면 융의 '사위일체'26) 개념이
여기에 내포되어 있다. 종교적 측면에서 볼 때 이것은 융 심리학의 핵
심적 요소일 뿐만 아니라 본 연구의 핵심적 요소이기도 하다.

이용도의 마귀형상은 이것들 중 어느 하나라고 단정 지을 수 있는
것은 아니다. 다만 이것들의 복합체가 바로 마귀형상일 것이라는 추측
은 가능하다. 왜냐하면 그것이 모성원형이거나 아니마원형이거나 간에
그것들은 절대적 표현이 아니기 때문이다. 예를 들어 모성원형상의 모
성성은 주어진 상황에 따른 '자기'원형상의 모성적 측면의 우세로 나타
나는 것이다. 마치 태극의 양면인 음양이 상황에 따라 상대적으로 우
세하게 표현되고 있는 것과 같다.(이죽내, 1987: 90) 그러므로 그것의
상대적 성격이란 관점에서 그의 꿈과 환상을 추적해 가다보면 위의 문
제들이 하나씩 혹은 동시에 형상화되면서 풀려가는 것처럼 보인다.

"꿈은 '자기'의 큰 계획을 중심에 배정하는 내적 사건이기 때문에

---

26) 사위일체에 대한 논의는 제7장 중 "예수의 십자가의 죽음과 사위일체"
에서 자세히 다룰 것이다.

꿈에 나타나는 아무리 적은 콤플렉스라 할지라도 그것을 의식화할 때 그것은 곧 '자기'의 의도를 실현한 것"이라는 표현(이부영, 2005b: 151)에서 보듯이 그것을 '마귀 원형' 자체로 그의 무의식 탐구의 길라잡이 자리에 두는 것이 그렇게 어색한 일은 아니다. 원형의 내용과 관계없이 무의식의 의식화 과정을 이끄는 틀은 일정하다는 관점에서 볼 때 그 틀 안에 어떤 형태의 상이 자리한다 하더라도 그 과정은 변함없이 진행될 것이기 때문이다. 따라서 이용도의 꿈과 환상 분석에 있어서 마귀의 형상은 아니마 형상과 같은 비중으로 중요하게 된다. 그리고 그 과정에서 모성원형과 모성콤플렉스, 아니마원형 그리고 '자기' 원형을 구분하여 그것들이 의식화되어 가는 과정을 추적해 나가는 것은 더욱더 중요한 일이 된다.

5. 분석방법

1) 인과론적 해석과 목적론적 해석

융은 꿈이나 환상을 해석할 때 인과론적 해석과 목적론적 해석을 구분하여 설명하고 있다. 인과론적 해석이란 객관적 외부적 상황에 대한 기억 콤플렉스들을 분석해 내는 입장이라서 객관적 수준의 해석이라고 하고 목적론적 해석이란 그것들을 참조하면서도 더 나아가 '자기'로 향하는 내부적 속성의 관점에서 분석하려는 것이라서 주관적 수준의 해석이라고도 한다. 융은 말한다.

　나는 꿈 이미지를 실재의 객체들과 동일한 것으로 해석하는 모든 것
들을 객관적 수준의 해석(an interpretation on the objective level)이
라고 부른다. 반면에 꿈 전체와 그 속의 배우 모두를 꿈꾼 사람 자신
으로 보는 해석이 있다. 나는 이것을 주관적 수준의 해석(an interpre-
tation on the subjective level)이라고 부른다. 객관적 수준의 해석은
분석적(analytical)이다. 왜냐하면 그것은 꿈 내용을 외부 상황을 나타
내는 기억 콤플렉스들로 분석해 내기 때문이다. 주관적 수준의 해석은
합성적(synthetic)이다. 왜냐하면 그것은 기저에 깔려 있는 외부적 요
인의 기억 콤플렉스들을 분리해 낸 다음 그것들을 그 주체의 경향과
구성요소들로 간주해서 주체와 재합성하기 때문이다.(*CW* 7, par.130)
　그러므로 해석의 합성적 혹은 구성적 과정(the synthetic or construc-
tive process of interpretation)은 곧 주관적 수준의 해석이다.(par.131)

　인과론적 해석법은 프로이트식의 분석방법이고 목적론적 해석법은
융식의 분석방법이다. 예를 들어 이용도의 투쟁적인 행위는 폭군적 아
버지에 대한 내면적 분노가 승화 또는 투사되어 나타난 결과라고 이해
하는 것이 인과론적 해석법이다. 반면에 그러한 행위가 그 시점에 그에
게 나타난 목적이 있을 것이라는 점을 염두에 두고 그의 정신세계를 관
찰하려는 것이 목적론적 해석법이다. 따라서 그의 투쟁적인 태도는 인
생의 전반부에 흔히 나타나는 대극들의 분화와 선택 능력의 형성을 위
한 행위가 된다. 동시에 그러한 형태의 행위가 한쪽으로 편중되면 될수
록 무의식의 반동력은 더욱더 강해져서 의식에 압력을 가하게 된다. 이
것이 바로 심리적 성숙을 촉발시키려는 목적을 가진 것이라고 해석하는
것이 목적론적 해석법이다. 본 연구에서는 간간이 상황적 이해를 돕기
위해 인과론적 해석을 곁들이겠지만 주로 목적론적 해석방법을 사용할
것이다. 이것은 간단히 말해서 모든 상징적 형상들을 자기실현이라는
목적지를 향해 가는 그 사람의 내적 정신현상으로 보겠다는 뜻이다.

2) 꿈 해석의 기본자세와 경계해야 할 해석자의 자세

융은 꿈이란 자발적인 정신활동의 산물이며 어떤 목적을 가지고 의식을 향해 메시지를 전달하려 한다고 생각했다. 실제로 꿈은 과식하거나 배고플 때 우리의 육체가 반응하듯이 우리 의식의 태도에 반응한다. 꿈은 자기-조절적인 정신체계(the self-regulating psychic system)의 자연스런 반응양상이다.(*CW* 18, par.248) 그러므로 꿈을 다루는 데는 기본적으로 두 가지 관점을 필요로 한다. 첫째는 꿈을 하나의 사실로서 다루어야 하며 꿈이 의미를 지니고 있다는 것 이외에는 어떤 전제도 사전에 상정되어서는 안 된다는 점이고 두 번째로 꿈이라는 것은 무의식의 고유한 표현이라는 점이다.(Jung/이윤기 역, 1996: 32)

이처럼 꿈은 무의식의 표현양식이기 때문에 그것 역시 개인적인 자료를 보여주는 것과 집단적인 자료를 보여주는 것이 있게 된다. 개인적인 자료의 꿈은 그 개인의 연상을 통하여 알 수 있지만 집단적인 자료의 꿈은 신화적인 구조를 가지고 보편적인 언어로 말하기 때문에,(*CW* 18, par.249) 꿈꾼 사람의 연상과 인류의 보편적인 연상을 수집하고 그 상 자체의 의미를 이해하려는 확충(amplification)이라는 방법을 써서 알게 된다. 다시 말해서 개인의 일회적 사고, 어느 문화집단의 특유한 사유형식과 관습, 어느 시대에 특징적인 사조의 영향 등을 폭넓게 감안하여 하나씩 구분해 나아가야 한다.(이부영, 2005c: 101) 왜냐하면 그것은 해석자의 무의식이 아니라 그 당사자의 무의식이기 때문이다.

여기서 해석자들이 자칫 범하기 쉬운 실수는 자기 자신의 문제를 분석대상의 꿈에 투사하는 것이다. 그것은 꿈 그 자체가 가지고 있는 뜻에 충실하기보다 자기 자신의 콤플렉스를 투사해서 '이런 뜻이다',

'저런 뜻이다', '이게 맞다'고 말하는 경우들이다. 이것은 상대의 원형상을 단순하게 자신의 콤플렉스로 환원하는 해석이므로 바람직하지 못한 것일 뿐만 아니라 그 해석을 내린 사람 자신을 해치게 된다.(이부영, 2005b: 154) 그러므로 꿈과 환상을 경험한 당사자가 지금 여기에 없는 경우 할 수 있는 한 그러한 체험들 전후의 개인적 및 사회적 배경 및 자라 온 환경으로부터 유래되는 그의 성격적 특성들과 더불어 인류의 보편적인 연상을 수집해야 한다. 그러나 무엇보다 중요한 것은 그의 생애를 일정한 심리학적 시각으로 일관성 있게 꿰뚫어 보려는 노력일 것이다.

제 **4** 장

분화의 시작과 첫 승마체험

이용도는 1916년 1월 15일 다음과 같은 첫 환상체험을 한다.

> 어느 날 밤중에 중풍에 걸리신 백부님이 갑자기 진유(眞油)를 사
> 오라고 했다. 이때 어린 용도는 사양치 않고 나섰다. 캄캄한 한밤중에
> 혼자 길을 가노라니 키가 9척이나 되는 마귀가 나타나 길을 가로막
> 아 섰다. 이때에 용도는 놀라지 않고 마음을 침착히 한 후 찬송가를
> 큰소리로 불렀더니 하늘에서 천사의 날개가 내려와 그 마귀를 밀어
> 내고 보호하여 주어서 그 길을 무사히 가서 목적한 바를 이루었다고
> 한다.(피터스/변종호, 2004: 127-128)

이용도 스스로 승마체험이라고 부르고 있는(이용도/변종호 편저, 2004b: 189) 이것은 그의 어린 나이에 겪게 된 첫 환상체험이라 중요하다. 그의 나이 15세 때의 이 체험은 그가 왜 한밤중에 마귀를 만나게 되었는지, 키가 구척이나 되는 마귀는 무엇을 의미하는지 그리고 그의 놀람 없이 침착한 대처능력은 또한 어떻게 보아야 하는지 등의 의문을 가지게 한다.

1. 마귀체험의 배경

이토록 기이한 마귀체험은 예민한 영혼의 소유자라면 의식이 충분히 발달하지 못한 어린 나이에 캄캄한 밤길과 같이 자연스럽게 의식

이 제한되는 상황에서 어렵지 않게 경험할 수 있는 일 중 하나일 것이다. 그러므로 이용도의 마귀체험 자체만은 그리 대단한 것은 아닐 수도 있다. 그러나 그만의 조건을 찬찬히 추적해 볼 이유가 있다. 왜냐하면 마귀체험과 같은 것은 보통 일회성으로 끝나거나 혹은 여러 번 반복된다 하더라도 대개는 그 두려움 때문에 의식적으로 망각해 버리는 것이 상례인데 그는 기꺼이 그의 전 생애를 통해 마귀체험을 직접 대면해 나갔기 때문이다.

어린 나이에 그가 이런 경험을 하게 된 배경은 무엇이었을까? 표면적인 이유는 물론 그의 열성적인 신앙생활 때문이었다. 그의 신앙생활이 어려서부터도 얼마나 열성적이었는지를 보여주는 에피소드가 있다. 이용도가 10세경 시변리 공립보통학교에 다닐 때 일본인 교장이 '예수 믿는 아이들은 가르칠 수 없다'고 하였다. 그랬더니 교회 다니던 모든 아이들이 교회출석을 포기하고 학교를 선택했는데 그는 오히려 퇴학을 선택했다.(피터스/변종호, 126 – 127) 또한 그는 13세 때 이미 기도생활을 하는 아이가 되었고 이때부터 교회 종각에 올라가서 여러 시간 혹은 밤새도록 기도할 정도로 그의 신앙이 상당한 터 위에 서 있었다(126). 이러한 그의 신앙적 열성은 자연스럽게 그 자신의 정신세계 속에 천사나 마귀 같은 기독교적 형상들을 만들어 갔을 것이며 동시에 부지불식간에 그의 정신세계를 더욱더 풍요롭게 해 주었을 것이다.

그렇다면 그가 어린 나이에 이미 기도의 사람이 되었다는 것은 무엇을 뜻하는 것일까? 첫째 그의 집착하는 성격이 철저한 기도생활을 하게 만들었을 가능성이 있고 두 번째는 그가 가지고 있던 심리적 문제들이 많고 무거웠었다는 것을 간접적으로 보여주는 것이며 세 번째는 전도부인이었던 어머니와 강한 정서적 결합이 형성되어 있었다는 반증일 수 있다.

1) 성격적 배경

그의 성격을 보면 상당히 깔끔했던 것 같다. 그 당시엔 가난이 보편적이어서 옷을 단정하게 입는 예가 오히려 드물었을 터인 데도 옷이 남루하고 양말에 구멍이 뚫려서 주일학교 선생 노릇을 하려고 해도 여선생에게 양말 뒤축이 뚫어진 것을 보이는 것이 부끄러워 못 가는 때가 많았다고 한다.(이용도/변종호 편저, 2004b: 129) 이호빈의 증언에 의하면 결혼 후에도 그는 늘 옷을 정갈하게 입고 다녔다고 한다. 그는 옷이 몸에 꼭 맞지 않으면 잘 입지를 않았는데 그 정도가 심하여 그의 부인이 어떤 때는 옷을 고치다가 너무 속이 상해서 울었다는 소문까지 있었다.(변종호 편저, 2004: 136) 이용도는 또한 너무 일찍 철이 들어 버린 애어른 같기도 하였다. 그에게는 누이동생(순례)이 하나 있었는데 어머니가 병중에 낳았으므로 젖을 한 방울도 먹지 못하게 되었다. 이에 이 젖 못 먹는 어린 누이를 그가 맡았다. 아침 학교에 가기 전에 근처에서 젖을 얻어먹이고 저녁에 일찍 돌아와 또 이 집 저 집으로 젖을 얻어먹이러 다녔다. 이 어린 누이에게 젖을 얻어다 먹이는 그는 누이가 울 때 함께 울었고 누이가 배고플 때 함께 굶었다. 어머니는 병약하고 집안 살림은 가난하니 용도는 혼자 눈물과 땀을 다 쏟으며 살림을 거들었다. 특히 없는 것을 얻으려 근처 집에 가서 구구한 사정을 말하는 일은 그가 혼자 도맡았고 물 길어 주고 절구질하고 힘든 일 하는 것도 혼자 맡아 하였다.(피터스/변종호, 127)

요약하면 그의 기본 성격은 깔끔하고 정리정돈 잘하고 책임감 강하고 원리원칙에 입각하여 행동하는 강박적 성향이 강했다. 게다가 신경이 예민하여 주변 상황에 대한 판단이 빠르고 여성적인 정이 많아 동정심이 풍부하였던 것으로 추측된다. 따라서 그는 응석받이 어린 시절

없이 마치 그 집의 정신적 가장이었던 것처럼 조숙한 어린 시절을 보냈던 것 같다. 이것은 어린 용도가 자연스럽게 자신의 감정을 억압하도록 훈련되었음을 암시한다. 이렇게 볼 때 기도가 그에게 얼마나 시원한 오아시스와 같았을지를 추측하는 것은 그리 어려운 일이 아니다.

2) 환경적 배경

(1) 개인적 환경

이용도는 그의 가정환경에서 오는 무거움 때문에 기도의 사람이 되었을 것이라는 추측이다. 여기서 이용도의 가정환경을 돌이켜 보는 것은 필수적이다. 이용도는 1901년 4월 6일[27] 황해도 금천군(金川郡) 서천면(西泉面) 시변리(市邊里)에서 소장수 대주가(大酒家) 아버지 이덕흥(李德興)과 시변리교회 전도부인이었던 어머니(양마리아) 사이에서 (오 남 일녀 중 셋째로) 태어났다.(박용규, 2004b: 631 - 632) 아버지는 가족들이 기독교인이 되겠다고 고집하면서 자신에게 맞서고 있다고 믿었던 인물이다. 송길섭(1982: 215)에 의하면 그의 어머니는 독실한 신앙인이었음에도 불구하고 가장으로서 가정을 제대로 이끌지 못하는 아버지와 부부싸움이 잦았다고 한다.

이른 새벽에 아버지 이 씨가 군청으로부터 소장수 허가를 받았음을 알리는 붉은 띠를 왼쪽 소매에 달고 그 지역에서 가장 큰 시변리 우시장으로 떠나면 그 틈을 이용해 어머니와 자녀들은 교회를 다녀오곤 했다. 어쩌다 일찍 돌아와 집을 비우고 교회를 간 것이 밝혀지면 그날은 온통 난리가 났다. 연달아 쏟아지는 욕설, 날아가는 매, 박

---

27) 1900년으로 나와 있는 곳도 있다.(박용규, 2004b: 631. 참조)

> 살나는 접시들, 놀라 도망치는 세 아이들, 울고 있는 어머니, 한 아이
> 를 등에 업고 이웃집으로 도망치는 이용도의 어머니, 한 줌밖에 되지
> 않은 어머니의 치맛자락을 움켜쥐고 바들바들 떨고 있는 아이들, 이
> 런 정경을 보는 것은 드문 일이 아니었다. 한 번은 아버지 이 씨가
> 가족들의 면전에 실제로 칼을 휘두르며 다시 교회에 갈 경우 죽이겠
> 다고 위협한 적도 있었다.(박용규, 2004b: 632)

이러한 아버지는 지금 시각으로 보면 상당히 심각한 폭력 가정의
가장이었다. 이처럼 표면적으로 볼 때 이용도의 가정은 정상적이지 못
했다. 피해의식마저 있는 듯한 폭군적인 아버지와 오직 신앙만을 피난
처로 여기며 살아간 병약한 어머니 그리고 무능한 형, 이것이 어린 용
도가 운명적으로 떠안아야 했던 환경이었다. 이런 것들은 어린 용도가
해결하기엔 너무도 무거운 문제들이었다. 그러므로 기도라는 해결방법
을 어머니에게서 자연스럽게 배웠을 것이라는 추측이 가능하다. 전도
부인이었던 어머니가 바로 기도의 사람이었기 때문이다. 그러나 이러
한 환경이 그에게만 주어진 것이라고 간과해 버리면 문제의 핵심을
놓치게 된다. 그러므로 그 당시의 시대적 배경과 전도부인에 관한 객
관적 시각을 간략하게 개괄해 봐야 한다.

(2) 사회적 환경

조선 말기라는 시대적 배경과 전도부인이라는 직분적 배경은 병적인
것 같은 이용도의 가정환경을 다르게 해석하게 한다. 우선 당시의 전도
부인은 극심한 고통과 핍박을 받았다고 한다. 그 핍박은 견딜 수 있는
단기간의 고통이기보다는 생명의 위협까지도 감수해야만 하는 것이었
다. 양반부인으로서 전도부인의 길을 택했던 김덕선의 일생은 그것이

어느 정도의 고통이었는지를 실감나게 말해 준다.(양미강, 1992: 96)

> 내가 예수를 믿은 지 4년이 되던 해에 나의 남편이 내게 온갖 핍
> 박을 다하며 예수를 못 믿게 하다가 끝끝내 듣지 아니하니까 나중에
> 는 나의 손목을 끊어 버리겠다고 하며 칼을 들고 내게 달려들어 손
> 목을 쳐서 피를 말할 수 없이 많이 흘렸으되 나는 조금도 남편을 원
> 망하지 않고 도리어 그를 위하여 기도하였으며 가장 정성스러운 마
> 음으로 무릎을 꿇고 그가 회개하기를 위하여 하나님께 기도한 일도
> 한두 번이 아니었다.[28]

이와 같은 핍박은 김덕선 개인만 당한 일이 아니었다. (많은 전도부
인들이) 남편으로부터 매를 맞고 내쫓김을 당했으며 시아버지의 반대
로 한 가문에서 고소를 당하는 등 온갖 고난을 견디어 내면서 그들은
그들이 선택한 신앙을 지켰다(96).

그때 상황이 이런 지경이었다면 이용도의 아버지가 했던 행위도 당
시의 보편적 사회기준에서 그리 크게 벗어나 있었던 것은 아닌 것 같
다. 그런 사회적 분위기는 바로 그 시대적 혼란상을 반영하는 것이기
때문이다. 소위 아버지로 대별되는 지배계층 또는 기득권층의 극단적
행위들은 어떤 면에서 보면 몇백 년 이어 오던 절대적 권위가 균열되
고 있음을 보여주는 반증일 수도 있었다. 그렇기는 해도 이러한 아버
지의 태도가 온전한 비판력이 형성되지 않았던 어린 시절의 용도에게
강한 심리적 압박으로 작용했을 것은 의심의 여지가 없다.

한편 이에 대응한 어머니의 태도를 주의 깊게 볼 필요가 있다. 어머
니는 아버지의 핍박에 흐느껴 울거나,(피터스/변종호, 20) 또는 용도
의 눈앞에서 양잿물 사발을 추켜들어 자신의 감정을 표출했던 여인이

---

[28] 김덕선, "믿음으로 이긴 내 일생", 승리의 생활, 113.(양미강, 96. 재인용)

84

었다(126). 이러한 어머니의 태도는 얼핏 보기에는 당대 여성의 보편적 나약함의 표현처럼 보인다. 힘없는 여인이 강포한 남편에게 대항할 수 있는 유일한 무기는 죽음을 담보로 하는 것밖에는 없었을 것이기 때문이다. 그러나 이 장면을 조금만 주의 깊게 관찰해 보면 그 이면에 숨어 있는 동기는 오히려 강인함이었음을 발견하게 된다. 그것의 열쇠는 바로 그의 어머니가 전도부인이었다는 점에 숨어 있다.

양미강(92-93)에 의하면 개신교가 들어온 1880년대의 한국 여성들은 철저한 유교적 가부장제 질서 속에서 살고 있었다. 여성들은 정절 이데올로기와 내외법에 의해 지배되어 철저히 사회와 차단된 생활을 하고 있었다. 정절을 생명보다 귀하게 여겨 '은장도'라는 보호기구까지 갖게 하였고 과부의 재가를 금지시키기도 하였다. 여성들에게만 강제로 규정된 외출 시 너울 및 장옷 착용, 가마의 사용은 여성들을 모든 공적인 영역에서 차단시키는 도구였다. 어려서는 딸로서 아버지를 따르고 결혼해서는 남편과 시아버지를 따르고 자식이 장성한 후에는 자식에 의존해서 살아야 한다는 삼종지도(三從之道)는 여성의 삶을 더욱 의존적으로 만들고 여성들의 기능을 자식, 특히 아들을 생산하는 도구로 전락시켰다.

이처럼 소외되고 억눌렸던 여성들에게 기독교의 복음은 그야말로 해방의 빛이었다. 이름 없던 여성들에게 이름을 찾아줌으로써 온전한 인격체임을 깨닫게 했으며29) 읽고 쓰는 배움의 기회를 제공해 줌으로써 자아실현의 길을 갈 수 있도록 해 주었다. 구체적으로 복음은 외출이 부자유했던 여성들에게 예배와 활동을 할 수 있는 사회생활의 길을 터주었고 실생활에서 위생관념을 가르쳐 주기도 하였으며 남편의 동반자로서, 자식을 훈련하는 어머니로서, 교회 공동체의 일원으로서

---

29) 이용도의 어머니 양마리아의 이름도 이런 과정에서 붙여진 것은 아닐까?

새로운 관계형성을 마련해 주었다. 이처럼 기독교의 복음은 여성들의 억압된 삶과 맞물려 여성들로 하여금 생의 전환을 하도록 하였던 것이다. 이러한 생의 전환은 이들로 하여금 전도부인으로 헌신하게 하였다(93–94).

물론 전도부인은 아무나 할 수 있는 것이 아니라 특별한 사명감을 가진 여성들이어야 했다. 이들은 다른 한국 여성들을 가르쳐야 했으므로 그들을 교육시킬 기관이 필수적으로 필요했던 것이다. 전도부인이 비교적 체계적인 교육을 받기 시작한 것은 1897년 이후부터이다. 전도부인의 교육기관은 성경반(Bible Class), 성서연구반(Bible Institute) 그리고 성서학원(Bible Training School) 등 세 과정으로 나눌 수 있다. 성경반은 사경회에서 조직되어 4일에서 2주 정도 교육을 받았으며 성서연구반은 최소한 한 달 이상의 교육을 받아야 하는 과정으로 수료하면 전도부인으로 파송되었다. 이 두 과정은 임시적인 교육기관의 성격을 띠고 있는 데 반해, 성서학원은 3개월에서 1년 이상의 교육을 요하는 과정으로 비교적 전문적인 성격을 가진 상설기관이었다(98). 성서연구반이 1905년 평양에서 처음으로 시작됐다는 것과 이용도의 어머니가 전도부인이라는 호칭으로 불린 점을 보았을 때 그녀는 아마도 성서연구반 정도의 교육을 받았던 것으로 추측된다.

이처럼 그 당시 전도부인은 서서히 재편성되어 가고 있는 시대적 변화에 적극적으로 앞장섰던 선구자적인 여성의 표상이었다. 그러므로 이용도의 어머니는 기존 전통에 순응했던 평범한 여성이라고 보기는 어렵다. 뿐만 아니라 양미강(96)에 의하면 그 당시 대부분의 전도부인들은 가난한 과부들이었다는데 과부가 아니면서도, 즉 남편의 핍박에도 불구하고 그 역할을 기꺼이 한 그녀는 보편적 비범함 이상의 강인한 성격을 가졌던 여인으로 추정된다. 그러나 그녀는 여기저기 많이 아팠다. 그것은 지금도 그렇거니와 그 당시엔 더더욱 왜곡된 채로 있었을 유교적 사고방식이 그녀의 자유를 억압했을 것이 틀림없기 때문에 그 밑바닥에는 화병 같은 우울증[30])이 넓게 깔려 있었을 개연성을 간과할 수는 없다. 어머니가 병중에 그의 누이동생을 낳았다는 것(이용도/변종호 편저, 2004b: 127)은 그녀의 우울증의 간접 증거가 될 수도 있다.

간단히 말해서 당시 어린 용도가 직면하고 있던 문제는 사실상 너무도 무거운 것이었다. 그것은 단순히 폭력가정의 폭군적 아버지에 대항하고 있는 병약한 어머니와의 갈등 정도가 아니라 어찌 보면 역사적 전환기에 사회전체로 확산되어 가고 있던 시대적 문제였을 것이라는 생각이다. 즉 그것의 한쪽 끝은 아버지로 대표되는 남성의 지배의식의 붕괴에 대한 불안과 거부의 세력이고 다른 쪽 끝은 어머니로 대표되는 그동안 억압 속에서 살아왔던 여인들의 각성의 힘인데 이 두 세력이 그 당시 선택된 사람들 사이에서 심각하게 충돌하기 시작했을 것이라는 추측이다. 이러한 사회적 분위기가 이용도 가정을 덮고 있었음은 당연하였다. 따라서 어린 용도의 정신 속엔 이 두 상반되는 세력이 각각의 가치를 가지고 상존하고 있었을 것이다. 즉 아버지의 권위에 대한 도전과 분노 그리고 힘겨운 자유와 평등 투쟁을 하고 있는 어머니에 대한 연민의 정은 그의 정신세계에서 좌충우돌하고 있었을지도 모른다. 이러한 충돌은 어린 용도에게 여간 힘겨운 일이 아닐 수 없었을 것이다.

---

30) 폭력적인 남편과 격랑의 시대적 갈등을 아무 이상 없이 겪어 낼 만큼 강인한 여인들은 아마도 많지 않았을 것이다. 따라서 절대적인 인내가 필요했을 것이고, 그러한 결과로 이용도 어머니가 앓았던 병은 지금의 병명으로 말한다면 가면성 우울증(masked depression)이거나 신체화장애(somatizatiom disorder)였을 가능성이 농후하다.

3) 모성적 배경

이용도는 그 환경 때문에 어머니와 매우 각별한 정서적 결합을 경험
했을지도 모른다. 보편적으로 인간에게 있어서 어머니와의 정서적 결
합은 누구에게서나 일어나는 본능적 영역의 문제이다. 어린이는 처음
에 그의 어머니와의 완전한 동참상태, 즉 무의식적 동일성 속에서 산
다. 다시 말해서 어머니는 어린이의 신체적 전제조건일 뿐만 아니라 정
신적 선행조건인 것이다.(*GW* 2, 167/*CW* 9i, par.188) 게다가 남성에
게 있어서의 어머니는 처음부터 명백하게 상징적 중요성을 가지고 있
어서 자신의 어머니를 이상화하는 경향이 강하게 나타난다.(171/par.192)
따라서 각별히 민감한 성격을 타고난 이용도가 경험하게 된 그의 어머
니와의 정서적 교류는 좀 더 강력했을 것이다.[31] 이러한 모성과의 관
계는 모성원형 및 모성콤플렉스 그리고 아니마원형들이 활성화될 때
매우 유용한 틀이 된다. 모성원형, 모성콤플렉스 및 아니마와의 관련성
은 제3장에서 이미 언급한 바 있어서 여기서는 생략한다.

이와 같이 이용도 자신의 타고난 민감성, 열악한 가정환경뿐만 아니

---

[31] 이용도가 어머니에게 받은 영향의 정도를 가늠할 만한 표현이 1930년
평양 중앙교회에서의 간증에 잘 드러나 있다. "내가 이렇게 주의 일을
위하여 나서게 된 것은 오직 나의 어머니의 신앙과 기도의 힘이올시다.
우리 어머니는 주를 믿기 위해서 목도 여러 번 매려 했고 서슬 사발도
여러 번 잡았답니다. 그렇게 목숨을 끊으려고 하실 때마다 예수께서 나
타나시사, '내가 있는데 네가 왜 비관하고 죽으려고 하느냐' 하심으로 다
시 마음을 돌이키어 용기를 얻곤 하였다고 합니다. 나의 어머니는 '자기'
의 신앙을 위하여, 친척과 자녀들의 신앙을 위하여, 참으로 애도 많이
쓰시고 울기도 많이 하시고 기도도 많이 하셨습니다. 이번에 만일 작은
능력이 나타나셨다면 이는 오직 나의 어머니의 기도의 힘이요, 이적이나
기사가 보인다면 이도 오직 어머니의 믿음의 힘으로 되어진 것이올시
다.(변종호 편저, 226)"

라 시대적 혼돈 상황이 주는 강한 정신적 스트레스 그리고 어머니와의 각별한 정서적 교류 등은 그의 무의식의 역치(Schwellenwert / threshold intensity)를 높여서 무의식적 요소가 의식의 영역으로 보통 사람들에서보다 더 쉽게 떠오르게 하였을 것이다.

2. 마귀 형상에 관한 분석

교회가 가르치고 있는 마귀는 사람들이 즐겨 염소 발에 뿔과 꼬리를 단 것으로 설명하는 사악한 원리이며 하나의 반수반인(半獸半人), 지하 계적 신의 상, 지금까지 살아남은 디오니소스적 비교단체(秘敎團體)에서 도망 나온 듯한 죄 많고 쾌활한 이교 신앙 고백자의 상이다.(기저3, 201/*GW* 3, 151/*CW* 16, par.388) 솔직히 말해서 우리는 이러한 마귀와 같은 절대적 존재에 대해 아무것도 알 수가 없다. 우리는 다만 감관을 통해서는 '외부'에서 오는 작용을, 환상을 통해서는 '내면'에서 오는 작용을 간접적으로 체험할 뿐이다. 그러므로 환상으로 체험되는 마귀는 외부에서보다는 그 사람의 내부에서 오는 작용이라고 할 수 있다.

내부의 작용이란 활성화된 무의식의 모습을 일컫는다. 무의식은 그 것 자체의 낯섦과 비논리성 때문에 마성적 성격을 띠게 되므로 의식 위로 나타날 때는 기괴하고 무시무시한 모습을 보이게 된다.(201/151/par.388 참조) 그러므로 영(Geist)이란 하나의 심리적 사실이며, 원시적 영들은 무의식적 콤플렉스들의 표현이라고 한 융의 말처럼,(92/69/*CW* 7, par.293) 마귀란 심리적 실재의 어두운 면이며 그 어두움은 무의식의 심연에 있는 여러 가지 것들의 집합을 말한다.

이용도의 첫 마귀체험에 대한 인과론적 해석은 우선 어둡고 무서운 마귀를 외부의 영향으로 형성된 심리적 실체라고 보는 것이다. 즉 프로이트가 말한 억압이라는 방어기전(defence mechanism)에 의하여 고통스러운 의식의 내용이 의식 아래로 가라앉아 형성된(*CW* 6, par.839) 개인적 무의식을 나타내는 것으로 해석하는 것이다.

그렇다면 이용도가 그동안 자동적으로 억압해 온 감정들은 어떤 것들이 있었을까? 폭력적이고 권위적인 아버지에 대한 적개심, 분노, 억울감, 어머니의 병약함에 대한 열등감, 미움 그리고 전도부인의 어머니로부터 이어받은 자유와 평등의식 등등, 이런 감정들이 서로 어우러져서 사회의 권위에 대한 반항심으로 일반화되어 '그림자'를 형성하고 있었을 것이다. 그러던 중 어린 용도는 선뜻 내키지는 않았지만 백부의 심부름에 복종하였기 때문에 그것은 곧 권위에 대한 복종으로 인지될 수도 있는 상황이었다. 만일 이처럼 권위에 대한 억지 복종의 순간이 바로 그 심부름이었다면 그의 내면에서 충돌하고 있던 상황들이 악화되거나 활성화되었을 가능성이 높다. 그러므로 깊은 내면에 있던 어머니의 정서인 자유와 평등이 의식 위로 솟구쳐 올라왔을지도 모른다. 이런 갈등의 활성화는 곧 그의 무의식을 일깨웠을 것이고 잠에서 깨어난 무의식은 어두움에 있는 것이기 때문에 지체 없이 악마의 모습을 하고 그의 의식 위로 떠올랐을 것이다. 바로 이것이 인과론적 해석이다.

여기에서 한걸음 더 나아간 목적론적 해석은 그의 체험을 그 자신의 내면의 문제들로 재구성해 보는 것이다. 부모와의 관계를 위시해서 자라 온 환경의 색깔로 채색된 상과 해석들을 그의 내면세계의 어떤 변화과정으로 재해석해 본다는 말이다. 그러므로 이때의 마귀는 외부의 어떤 실체들에 대한 감정이 아니라 그의 내면의 어두운 무의식이 의식 위로 올라오면서 겪게 된 마성적 힘에 대한 자각이다. 즉 그것은 그의 마음속에서 빛과 그림자라는 상반된 두 모습이 형성되고 있음을 나타내는 것, 다시 말해서 그의 내면이 음과 양으로 분리되어 대극을 형성해 가고 있음을 알려 주는 것이다. 물론 마귀가 무의식의 어떤 부분을 상징하고 있는지는 전혀 추측조차 할 수 없는 상황이다. 거기에는 다만 고태성과 신비성을 띤 깊은 무의식의 형상이 출현했을 뿐이다. 밤이 형성되어 이제 낮과 밤이 뚜렷해진 것이다.

사실 이 대극의 인식은 한 인간의 인격이 성장하는 시작을 알리는 것이기 때문에 무엇보다 중요하다. 융은 대극을 체험하지 않고서는 전체성을 체험할 수 없고 결국 신성한 형상들에 내면적으로 접근할 수도 없다고 생각했다.(*CW* 12, par.24) 그러므로 보통 한 개인이 자기 자신의 무의식을 경험하면 그 본성의 심연에 있는 대극에 직면하게 되고 바로 그러한 직면이 빛과 어둠의 경험과 그리스도와 악마의 경험으로 직접 인도한다고 융은 말한다.(par.23) 그러나 여기서의 문제는 이용도가 과연 마귀형상을 자신의 무의식적 형상으로 인식했겠느냐 하는 것이다. 불행스럽게도 필자의 의도와는 전혀 달리 그는 마귀를 외부적 존재로만 보고 철저하게 거부하였다. 그의 철저함은 고결한 신앙심의 형태로 형상화되어 나타났다.

3. 마귀를 물리친 행위에 대한 분석

이용도는 찬송가를 큰소리로 불러 천사의 날개의 도움을 받아서 무서운 마귀를 아주 차분하게 물리친다. 이것은 신앙적으로는 악에 대한 선의 승리이지만 심리학적으로는 보고 싶지 않은 것들에 대한 철저한 부정(denial)이다. 어린 용도는 의식 위로 나오려는 자신의 어두운 면을 단호하게 잘라 다시 무의식 속으로 밀어 넣어 버린 것이다. 누구나

자기의 어두운 부분을 받아들이기는 쉽지 않기 때문이다. 원시인들의
태도가 이러한 추측을 더욱 확고하게 해 준다.

> 우리가 무의식에 닿자마자 우리는 곧 무의식이다. 즉 우리는 우리
> 자신의 무의식이 되는 것이다. 이것이 스스로 이 플레로마(영지주의
> 에서 말하는 보이지 않는 신) 가까이에 있는 원시인이 본능적으로
> 알고 두려워했던 태고적 위험이다. 그의 의식은 아직 불확실해서 확
> 고한 기반을 갖고 있지 못하다. 그 의식은 이제 막 최초의 물에서 올
> 라온 아직 어린아이와도 같다. 무의식의 파도가 쉽게 그 의식을 덮칠
> 수 있으며 그리고 그때 그는 그가 누구였는지를 잊게 되고 그에게
> 낯선 것들을 행하게 된다. 그러므로 원시인들은 자제되지 못한 정감
> (unbeherschte Affekte/uncontrolled emotion)을 두려워한다. 왜냐하
> 면 그런 정감에 의식이 압도되어서 사로잡힐 가능성이 있기 때문이
> 다. 그러므로 인류는 의식(意識)을 강화하는 방향으로 지향해 왔다.
> 의식(儀式), 집단표상, 교리가 이런 목적에 기여했다. 즉 그것들은 무
> 의식의 위험, '영혼의 위험'에 대항해서 설치된 댐이자 담이었다. 그러
> 므로 원시의 의식(儀式)은 강신술, 팔마법, 흉조예방, 위로, 정화 그리
> 고 이와 비슷한 것들, 즉 마술적으로 유익한 현상을 만들어 내는 것
> 으로 이루어져 있다.(기저2, 129-130/*GW* 2, 94-95/*CW* 9i, par.47)

이러한 본능적 당혹감이 이용도가 그 자신의 무의식과의 첫 대면에
서 단호히 그것들을 부정할 수밖에 없었던 이유였을 것이다. 그러나
그가 마귀의 존재를 두려워하지 않고 큰소리로 찬송가를 불러 하늘의
도움을 받은 태도는 음과 양으로 분화된 상태를 확실하게 인식하고
있음을 보여주는 것이었다. 왜냐하면 우선 그는 마귀를 저 세상의 가
상적 존재로 인식하지 않고 당연히 지금 여기에 그와 함께 힘을 겨루
고 있는 실체로 인식하였다는 점이다. 즉 무의식을 인지했다는 것이
다. 이러한 태도는 자기 자신을 성찰하려는 사람이면 누구나 맨 처음

에 가져야 하는 가장 기본적인 전제이기 때문이다. 이처럼 마귀의 실체를 인정하고 나면 그다음엔 그것을 극복하려는 노력이 필요해진다. 그런데 그 방법은 자기 안으로부터 오는 것이 아니라 밖으로부터 온다. 다시 말해서 의식으로부터 오는 것이 아니라 무의식으로부터 온다. 그렇게 그것이 무의식으로부터 오는 것을 방해하지 않으려면 어린 용도처럼 밖으로부터 도움이 올 것을 기대하면서 '자아'의 의식적인 힘을 포기해야 한다. 첫 환상체험은 바로 이런 과정을 통해 도움이 밖으로부터 옴을 이용도에게 암시해 주었다. 다음의 융의 표현은 이러한 이용도를 잘 대변해 주고 있다.

> 환상이란 생활의 대치물이 아니라 삶에 대해 자기의 몫을 지불하는 자에게 돌아가는 정신의 열매이다. 그러므로 책임을 회피하는 자는 자기 자신의 병적인 두려움 이외의 아무것도 체험하지 못하며 그런 두려움은 또한 아무런 느낌도 경험하지 못하게 한다. 어머니 교회(Mutter Kirche/Mother Church)로 되돌아가는 길을 발견한 사람은 결코 이 길을 알지 못한다. (왜냐하면) 교회의 형식들 속에 위대한 신비가 숨겨져 있음은 의심의 여지가 없으며 그 형식들 안에서 그는 그의 삶을 합리적으로 영위할 수가 있기 때문이다.(*GW* 3, 107-108/*CW* 7, par.369)

여기서 '어머니 교회로 되돌아가는 길을 발견한 사람'이라는 말의 뜻은 모성원형 혹은 모성콤플렉스를 극복해 내면서 성장하지 못하고 그 옛 자리로 퇴행해 버린 사람을 일컫는 말이다. 이런 사람은 개성화라는 달콤한 열매를 맛볼 수가 없다. 따라서 융은 자신의 삶을 진솔하게 볼 수 있는 용기 있는 자만이 종교적 교리의 안전판을 넘어 더 넓은 정신세계로 나아갈 수 있음을 강조하고 있다.

제 **5** 장

목회자로의 전환과
개인적 무의식

이제야 비로소 성인(成人) 이용도의 생애를 구체적으로 추적할 수 있는 시점에 이르렀다. 그의 삶에 있어서 가장 먼저 두드러지게 나타났던 것은 투쟁적 독립투사에서 열성적 목회자로의 급격한 방향전환이었다. 이 장에서는 이런 전환의 심리적 동인을 그의 개인적 무의식의 의식화 과정과 관련하여 유추해 낼 것이다. 무의식적 동기를 유추하는 일은 무의식의 언어인 환상적 혹은 인상적 체험을 검토하는 데서부터 시작되므로 강동에서의 종교적 감동은 중요한 시발점이 된다.

1. 강동체험

이용도는 1926년(25세) 초쯤 이환신의 고향 평안남도 강동에 휴양차 갔다가 그곳 교회에서 울음으로 집회를 인도한 이른바 특별 체험을 한다. 그가 그곳에 간 직접적인 동기는 물론 1925년 봄(협성신학교 2년)부터 삼이형제[32]가 동고동락하다가 그해 11월 폐병 3기로 진단받고 공부를 그만두고 쉬어야 한다는 의사의 명령에 따른 것이다. 그런데 그 마을 사람들은 이러한 사연도 모른 채 서울에서 신학생들이 내려왔다는 것만으로도 기뻐서 큰 기대를 갖고 그들에게 부흥회 인도를 부탁했다. 사실 이것은 예측할 수 없었던 상황이었을 뿐만 아니라

---

32) 이호빈, 이환신, 이용도.

이용도의 절망적인 심리상태에 비추어 봐도 수락하기에는 매우 적절치 못한 것이었다. 그래서 그는 고민하다가 결국 다음과 같은 마음으로 그들을 돕기로 작정하였다. 이용도는 누워 곰곰이 생각했다.

> 나는 어차피 침상에서 죽을 것이다. 일어서서 죽는다 해도 어리석은 짓은 아니리라. 오히려 오늘이 하나님을 섬길 수 있는 마지막 날이라면 이렇게 얼간이처럼 가만히 누워 있는 것은 차라리 어리석은 짓이 아니겠는가? 일어나서 죽자. 죽어야 한다면 싸움터로 가는 길에 죽자(피터스/변종호, 32)

그래서 이환신과 이용도가 인도한 부흥회는 시작되었고 그때 이용도는 뜨거운 체험을 하게 되었다. 변종호가 전하는 그때의 분위기이다.

> 첫날 저녁에 설교는 환신이 하고 용도는 사회를 하기로 했다. 첫번 찬송을 부르고 기도하고, 기도하고 일어나 다시 찬송 149장(오늘의 163장)을 꺼내어 1절을 부르고 2절 시작을 하는데 용도는 울기를 시작하였다. 용도의 울음을 본 회중은 모두 운다. 용도의 울음이 심해짐에 따라 만장은 울음의 바다가 되었다……
> 이튿날부터는 용도가 설교를 하라는 것이 환신의 억지요, 모든 군중의 요청이었다. 그래서 피할 수 없어 용도가 맡기로 했다. 부흥회 설교를 맡아 놓은 용도는 떨리는 마음에 밤새도록 잠이 잘 오지 않았다. 그래서 기도로써 밝히고 새벽에 강단에 나섰다. 나서니 찬송을 불러도 눈물이요, 기도를 올려도 울음이다. 설교도 좀 해 내려가다가는 그저 울음에 떨려 말소리가 흐려지는 것이었다.
> 용도의 심중은 이상한 열에 끓어올랐다. 찬송을 불러도, 기도를 드려 설교를 해도, 그저 용도가 무슨 말이든지 꺼내면 청중이 통곡이요, 감동이요, 감격이었다. 여기서 용도는 어느덧 자기를 잊어버리고 제 몸을 잃어버렸다. "조용한 곳에 가서 약을 먹으며 고요히 치료를 하라"는 의사의 진단을 받은 몸이 의사의 명령은 잊어버리고 그런 생

활은 해볼 생각조차 안 하였다. 주님께서 불러 세우시는 것이었으니 이 자리에서 한마디라도 외치고서 당장 죽으리라는 결심이 생겼다. 이 순간에 주께서 명하시는 말씀을 외치고 죽는다는 결심이 열정으로, 열변으로 변하여 그냥 결사적으로 외쳐댔다.

　이렇게 1주일 동안을 하고나니 원기 왕성, 의기충천하여 밥은 전보다 배나 먹을 수 있고 주먹을 꽉 쥐어보니 기운이 산도 무너뜨릴 것 같았다. 그래서 이번에는 이편에서 자진하여 근처의 다른 교회로 가서 부흥회를 열었다. 밤11시까지 집회를 끝내고 60리 길을 집까지 5시간이나 걸어 돌아왔어도 피곤도 모르고 원기 왕성하였다(137-138).

변종호는 강동에서의 이 체험이 이용도에게 부동의 신념과 확신을 가진 중생의 사람으로 변화시켰다고 보고하였다(139). 이 체험이 중요한 이유는 그의 삶의 방향을 180도 바꾸어 놓은 계기였기 때문이다. 그는 이 체험 이후 투쟁적 삶의 형태에서 목회자적 삶의 형태로 변신한다. 사실 그의 이러한 방향전환의 직접적인 동기는 물론 절망적인 폐병이었다. 폐병 3기는 당시로서는 사망선고와도 같은 것이었기 때문이다. 따라서 이용도는 깊은 절망에 빠져 죽음만을 생각하고 있었다. "오늘이 하나님을 섬길 수 있는 마지막 날이라면……"이라는 표현은 이런 정서를 절규에 가깝게 잘 대변해 주고 있다. 그의 절망은 남은 삶을 하나님께 모두 맡기겠다는 절대 절명의 결심에 이르게 한다. 이런 절망과 삶의 의식적 포기는 그를 회개와 자각의 눈물 속으로 빠져들게 하였다. 이러한 그의 태도는 회중들을 공감의 울타리 안으로 초대하여 같이 울게 하였다. 그것은 적어도 그와 회중들 사이의 간격이 없어지는 순간들이었고 동시에 폐결핵이 그를 죽이기보다 오히려 참답게 구원하는 순간이었다. 마치 외부적 사건이 내부적 변화를 이끌었던 것처럼 보이는 순간이기도 했다. 그러나 이것은 내면적 역동을 놓치고 있는 지극히 피상적인 해석이다.

왜 그는 하필 이 순간에 절망을 경험했을까? 그의 눈물은 무엇을 의미하는가? 왜 그러한 그의 심정에 많은 이들이 공감하였을까? 그리고 그 체험이 어떻게 해서 그의 인생의 방향을 바꿔 놓게 된 것일까?

2. 강동체험 이전의 행적과 투쟁적 페르조나의 형성과정

우선 필자는 투사로서의 이용도의 속성을 투쟁적 페르조나라는 관점에서 돌이켜 보고자 한다. 이 페르조나에 대한 자각이 강동체험의 시발점일 수 있기 때문이다. 이용도의 투쟁적 페르조나와 그것의 극복과정을 분별해 내기 위해서 우선적으로 해야 할 일은 그 당시 공감대를 형성하고 있던 군중들의 집단정신을 유추해 보는 일이다. 이를 위해 우선 그의 행적을 정리한다.

1) 이용도의 행적과 투쟁적 페르조나의 모습

그는 1919년(18세) 3월 만세운동에 가담했다가 잡혀 2개월간 유치장 생활을 하였고 나와서는 곧 송봉애와 결혼하였다. 1920년 2월에 기원절 사건으로 체포되어 6개월간 복역하였고 그해 9월 시변리 영신학교 교원으로 임용되었다. 같은 해 10월 20일에 아들 영철이 태어나면서 비로소 명실상부한 어른이 되었다. 1921년 시변리 영신학교 교원으로 있을 당시인 12월 18일 조선독립주비단 사건으로 신계경찰서에 검거되어 약 3개월간 복역하였다. 1922년 3월 송도고등보통학교 3학년에 재입학하였으나 태평양회의 사건으로 체포되어 2년 언도받은 후 서대

문 형무소에서 옥고를 치르다가 5개월 만에 방면되었다. 이처럼 1919년부터 1922년 사이에 이용도를 지배하고 있던 생각과 행동은 오로지 일본에 대한 저항뿐이었다. 그는 그저 만세를 불러 목이 터지고 찢어지고 매를 맞고 맞아 살이 다 찢기고 피를 다 말리고 뼈가 부서져 가루가 되면서라도 독립운동을 하여 민족의 독립을 달성하는 것만이 '자기'가 할 일이요, 또 그것만이 조국과 하나님이 명하시는 일이라고 생각하고 있었다(134).

이런 그가 서울에 있는 신학교에 들어가게 된 동기는 서대문형무소를 나온 후 송도고등보통학교를 찾아가 졸업하려고 하니까 곤란한 지경에 빠진 교장이 궁여지책으로 신학교에 보내기로 했기 때문이다. 말하자면 골치 아픈 학생을 멀리 격리 추방하려는 의도로 그렇게 했다(133). 그래서 그는 1923년 송고에 세 번째 재입학하여 졸업요건을 갖춘 후 1924년 봄 감리교 협성신학교 영문과에 입학하였다. 이렇게 신학생이 되겠다는 의지가 없이 신학교에 입학을 했으니 그가 온전히 학교생활을 했을 리 만무하다. 변종호는 다음과 같이 그를 묘사하고 있다.

> 애국의 불이 활활 붙고 있는 가슴을 부여안고 밀리고 몰리어서 신학교로 들어가는 용도는 도살장으로 끌려가는 소나 돼지와 같았다. 마음 없는 공부에 억지로 마음을 붙이려 하니 괴롭고 안타까웠다. 그래서 신학생이 된 용도는 신학생다운 점은 없고 그저 신문, 잡지, 시가, 소설, 법률, 정치서적 등이나 읽고 학생들끼리 모여 앉으면 이론이나 캐고 논쟁이나 하고 강의 시간에는 까다롭고 괴상한 질문을 해서 선생을 골려 주는 등 경건치 못하고 얌전치 못한 행동으로 가슴속의 애국의 불길을 진압해 보려 했다. 그래서 그는 이론가, 논쟁가, 말썽꾼, 경우꾼, 싸움패, 과격파로서 알려졌다(134).

이호빈은 당시의 이용도를 다음과 같이 회상했다.

> 신학시절의 이용도의 사상을 보면 왜 신학을 택하였을까 하는 의문가는 점이 엿보였다. 애국심을 가지고 독립운동을 하려면 신학교로 올 필요가 없을 것 같은데, 신학교 영문과를 택하였고 음악과 예술의 풍부한 재질을 가지고 있는 용도가 왜 신학교에 와서 시간을 낭비하고 있을까? 그런데 용도는 신학을 택하였으니…… 분명히 길을 잘못 들었다고 생각하였고 또한 다시 생각하고 영문학을 전공하거나 예술 분야로 길을 돌려 보라고 권하기도 하였다.(김영철, 1998: 29)

한편 이용도의 투사로서의 공격성은 여러 곳에서 변형되어 나타났다. 신학교 재학 당시 유년 주일학교 특별순서를 맡게 되면 먹지도 자지도 않고 애를 썼고 또한 평소에는 인정 많고 인자하다가도 불의를 공격할 때는 사자보다 더 무섭고 사나웠다.(변종호 편저, 135) 이환신도 이용도는 두뇌가 아주 명민했고 경우에 밝고 사리에 명백 철저하기로 유명했다는 것, 시비를 가리는 데 있어서 지독하고 무서운 사람이어서 학교에서나 교회에서 무슨 논쟁이 생기게 되면 발 벗고 나서서 조금이라도 경우가 틀리게 되면 막 들이대고 조목조목 따졌다는 것, 어떤 논쟁에서든지 절대로 지려는 마음이 없었고 또 지는 법이 없었다는 것 등을 증언했다(152). 그는 한마디로 아주 맵고, 지독하고, 똑똑한 사람이었다는 것이 이환신의 평가이다.

겨우 마음을 잡고 그가 신학교 울타리 안에서 찾아낸 관심사는 어린이들을 상대로 하는 유년지도 사업과 주일학교 사업이었다. 유년지도 사업에 뜻을 세운 이용도는 시, 노래, 연극 등의 연구에 몰두하였다.(피터스/변종호, 135) 이렇게 그는 1925년 11월에 사형선고와 같은 폐결핵 3기 진단을 받기 전까지 적극적인 투쟁적 학창시절을 보냈다.

2) 투쟁적 페르조나 형성에 관여된 요인들

이용도의 투쟁적 성향은 어디로부터 온 것일까? 성백걸에 의하면 그
것은 그가 1906년 윤치호를 교장으로 하여 남감리교회에 의해 설립된
한영서원[33]에서 민족주의적 성향이 강했던 양주삼(1915-1916 교사,
1916-1917 부교장), 김동성(?, 1918 영어교사, 후에 동아일보 편집자),
이강래 선생 등에게 배웠기[34] 때문이라는 것이다. 그러나 그때의 상황
은 훨씬 더 복잡했기 때문에 다시 한번 정리해 볼 필요가 있다.

(1) 사회적 배경

이용도가 혼신의 힘을 다해 되찾고자 했던 '국가' 혹은 '민족'이라는
이념이 언제부터 시작되었는지를 묻는 데서부터 논의는 시작되어야 할
것이다. 한국사회에 '민족', '민족주의'란 말이 사용되기 시작한 것은 러
일전쟁(1904년) 이후 문화계몽운동[35] 과정에서였다.(장규식, 2001: 69).
이 운동은 대한제국 말기 국권회복운동의 한 흐름으로써 불완전하나마

---

33) 교명을 한영서원(the Anglo-Korean School)으로 정한 것도 관직에 나
   아가거나, 다른 이의 노력에 기생해서 살려는 태도를 버리고, 창조력과
   자조자립하는 능력으로 스스로의 살 길을 개척해 나가는 앵글로 색슨족
   을 배우자는 데 있었다고 한다.(金永義, 佐翁 尹致昊先生 略傳, 基督教朝
   鮮監理會 總理院, 1934, 196-197/장규식, 307. 재인용)

34) Alfred W. Wasson, "History of The Anglo-korean School, Songdo
   Korea", Dec.1921, p.14(성백걸, 2001a: 26. 재인용)

35) 이것은 기독교야말로 문명개화의 근본이라고 하는, 독립협회운동기에 널
   리 유포되기 시작한 문명개화론을 기본적으로 수용한다는 점에서는 별
   반 차이가 없었지만, 국권회복이라는 절박한 민족사적 과제 앞에서 주체
   적 신념으로 내면화된 논리라는 점에서 선교사들에 의해 유포된 이전의
   문명개화론과는 구별되었다.(장규식, 72)

민족운동으로서의 자의식을 갖게 하였다. 이러한 민족주의적 조류는 기독교인들에게도 반영되어 강력한 민족주의적 색체를 지닌 기독교인의 그룹이 형성되었다.(박종현, 2004: 26) 이와 같은 기독교 민족운동의 인식론적 기반은 무형자강(無形自强)36)과 종교입국론(宗敎立國論)37)이었고 이것을 근거로 하여 기독교의 종교도덕적 감화를 통한 독립정신의 고취, 교육과 산업 및 단체생활의 진흥으로 이어지는 문화계몽론·실력양성론을 실천하려 했던 것이다.(장규식, 95 참조)

1905년 을사조약을 분기점으로 이와 같은 강력한 항일 민족주의(기독교 민족운동)가 형성되던 시기에 역시 뚜렷한 세력으로 형성된 복음주의가 있었으며 그 복음주의의 세력화 과정의 중심에 부흥운동이 자리잡고 있었다. 이들 두 그룹(기독교 민족주의와 복음주의)은 일제하 한국교회를 이끌어 온 가장 강력한 두 개의 주축 세력이었다.(박종현, 27). 1903년부터 1907년까지 진행된 부흥운동은 봉건 사회체제의 해체와 식민 체제이식의 급격한 변동 속에서 한국교회 공동체 내에 급격하게 부상하는 갈등을 해소하기 위한 수단으로 선교사들에 의하여 강력하게 주도되었다. 부흥운동의 목표는 첫째 전형적인 복음주의 신앙을 내면화시키려는 데에 있었고 동시에 둘째 이러한 복음주의 신앙을 교회의 기축으로 삼아 당시 공조직이 형성되던 시기에 있던 교회 지도력의 중심에 이러한 종교성을 확립해 놓으려는 데에 있었다. 그리고 무엇보다도 셋째 그들이 가장 위험스럽게 여기는 교회의 정치

---

36) 경제력이나 군사력 같은 유형의 자강의 선결조건으로 신교력(信敎力)·역사의식·독립정신의 고취를 가리키는 개념.

37) 사회통합의 이념으로서 그 수명을 다한 유교를 대신하여 민족국가 차원의 새로운 종교운동을 일으킴으로써 국민통합과 국운융성의 구심점을 마련하자는 논리. 이로부터 신종교운동이 전개되어 유교의 자리에 기독교, 천도교, 대동교와 대종교 등이 자리했다.

참여를 정화하여 비정치화할 필요성을 절감하고 있었다. 부흥운동은 이러한 이중적 목표를 가지고 수행되었다. 부흥운동의 수행을 통하여 선교사들의 의도는 매우 성공적으로 그 결과를 얻을 수 있었다. 교회는 부흥운동을 통하여 깊이 내면화된 내세 지향적이고 신앙중심의 교회로 정착하였고 교회의 정치적 성격을 충분히 제거했다고 판단하게 되었다(282-283).

부흥운동 이후 이러한 교회의 변화에 민족주의 계열이 반발하여 1907년 4월 민족주의적 기독교인들은 신민회[38]를 설립하였다. 신민회는 국권회복과 근대적 공화정을 추구하였던 비밀결사 항일 독립 단체였다. 이 신민회의 출현은 한국교회가 신앙과 경건 그리고 목회적 리더십을 중심으로 하는 공교회와 민족의 정치적 독립을 우선으로 그 통로로서 교회의 조직을 사용코자 했던 민족주의적 기독교인이라는 양대 세력으로 분리되는 것을 의미하였다. 즉 1907년도는 신앙운동과 민족운동의 양대 세력이 분리를 맞는 분기점이 되었던 것이다(283).

1910년 한국을 완전 병합한 일제는 탈정치화되어 가는 기존 교회보다 기독교계 학교와 사회단체를 통해 활동하는 기독교 민족운동을 우선적으로 탄압하기 시작했다. 1911년 일어난 '안악사건'[39]이 바로 그 전형적인 예이다. 이 사건을 빌미로 일제는 '데라우치 총독 모살미수 사건' 이른바 '105인사건'을 조작하여 국내 민족운동의 주요한 기반을

---

38) 구성원은 황성기독교청년회, 상동청년회 그리고 관서지방 기독교세력 등이었다. 신민회의 활동은 신흥 상공업자와 신지식층이 주축을 이룬 관서지방에서 가장 가시적인 성과를 거두었다.

39) 안악사건은 1911년 1월 안중근의 사촌동생 안명근이 서간도 독립군기지 건설을 위해 황해도의 부호들을 상대로 군자금을 모금하다 천주교 신부 빌렘의 제보로 체포되자, 이를 데라우치 총독을 암살하려던 것으로 조작하여 그 사전모의혐의로 그와 아무 관련이 없는 황해도 일대의 기독교계 민족지도자들을 대량 검거 투옥한 사건이다.

이루고 있던 기독교세력에 대한 대대적인 검거에 착수하였다.(장규식, 104) 이 사건으로 신민회의 조직이 탄로나 와해되면서 기독교 민족운동은 조직거점을 상실하였고 이때 황성기독교청년회의 부회장이었던 윤치호 등이 투옥되었다(105).

바로 이 시기에 한영서원도 변화를 맞게 되었다. 일제는 '사립학교규칙'을 개정·공포하여 총독부에서 요구하는 학제와 재정 규모를 갖춘 학교를 '지정학교'로 인가해 주기 시작했다. 이것은 조선총독부가 궁극적으로 한국의 모든 학교를 일본식 학교로 변모시키려는 의도를 가진 제도로서 사립 중학교 중에서 총독부 시책에 순응한 학교를 고등보통학교로 지정해 주는 것이다.(한국기독교역사연구소, 2003: 84) 이 제도는 기독교 교육이나 민족 교육을 하지 못하게 하려는 뜻이 있는 것이었으므로 장로교계 학교들은 고등보통학교가 되기를 거부한 채 사립 중학교로 존속했는 데 반해, 현실에 민감했던 감리교계 학교들은 고등보통학교 인가 절차를 밟았다. 이러한 서슬 퍼런 일제의 무단통치 아래에서 중앙기독교청년회는 이상재·윤치호 총무 주도하에 공업교육·체육사업에 주력하면서 일제의 비위를 거슬리지 않는 방향으로 운동노선을 전환하였던 것이다.(장규식, 106) 따라서 한영서원은 1916년 실업과를 폐지하고 인문계 중심의 송도고등보통학교로 개편하였다. 그 이후 그에 따라 실업장은 일반 직공들과 고학생들로 운영되는 독립된 공장으로 탈바꿈하였고(309), 이용도가 여기서 일을 하면서 학교를 다녔던 것이다. 게다가 '105인사건'으로 복역하다가 1915년 2월 특사로 풀려난 윤치호는 패배의식에 사로잡혀[40] 후에 3·1운동마저

---

40) 윤치호 등 민족운동가들이 근거한 약육강식(弱肉強食)·우승열패(優勝劣敗)·적자생존(適者生存)의 사회진화론은 국가·민족 간의 생존경쟁에서 살아남기 위해서는 힘을 길러야 한다는 자강(自强)을 강한 동기로 제공하였지만 그러나 그 논리는 일단 승패가 판가름 났을 때 그 패배를

104

반대하였다.[41] 이처럼 사회진화론에 기초한 기독교 민족운동세력 중 일부는 그 이론적 딜레마에 발목이 잡혀 자멸의 길로 곤두박질쳤다.

그러나 '105인 사건'을 거치면서 그동안 교육구국운동의 결실로 배출된 새로운 청년학생세대가 운동의 전면으로 부상하였고 그들은 무장투쟁론을 제기하여 기독교 민족운동 내부에 새 변화를 불어넣기 시작했다. 이에 따라 기존의 문화계몽운동 노선도 준비론·실력양성론·외교독립론 등으로 그 논리를 한층 다듬어 나갔다. 1910년대 기독교 민족운동 내부의 이러한 다양한 흐름은 한국 민족운동의 분수령으로서 3·1운동을 가능케 하는 밑거름이 되었다(112-113). 한편 이 시기에 신앙운동세력은 1907년 평양 대부흥회 이후 1909년부터 약 1년간 '백만인 구령운동'을 주도하며 부흥회 열기를 이어가려는 노력을 하였다. 구령운동이 한참 진행되던 1910년 8월 22일 한일합방이 이루어졌지만 당시 한국교회는 이러한 정치적 변화에 조급한 반응을 보이지

자연도태의 현실로 받아들이게끔 하는 논리적 함정을 내포하고 있었다. 사회진화론은 경쟁의 논리이지 반침략 투쟁의 논리는 아니었던 것이다. 때문에 그러한 사회진화론에 기초한 대한제국 말기의 기독교 민족운동은 일제의 한국병합이라는 냉혹한 현실에 부딪혀 그 진영의 일각이 약육강식의 논리에 순응·체념하고 친일화하는 한계를 드러내었다.(장규식, 101)

41) 윤치호는 3·1운동이 발발한 다음날 大阪 每日新聞 기자와의 회견에서 (1) 한국 독립문제가 파리 강화회의에서 논의될 이유는 없다. (2) 구미 열강 가운데 한국의 주장을 지지함으로써 일본의 감정을 상하게 할 만큼 어리석은 나라는 없다. (3) 설사 독립이 우리에게 주어진다 하더라도 우리는 그에 대한 준비가 되어 있지 않다. (4) 약한 인종이 강한 인종과 더불어 살아야만 할 때 전자는 자신을 보존하기 위하여 후자의 호의를 얻지 않으면 안 된다. (5) 학생들의 이번과 같은 어리석은 선동은 오직 일본의 조선에 대한 군정을 연장시킬 뿐이다. (6) 천도교 사람들과 같은 음모가에 기만당하지 말라는 등의 견해를 밝힌 바 있다.(윤치호일기, 7, 1919. 3. 2, 261-262/장규식, 115. 재인용)

않고 전도활동에 전념하였다. 그 이후 한국교회에 부흥운동이 정착되면서 1910년대(절정기 1907년~1912년)는 길선주 목사, 1920년대(절정기 1919년~1924년)는 김익두 목사가 부흥회의 주축이 되었다.(박종현, 69-77)

(2) 심리적 배경

이와 같이 이용도가 1919년 3·1운동에 가담하기 전까지의 기독교의 사회적 배경을 돌이켜 볼 때 그의 항일 투쟁은 적어도 신앙운동에 전념하던 기존교회의 전통 속에 있지 않았음은 확실하다. 그렇다면 그가 다니던 한영서원 또는 송도고등보통학교의 설립취지나 설립자인 윤치호를 보았을 때 민족운동의 세력권 안에서 그의 행동을 결정하였을 가능성이 가장 크다. 그러나 당시의 상황은 윤치호로 대표되는 사회 진화론적 민족운동 세력이 직접 영향을 미칠 수 있었다기보다는 '105인 사건'을 거치면서 그동안 교육구국운동의 결실로 배출된 새로운 청년학생세대가 영향을 주었을 것으로 보인다. 그들은 무장투쟁론을 제기하여 기독교 민족운동 내부에 새 변화를 불어넣기 시작했기 때문이다. 그렇다고 해서 그가 기존교회의 전통을 등한히 한 채 전적으로 민족운동 계열에 합류하여 행동한 것 같지도 않다. 이용도가 1915년 한영서원에 입학할 당시 길선주 목사에게 크게 감동을 받아 그 평생의 기도생활을 시작하였다(민경배, 1991: 344)는 지적이 간접적으로 이런 추측을 뒷받침해 준다. 게다가 어려서부터 기도에 열심이었던 그의 신앙형태가 어느 날 갑자기 바뀔 리도 없지 않은가?

여기서 이쪽도 저쪽도 아닌 그의 독특한 독립 투쟁적 페르조나를 이해하기 위해서 우리는 그의 심리적 배경을 생각해 봐야 할 것이다.

그의 애매모호한 태도는 그의 심리적 상황을 아주 충실하게 반영하고 있는 듯하기 때문이다. 좀 더 구체적으로 말하면 어려서부터 그의 내면에 무의식적으로 쌓여 온 아버지(권위)에 대한 분노가 밖으로 투사되면 외부적 권위에 대한 분노로 확대·재생산된다. 그것의 좋은 본보기가 바로 지배자 일본에 대한 분노일 것이다. 이것이 그가 독립투사적 행위를 하는 데 한 동력으로 작용하였을 것이다. 그러나 한편 그의 내면에는 또 다른 힘이 작동하고 있었다. 그것은 어머니로부터 유래된 것으로 믿음이라는 보호벽 안에 자신을 숨긴 채 지독한 인내심으로 핍박 상황을 이겨나가려는 신앙가의 태도이다. 이처럼 밖으로 분출되려는 힘과 안으로 억눌려지는 힘이 서로 상충하고 있었기 때문에 그는 어느 쪽으로도 갈 수 없었을 것이다. 게다가 권위에 대한 공격적 정서는 사회적 질서나 윤리에 의하여 억압될 수밖에 없어서 투쟁적 태도로 승화되었을 것이다. 이처럼 서로 상반되는 세력들이 대립하고 있을 때 어느 한쪽에 전적으로 가담하기는 그리 쉬운 일은 아니다.

한편 이용도의 이러한 중간자적 태도에서 필자는 또 다른 모습을 본다. 그것은 융이 바라본 인생의 관점에서 그를 보는 것이다. 융은 인생의 전반부와 후반부에 각각 감당해야 할 과제가 다르다고 생각했다. 인생의 전반부는 삶의 기초를 쌓는 데 투여하기 때문에 주로 외계와 밀접한 관계를 가지게 되고 후반부에는 인생의 의미를 묻는 내면 세계의 요구에 귀 기울여야 한다는 것이다. 그 시기에 따라 봉착하는 문제도 다르고 해결방법도 다르다는 뜻이다. 인생의 전반부에 나타나는 대극들의 분화라든지 선택 능력의 형성 등이 그 시기의 특징을 드러내 주고 있는 것이라면 통일이나 재통합은 인생의 후반부를 특징짓는 과제인 셈이다. 이렇게 보았을 때 그가 그만의 특징적인 독립투사로서의 길을 모색하고 실천했던 자세는 누구나 인생의 전반기에 필연

적으로 하게 되는 주체성을 찾는 일에 남달리 적극적이었음을 보여주
는 모습이었다.

3) 투쟁적 페르조나와의 동일시와 무의식의 활성화

이처럼 이용도의 '자아'가 그 시대의 집단정신인 투쟁적 페르조나와
동일시하는 정도가 강하면 강할수록 외향화된 의식의 눈에는 내면세계
가 어두워서 보이지 않게 된다. 나아가 그것은 자신의 유약함을 그만큼
생각하지 못하게 만든다. 그 때문에 페르조나의 대극인 아니마로 대표
되는 집단적 무의식도 완전히 어둠 속에 남게 되어 먼저 밖으로 투사
된다.(기저3, 103/GW 3, 77−78/CW 7, par.309) 그렇게 되면 나약함
과 부정적인 감정이 '자아'가 집단정신에 너무 치우쳤기 때문에 형성된
그의 무의식적 속성임에도 불구하고 의식에서는 그렇게 인식하지 못한
다. 그렇기 때문에 그런 감정을 나약한 어머니와 지배자 일본에 소극적
이거나 피동적인 행위에 투사시켜서 그들을 비난하는 것으로 나타날
수 있다. 그리고 그 비난이 자신의 무의식적인 문제가 투사되어 일어나
는 것인 줄 모른 채 반복되면 그 원초적인 감정은 더욱더 억압되어 의
식으로부터 아주 멀어지게 된다. 그러니까 의식과 무의식 사이의 골이
매우 깊어지게 된다는 말이다. 이러한 현상은 결국 깊은 무의식의 활성
화로 이어지는데 그것은 정신적 에너지가 한 극단으로 가면 다른 극단
이 강화되어 균형을 유지하려는 역전환성(enantiodromia)[42]이라는 보

---

42) 이 용어는 헤라클리투스 철학에서 사용했던 것으로서 그는 '반대로 선회
    하는 경주(running counter to)'라는 뜻으로 이 단어를 사용하였다. 존재
    하는 모든 것은 그것의 반대로 선회한다는 견해로 그는 어떤 일들이 진
    행하는 중에 반대역할을 하는 것을 표현할 때 이 단어를 사용하였다. 그
    는 "삶으로부터 죽음이 오고 죽음으로부터 삶이 오며 깨어남으로부터

상기능이 인간의 무의식에 상존하고 있기 때문이다. 따라서 그의 독립 투사 페르조나와의 강한 동일시는 한편으로 그의 내면의 무의식을 깨우는 역할까지 하게 된 것이다.

3. 체험의 분석

1) 제3기 폐결핵이 미친 영향과 깨달음

이렇게 무르익을 대로 익은 내적 상황에서 이용도의 폐결핵 3기 판정은 그의 심정적 변화를 촉진시켰다. 이미 보아 왔던 대로 우선 개인적 무의식의 아우성은 의식 가까이에까지 확대될 조짐을 보여 왔던 것이다. 그러나 모든 무의식적 내용이 자연스럽게 의식 위로 밀려 올라오는 법은 없다. 그런 경우는 무의식이 아니기 때문이다. 그렇기 때문에 아무리 무의식의 에너지가 응집되어 있다고 하더라도 그것이 의식 위로 올라오기 위해서는 의식 쪽에 어떤 조건이 형성되어야 한다. 즉 의식 속에 에너지 상실이라는 형태의 결손이 있어야 한다.(186-187/141/CW 16, par.372) 그것이 바로 폐결핵 3기라는 절망적 판정과 강동으로 내려와서 그가 겪었을 상실감이라는 지독한 심적 고통이다. 죽음이란 삶의 목표를 통째로 집어삼키는 경험이다. 그것은 그동안 그가 그토록 열심히 살아오던 투쟁적 삶이 모두 수포로 돌아가기에 충분히 작용했을 뿐만 아니라 그의 내면의 (개인적) 무의식의 소리에

수면이 오고 수면으로부터 깨어남이 온다"는 것이다. 이것은 모든 자연 생명의 주기를 관장하는 원리이다. 이 단어는 아직 원어 그대로 사용되고 있어서 자의로 '역전환성(逆轉換性)'이라고 번역하였다.

귀 기울이게 하는 계기를 마련해 주었다. 바로 이 무의식의 소리를 의식적으로나 무의식적으로 들을 수 있게 되었을 때 그에게 새로운 삶이 막 시작되려는 순간이 다가왔던 것이다. 융은 이런 경우를 다음과 같이 말한다.

> 인간의 삶에는 새로운 페이지가 펼쳐져야 할 순간이 있다. 지금까지 돌보지 않은 새로운 관심과 성향이 출현하거나 인격의 변환(예, 성격의 변이)이 일어난다. 그러한 변환의 잠복기에는 흔히 의식의 에너지 상실이 목격된다. 새로운 발견은 그에 필요한 에너지를 의식에서 빼앗는다. 이 경우는 어떤 종류의 정신병(Psychose/psychoses)이 발병하기 직전, 또는 새로운 창조적 형성에 앞서 일어나는 고요함과 공허함 속에서 이런 에너지의 침하가 가장 분명히 관찰된다.(187 – 188/141 – 142/par.373)

이렇게 절망적인 순간에 그가 할 수 있었던 유일한 길은 마지막으로 혼신의 힘을 다해 하나님 일을 하는 것뿐이었다. 이는 아마도 인간의 무의식적 본능 때문이었을 지도 모른다. 이런 경우를 융은 "깊은 절망 속에 빠져서 의식이 전혀 아무것도 하지 못하고 있을 때 무의식의 열망은 단지 표면적으로만 사람에게 향해 있지 더 깊은 의도로는 신에게 향해 있는 것은 아닐까? 신에 대한 동경은 우리의 가장 어둡고 본능적인 속성에서부터 용솟음치는 정열이 아닐까? 그것은 아마도 인간에 대한 사랑보다 더 깊고 강한, 외부의 영향에 전혀 흔들리지 않는 정열이 아닐까(*GW* 3, 17 – 18/*CW* 7, par.214)?"라고 반문한다.

이용도는 이토록 강한 욕구로 하나님 앞에 섰다. 그리고 그 순간 그의 어두운 영역으로부터 새로운 깨달음이 그를 내리쳤다. 그 깨달음은 필연적으로 두 가지일 수밖에 없다. 첫째는 그동안 그가 그토록 열심히 동일시해 온 독립투사로서의 페르조나가 진정한 자기 자신이 아니라 집단정신의 일부분이었을 뿐임을 깨달은 것이고 둘째는 그런 투쟁적 페르조나에 집착하게 한 그 자신의 개인적 무의식을 어렴풋이나마 의식화했을 가능성이다. 이 과정을 좀 더 자세히 분석해 보면 그가 독립투사 페르조나를 자신의 모습으로 확신하고 행동한 것은 그 자신의 내면의 심리적 문제, 예컨대 권위자에 대한 억압된 분노 같은 것이 밖의 독립투사라는 상에 투사(投射)되어 생겨난 현상이었다. 그러나 투사는 무의식적으로 일어나는 기전이기 때문에 의식은 그것을 알지 못한다. 따라서 그의 의식은 그가 곧 독립투사의 사명을 가진 것이라고 확신하게 된다. 그러다가 어느 순간에 독립투사적 사명과 자기 자신의 내면의 문제가 공격적인 힘에 있어서만 동질적이지 서로 다른 문제라는 것을 의식하게 된다. 그 순간 그는 자기 자신의 문제인 권위에 대한 억압된 분노를 자각하게 되고 동시에 외부적 가치관이 자기의 것이 아니라 사회집단의 것이었음을 알게 된다. 그 순간 그는 자신의 공격적인 태도의 원인을 알게 되므로 그동안 무의식적으로 미워했던 상대를 이해하게 될 뿐만 아니라 그러한 갈등 속에서 분열되었던 자기 자신의 마음을 봉합할 수 있게 된다.[43] 이와 같이 어떤 깨달음에 이르렀을 때 그는 한없이 울 수밖에 없었다.

이것은 인과론적 해석인데 여기에서 목적론적 해석이 굳이 필요하지 않은 이유는 앞에서 논의했듯이 개인적 무의식의 문제는 프로이트의 방식, 즉 인과론적 해석으로도 충분하기 때문이다. 반면 목적론적

---

43) 물론 이런 투사에 대한 분석방법이 항상 강력한 치유의 힘을 가지고 있다고 주장할 수는 없다. 이것이 프로이트 치유방법의 한계였다. 그러므로 이 한계를 뛰어넘어 근본적인 변화방법을 찾으려고 한 것이 융이다. 융의 집단적 무의식의 개념은 어느 면에서는 인간의 변화를 좀 더 다른 차원에서 성취하려는 목적에서 나온 것이기도 하다.

해석은 간단하다. 즉 강동체험은 그동안 이성적·합리적·현실적으로만 편향되었던 그 이전의 '자아'의 의식적 행위에 대한 지극히 자연스러운 무의식의 반동현상이었다. 그러므로 그 체험 이후 그를 감싼 것은 이성적이고 투쟁적인 페르조나에 젖어 살 때와는 전혀 다른 감성적이고 직관적인 종교인이 되었다. 이것을 개성화 과정에 견주어 달리 표현하면 이 기간은 그의 외적 인격인 투쟁적 페르조나의 비주체성을 인식한 이후 학교생활과 교회생활에 충실하면서 그의 개인적 무의식의 굴레에서 서서히 벗어나려 했던 시기였다고 말할 수 있다. 그러니까 그가 신학생으로 목회자 훈련을 받아 가며 신앙생활에 매진했다 하더라도 그의 심리적 수준은 아직도 그의 개인적 무의식의 문제를 해결하는 정도에 머물러 있었을 것이라는 생각이다.

2) 무의식과의 화해와 군중들의 문제

미움과 원한 그리고 분노가 사실 그동안 자기 자신이라고 굳게 믿어 왔던 페르조나와 그것과 직결되어 있는 개인적 무의식에 의해 유발된 감정이었음을 깨닫는 순간은 곧 개인적 무의식이 의식화되어 그를 집착에서 해방시키는 순간이고 동시에 그동안 분열되었던 마음이 봉합되는 순간이기도 하다. 따라서 이용도 자신의 내면에서 둘로 나뉘어 있던 투쟁적 행동과 신앙활동 간의 화해가 작동하기 시작했을 것이다.

이러한 이용도의 깨달음이 어떻게 많은 교인들과 공감대를 형성할 수 있었을까? 그의 한없이 순수한 눈물은 그들 자신의 처지를 되돌아보면서 각각의 소외와 더불어 일본의 지배에 의한 민족적인 압박과 박탈감의 상황에 동참하게 하였을 것이다. 다시 말해서 그들에게 있어서도 마찬가지로 개인적 차원의 원한으로부터 공동체적 차원의 원한으로 무의식적 공감대가 확대·재생산되었을 것이라는 말이다. 이러한 상황은 집단적 무의식의 초개인적 특성을 작동시켰을 가능성이 있다. 그리고 그 현상의 중심에는 신으로 대표되는 표상이 자리한다. 융의 말을 빌린다.

> 전에 내가 밝혔듯이 이러한 변환은 무의식적으로 초개인적 조준점이 발달해서 일어났다. 그 조준점이란 마치 신의 표상(Gottesanschauung /a vision of God)으로밖에 묘사할 수 없는 일종의 상징적 가상의 목표이다.(*GW* 3, 19/*CW* 7, par.218)

그러나 군중들이 공감하는 모습이 위와 같은 이유 때문이라 할지라도 그 공감의 역치가 집단경험에서는 낮아질 수밖에 없음을 말하지 않을 수 없다. 융의 표현이다.

> 한 집단경험은 개인의 경험에서보다 더 낮은 수준의 의식상태에서 일어난다. 이것은 많은 사람들이 하나의 일반적인 정서를 공유하기 위해 서로 모였을 때 집단으로부터 솟아나는 전체 정신(psyche)은 개인적 정신보다 아래 수준에 있기 때문이다. 그것이 매우 큰 집단이라면 집단적 정신은 짐승의 정신에 더 가까울 것이며 거대한 조직의 윤리적 자세가 항상 의심스러운 이유가 바로 여기에 있다. 거대한 무리는 필연적으로 군중(폭도)심리학 수준으로 침잠한다. 그러므로 내가 소위 어떤 집단의 한 조직원으로서의 집단적 경험을 한다면 그것은 내가 스스로 경험하는 것보다 더 낮은 수준의 의식상태에서 일어나는 것이다. 이것은 변형경험이 왜 개인경험에서보다 집단경험에서 더 빈번하게 일어나는지에 대한 이유이다. 그것은 역시 훨씬 쉽게 성취되는데 왜냐하면 수많은 사람들이 서로 같이 있다는 것이 거대한 암시의 힘으로 강력하게 작용하기 때문이다. (그러므로) 무리 안에 있는 개인은 그 자신의 암시의 희생물이 된다.(*CW* 9i, par.225)

융의 이 말은 왜 사람들이 열광적인 부흥회에서 그렇게 많이 회심하는지를 잘 설명해 주고 있다. 부흥회에서 회심한 사람들은 무리로부터 벗어나자마자 다시 바로 전 상태의 정신을 재생산할 수 없어서 (회심 당시의 상태와는) 다른 인간이 된다. 집단은 무의식적 동일시(an unconscious identity)에 불과한 신비적 참여(participation mystique)에 의해 왔다 갔다 하는 것이다.(par.226)

어떻든 이용도의 입장에서 볼 때 강동체험은 미움과 원한 그리고 분노가 서로 공감되어 나누어지는, 그래서 가해·피해의 관계가 아니라 모두를 피해자로 인지하여 감싸는 기적과 같은 크나큰 용서로 이어졌던 것 같다. 이것은 실로 감동의 순간이 아닐 수 없다. 사족이기는 하지만 화해는 또한 면역력을 높여서 폐병의 병세를 완화시키기 시작했다. 이와 같은 이용도의 일련의 체험과정은 융의 말처럼 그만의 '과대성장'일지도 모른다. 하여튼 그는 이러한 과정을 거치면서 그의 정신세계를 넓혀 갔다. 다음의 융의 표현은 이 장을 정리하는 데 도움을 준다.

> 사람에 따라서는 다른 이라면 이미 파멸되어 버렸을 문제를 쉽게 이겨 내는 경우가 있음을 자주 관찰하게 된다. 내가 일찍이 그것을 과대성장이라고 명명했지만 더욱 경험을 쌓아 가는 과정에서 그것이 어떤 새로운 뜻에서 의식수준의 상승을 나타내는 것임을 알게 되었다. 즉 보다 높고 넓은 어떤 관심사가 그 개인의 시야 속에 나타나서 지평선이 확대됨으로써 해결할 수 없었던 문제의 긴급성이 해소되어 버리는 것이다. 그러한 문제가 그 자체의 논리로 해결되는 것이 아니라 새로운 그리고 더 강력한 삶의 방향이 나타남으로써 해결되는 것이다. 그것이 억압되어 무의식화가 된 것이 아니라 오히려 새로운 빛 가운데에 나타남으로써 전혀 다른 것이 되어 버리는 경우이다.(여동빈/이윤희·고성훈 공역, 236/*CW* 13, par.17)

제 **6** 장

부흥사 사명감과
집단적 무의식

그의 투쟁적 페르조나가 진정한 자신의 모습이 아님을 자각하고 개인적 무의식이 의식화됨으로써 투쟁적 사명감에서 벗어나 진정한 목회자의 길로 들어섰던 이용도는 신학교를 무사히 마치고 처음으로 통천교회 담임 목사로 부임하였다. 거기서 그는 그의 일생에 가장 중요한 승마체험을 하게 된다. 이것은 그의 집단적 무의식이 의식 위로 솟구쳐 오른 사건이었다.

1. 집단적 무의식과의 만남

1) 통천교회에서의 새로운 승마체험

부흥사 이용도의 전국적인 활동은 물론 1929년 12월 30일 덕적도 집회에서부터 시작되지만 그는 이미 그 이전에 통천지역 20여 곳에서 부흥회를 인도하였다. 이런 부흥집회를 인도하게 된 계기가 바로 이 새로운 승마체험(1928년 11월 또는 동년 12월 2일)으로부터이다. 그러므로 이 체험은 부흥사 이용도를 이해하는 데 있어서 대단히 중요한 사건이라고 할 수 있다.

(1) 체험의 내용

피터스는 이용도의 마귀체험 전에 그의 첫 목회지 통천교회의 문제점을 우선 드러내 보이고 있다. 즉 청년회장 유원복과 주일학교 부장 김석호 사이에 의견이 맞지를 않아 두 집단으로 나뉘어 서로 반목하고 있었다는 것이다. 그러면서 뒤 이어 바로 이 체험을 다음과 같이 전하고 있다.

어느 밤 시무언은 기도하러 빈 교회로 들어갔다. 어둠 속에서 얼굴을 바닥에 댄 채 한참 기도를 한 후에 그는 곁의 창문으로 사탄이 들어오는 것을 느꼈다. 찬 호흡이 바닥에 떨어졌다. 그의 마지막 순간이 드디어 온 듯했다. 무서운 용모가 점점 가까이 다가와 마치 그를 삼킬 듯하였다. 드디어 마지막 순간 그는 그의 모든 용기를 모아 맹렬히 외쳤다. "물러가라, 사탄아!" 이 소리에 사탄은 사납게 날뛰더니 반대쪽 창문을 통해서 사라졌다.

그런 후에도 그가 혼자 계속 기도하는 동안 같은 사탄이 이 집 저 집을 배회하면서 사악한 생각을 자고 있는 교인들의 머릿속에 집어 넣는 것이 보였다. '어둠의 왕자'인 사탄이 원복의 집으로 들어가는 것을 본 그는 따라갔다. 그리고 그 집 앞에서 무릎을 꿇었다. 또 자고 있는 교회 속장의 몸 위에 떠 있는 끔찍한 모양의 사탄을 보았다. 그는 죽기를 각오한 사탄과의 싸움을 시작하여 사탄이 물러날 때까지 계속했다.

그때 멀리 석호의 집에 대한 공격이 시작된 것이 보였다. 그는 달려가서 다시 싸웠다. 아침 내내 집집마다 교대로 싸움터가 됐다. 자고 있던 교인들의 몸과 마음 위에서 싸움이 벌어졌다. 결국 사탄이 완전히 물러나게 되자 시무언은 집으로 돌아와 늦게나마 잘 수 있었다. (피터스/변종호, 34-35)

이 동일한 사건에서 변종호의 마귀에 대한 표현은 피터스의 기록보다 훨씬 더 상세하다.

(여느 때처럼 새벽 3시에 기도하러 교회에 가서) 몇 시간을 지내고 있을 때 크고 까만 몸뚱이에 수족에는 삼지창같이 검고 날카로운 손톱발톱이 있고 그 눈방울은 사발같이 큰 것이 둥글거리고 이빨은 사자의 이빨 같은 것이 앙상히 드러나고 머리에 큰 뿔 둘이 있는 사람도 아니고 짐승도 아닌 생전 보지 못하던 무서운 것이 나타나 머리맡에 서서 용도를 굽어보며 기도를 방해하기를 혹은 웃는 형상도 하고 무섭고 흉측스럽게 우는 형상도 보이며 또는 그 무서운 눈방울을 부릅뜨고 위협도 하고 그 무서운 손을 내밀어 용도를 움켜잡으려고도 하는 등 실로 가슴이 서늘하고 소름이 끼쳐지는 농락을 하는 것이었는데 이것이 즉 용도에게 나타난 마귀 그것이었다……

이때에 자세히 보니 이런 마귀들이 성전에 가득히 차 있고 또 밖에도 많이 있어 그 머리들을 창문으로 들이밀고 용도를 쏘아보고 있다. 이러므로 용도는 주먹을 들어 마귀들을 내어 쫓느라고 덤벼들었다. 벽력같이 호령을 하며 고함을 지르며 퉁탕거리며 이리 치고 저리 친다는 것이 바람벽을 부수며 유리창을 깨뜨렸다(148−149).44)

---

44) 용도 이와 비슷한 경험을 한다. 융은 1912년 프로이트와 결별 이후 사회적 위치에서 물러나 본격적으로 자기 자신의 무의식을 탐구하기 시작한다. 그러다가 1916년 어느 일요일 그는 수많은 귀신들이 집안 가득히 차 있는 경험을 한다. 그 후 그의 사상을 함축한 〈죽은 자를 향한 일곱 가지 설법〉이라는 간략한 글을 단숨에 써내려 간다. 융은 그때를 다음과 같이 말하고 있다. "일요일 오후 다섯 시경 현관문에서 경보가 울렸다. 그날은 맑게 갠 여름날이었다. 두 딸은 부엌에 있었는데 거기서 현관 앞의 터를 내다볼 수 있는 곳이었다. 나는 종이 있는 근처에 있어서 그 소리도 들었고 종의 추가 움직이는 것도 보았다. 모두 즉시 문으로 달려나가 누가 거기 있는지 살펴보았다. 그러나 거기에는 아무도 없었다! 우리는 그저 서로의 얼굴을 멀뚱히 쳐다볼 뿐이었다. 공기가 아주 탁했다. 이건 정말이다! 그때 나는 이제 무슨 일이 일어나리라는 것을 알아차렸다. 온 집안이 많은 무리들로 가득 차 있었다. 빽빽이 귀신들로 차 있었

이 체험의 결과는 피터스와 변종호의 기록이 다르다. 변종호는 단한 문장, 즉 "이와 같이 마귀와의 격전에서 승리를 얻은 용도는 이때부터 하늘의 권능과 용기를 얻어 기도와 설교와 신앙생활에 더욱더 굳센 힘과 생명을 얻게 되었다"고 결론지었다. 반면에 피터스는 그이후 있었던 금강산 온정리 지방회에서 기적처럼 두 사람(유원복, 김석호) 간에 화해가 일어났는데 이것이 진정한 성령임재의 뜨거움으로 온 교인들이 경험하게 되면서 부흥사로서의 이용도의 능력이 발견되었다고 한다. 진행과정이 어찌 되었건 이 새로운 승마체험이 이용도를 변화시켰던 것은 분명하다. 그렇다면 그는 왜 이런 체험을 해야만 했을까?

(2) 체험의 배경

이 체험의 배경에는 이용도 자신의 목회자로서의 본분 또는 역할(목회자 페르조나)과 그 당시 현실적 상황 사이에 분열이 깊이 깔려 있다. 우선 이용도 개인의 목회자 페르조나를 변종호(144-145)의 표현을 빌려 살펴보면 "원체 이성적이고 예민한 지성을 가지고 있는 용도임에 신앙적인 생활보다는 문화적인 활동이 항상 앞서는 것이었다. 더욱이 당시 사회는 민족주의 사상에서 사회주의 사상으로 전향하고 있는 때이었음에 사회 사조의 대세에 영향되는 바도 있어 용도는 점

다. 그들은 문 아래까지 서 있어서 우린 숨이 막힐 지경이었다. 물론 화급한 의문이 내 속에서 생겼다. '도대체 이게 웬일인가?' 그러자 그들은 합창으로 크게 외쳤다. "우리는 우리가 찾던 것을 거기서 못 찾은 채 예루살렘에서 돌아왔다." 이 말은 〈죽은 자를 향한 일곱 가지 설법〉의 첫 구절에 해당된다. 그러자 내 마음속에서 상념들이 솟아나오기 시작했다. 사흘 저녁 동안에 나는 그것을 모두 적어 내렸다. 내가 펜대를 쥐자마자 모든 귀신의 무리는 사라지고 말았다. 유령사건은 끝이 났다. 방은 조용해지고 대기는 맑았다. 다음날 저녁까지 다시 그 무리들이 조금 모였다간 또 그렇게 사라졌다.(Jung/이부영 역, 1996: 216-217)"

점 사회적으로 문화적으로 말하자면 인본주의 신앙으로 전락하는 경향을 보이고 있었다"는 것이다. 변종호의 표현대로 교회 담임 초기의 이용도는 분명히 이성적인 전도인이요, 문화적인 교역자였다. 그렇다고 해서 그가 사회주의에 동조했다는 뜻은 아니다. 그 당시 함께 산기도를 다녔던 박재봉의 회고담을 들어보자.

> 그가 통천에 계실 때는 사회의 사조가 민족주의 사상에서 사회주의 사상으로 전환되는 때이었으므로 용도 씨는 사회주의를 가끔 공격하였습니다. 그래서 사회주의자들에게 매를 맞은 일이 수차 있었습니다. 용도 목사는 어거스틴의 참회, 프란시스의 신앙과 청빈생활, 썬다씽의 희생적 정신으로 살기를 자기는 원하노라고 가끔 하는 것이었습니다.(변종호 편저, 207)

한편 당시 사회는 민주주의, 인도주의, 사회주의, 공산주의, 과학사상 등이 사상의 주류를 이루고 있었다. 3 · 1운동 이후 반기독교운동이 거세게 일기 시작하여 1922년에 정점에 달했다. 특히 반기독교적 성격을 지닌 휴머니즘, 사회주의, 공산주의의 발흥으로 젊은이들 사이에 반기독교적 움직임이 강하게 일고 있었고 볼셰비키혁명 이후 조직된 조선 공산주의 및 사회주의운동, 춘원 이광수의 기독교 비판 등은 그 전형적인 예이다.(박용규, 2004b: 188-189) 춘원은 조선교회가 '계급적'이고, '교회지상주의적'이며, 교역자가 '무식'하고 그리고 '미신적'이라며, 이 중에서도 현금 조선교회가 지니고 있는 가장 큰 문제점은 교회지상주의(199)였음을 지적했다. 그는 매일신보에 다음과 같은 말로 교회지상주의를 신랄하게 비판하였다.

> 조선 야소교인들은 야소교도가 아닌 자를 이교도라 하여 교류를 피

하고 혼인을 금하며 비록 어떻게 덕행이 높은 자라도 야소교도가 아
니면 죄인 취급하며 창세기의 천지창조설을 그대로 믿어 금일의 자연
과학을 부인하며 사후 천당설을 그대로 믿어 현세의 개인의 행복과
종족적 번영을 무시합니다. 기도와 성경과 전도만 하나님의 일이라
하고 기타의 모든 현세적 사무를 천히 여기며 성경을 배워서 목사 되
기를 귀히 여기되 다른 학술을 배우는 것을 천히 여깁니다(201).[45]

그 당시 교회가 절제운동, 농촌운동 및 진흥운동과 같은 사회계몽운
동을 전개하고 있었어도 반기독교적인 사회적 흐름은 거역할 수 없었
다. 이러한 사회적 분위기 속에서 이용도는 통천교회로 부임해 갔다.
그러나 그곳에서도 두 집단으로 갈라져 서로 반목하고 있었던 것이다.
한 집단은 청년회장인 유원복이 주동이었고 다른 집단은 주일학교 부
장인 김석호가 주동이었다.(피터스/변종호, 34)

교회 외적 및 내적 상황이 모두 반목과 분열의 화염 속에 있었던
것이다. 외적 상황은 교회의 배타성, 현실도피적 신앙 및 편협성이 한
축을 이루고 있었고 내적 상황은 믿음의 형제들 안에서 분열이 일고
있었다. 두 상황 모두가 그 중심에는 기독교가 자리하고 있었다. 그러
므로 이것은 종교지도자로서의 목회자들이 무언가를 결단해야 하는
절박한 상황이었다. 이때 목회자로서의 이용도는 오로지 개인구원에만
치중하고 있던 기존교회의 틀을 따라가기보다는 사회적 변화에 따른
다른 목회적 방향에 좀 더 관심이 많았던 것 같기는 하다. 그러나 여
전히 무언가 분명치 않은 태도를 나타내고 있었다. 다만 그의 내면에
서 감성적이고 열정적인 성격특성들이 소리 없는 아우성을 치고 있었
음을 박재봉의 증언에서 직감할 뿐이다.

---

45) 매일신보, '신생활론', 1918년 9월 6일–10월 19일, 이광수전집 제10권
    (1979). 서울: 우신사. 351.

하여튼 그는 그의 현실적 목회현장에서 자신의 한계를 느끼면서 그 해결점을 찾아 박재봉과 함께 10일간의 산기도를 가지게 된다. 변종호에 의하면 이 10일간 산기도 후 이용도는 전과는 아주 달리 신앙에 자신이 끓고 전도하여 다른 사람을 끓게 하는 열 있는 전도인이 되었다는 것이다. 다시 말해서 그는 생활하는 사람이라기보다 기도하는 사람이 되었고 말하는 전도자이기 전에 기도하는 기도꾼이 되었다는 것이다(147). 그는 이러한 분열의 치유를 위하여 사회주의자 혹은 사회계몽운동가로 나아간 것도, 교회지상주의로 도피한 것도 아니었다. 그는 그의 어린 나이 때부터 이미 어느 정도 터득했고 강동체험에서 깊은 감동에 젖게 했던 바로 그만의 독특한 방법인 기도를 통해 이러한 반목과 분열의 문제를 해결하려고 하였다. 이렇게 신앙에 불타는 상태에서 이용도는 새로운 승마체험을 하게 된 것이다.

(3) 체험의 분석 – 활성화된 집단적 무의식의 형상들

이처럼 자신이 모름지기 가지고 있던 목회자 페르조나와 교회 현실에서 부딪치고 있는 문제 사이의 괴리는 이용도를 절박하게 압박하였다. 이러한 절박감이 승마체험 직전 이용도의 기도에 절절히 배어 있다. 그의 기도는 "아버지여 나의 혼을 빼어 버리소서. 그리고 예수에게 아주 미쳐 버릴 혼을 넣어 주소서. 예수에게 미쳐야 하겠나이다. 예수에게 미치기 전에는 주를 온전히 따를 수 없사옵고 또한 마귀와 싸워 이기지 못하겠나이다"였다(147 – 148). 이러한 그의 간절함은 점점 더 강해졌고 그에 반비례하여 일상적인 의식의 힘은 점점 더 무력해졌다. 의식의 힘이 약해지면 자연히 목회자 페르조나의 도리나 역할 역시 약해지고 그다음 단계에서 그동안 내면 깊숙이 숨어 있던 무의식의 힘이 당연히 더욱더 강해진다. 다시 말해서 개인적 억압이 제거되면, 개인적인 것과 집단적 정신이 서로 혼합된 상태로 떠오르기 시작하여 그동안 억압되었던 개인적 환상을 해소시킨다.(GW 3, 43/CW 7, par.250) 그다음부터 집단적 무의식이 활동하게 되며 그것이 활성화될 때 환상과 꿈이 조금 다른 특성을 가지고 나타난다. 그러한 특성은 시공간의 무한성, 엄청난 속도와 운동의 확대, 점성학적 관련성, 지구와 달 그리고 태양의 유비 등과 같은 우주적인 성향들과 관련되어 있다. 그리고 신화와 종교의 모티브가 명확하게 드러나는 꿈도 역시 집단적 무의식의 활성화를 알려 주는 것이다.(43/par.250) 이용도가 겪은 마귀환상체험은 이러한 종류로 분류해도 될 만큼 시공을 초월해 있을 뿐만 아니라 종교적 요소가 강하다. 그러므로 위와 같은 마귀의 출현과 그것과의 투쟁 그리고 승리는 바로 집단적 무의식의 발현이라고 해석하기에 충분하다.

그다음 문제는 이렇게 집단적 무의식이 활성화되어 그 무의식적 내용들을 의식 위로 올려 의식을 일깨울 때 사람들은 어떻게 반응할 것인가 하는 점이다. 이 질문에 대해 융은 기본 저작집 제3권 "인격과 전이"(기저3, 62-74/GW 3, 46-55/CW 7, pars. 254-265)에서 비교적 상세하게 설명하고 있는데 그 내용을 요약하면 다음과 같다. 첫째는 집단적 무의식의 내용에 압도되는 경우이다. 이런 예는 편집증이나 정신분열증에서 볼 수 있다. 이는 현실을 객관적으로 판단할 능력을 상실하고 있는 상태이다. 둘째 집단적 무의식의 내용을 단순하게 믿는 경우이다. 이는 예언자 같은 괴짜이거나 아니면 유아적인 사람에게서 나타날 수 있다. 이 경우는 그들의 미숙성 때문에 문화공동체에서 배제될 수밖에 없는 사례이다. 셋째 집단적 무의식의 내용을 거절하는 경우이다. 이것은 무의식이 가지고 있는 생산적인 힘을 거절하는 것으로 또다시 옛날의 자기 가면 속으로 되돌아감을 의미한다. 이것을 페르조나의 퇴행적 복원(Die regressive Wiederherstellung der Persona / the regressive restoration of the persona)이라고 표현하며 이것은 단적으로 말해 회피적 체념과 자기 축소이다. 넷째 집단적 무의식의 내용과 동일시하는 경우이다. 이는 무의식의 팽창상태를 말한다. 이때 마치 자기 자신이 어떤 초능력을 가지고 있는 듯이 착각할 수 있다. 여기에 속하는 예가 자기비판이 결여된 예언자 그리고 위험한 책임을 지지 않으면서도 예언자의 영예를 누릴 수 있는 예언자의 제자이다. 이 경우 개성의 자립성이 손상되며 정신적 자유가 상실된다. 다섯 번째 집단적 무의식의 내용을 비판적으로 이해할 수 있는 '자아'의 힘이 건강하여 그것과 동일시(전이현상)가 일어나지만 결국 '자아'의 기능을 상실하지 않는 경우이다. "분별력이 불충분하면 개인적인 것은 지체 없이 집단적인 것 속으로 녹아들어가기 때문에 인격의 발달을 위해서는 집단적 정신과의 엄격한 구별이 절대적으로 필요"(49/36/par.240) 한 것이다.

이상의 반응 중에서 마지막 다섯 번째가 가장 건강한 반응이다. 이 경우를 융은 영웅 신화를 예를 들어 설명한다.(72/53/par.261) 영웅은 용이 지키는 보물을 가지러 자신의 위험을 무릅쓰고 괴물에 잡아먹혀 그것의 뱃속으로 들어간다. 즉 괴물과 동화되어 버리는 것이다. 그러나 그러한 절대 절명의 상황에서 우리의 영웅은 여러 존재의 도움으로 또는 무적의 무기, 마법의 방어수단 등으로 괴물을 이기고 결국 보물을 획득한다. 그의 견해대로 한다면 여기에서 집단적 무의식과의 동일시란 괴물에 잡아먹혀서 그 속에 갇혀버린 상황을 말하는 것이고 또한 여러 존재의 도움과 마법의 수단들은 곧 건강한 무의식의 생산적 활동력을 증강시키는 그 자신의 비판적인 이해력인 셈이다. 이러한 과정을 거쳐야 귀중한 보물을 얻을 수 있는 것처럼 융은 집단적 무의식을 극복한 후라야 비로소 참된 가치를 얻을 수 있다고 본 것이다.

이러한 관점에서 보면 어마어마한 힘을 가진 마귀를 혼신의 힘을 다해 물리친 이 승마체험에서의 이용도는 하나의 영웅이다. 그는 마귀의 세계 속으로 들어가서 일원이 되어 싸운다. 자연이 초자연에 동화된 것이다. 그가 가지고 있는 무기는 오로지 기도뿐이다. 기도는 그의 의식의 비판적 이해력이다. 그 기도의 힘은 대단한 위력을 가지고 마귀와의 대적을 돕는다. 드디어 그는 마귀를 쫓아내고 승리한다. 이처럼 그가 마귀를 물리쳤다는 것은 이제부터 그는 자신의 집단적 무의식과 대화를 나눌 수 있게 됐음을 의미한다. 다시 말해서 이제 그의 삶에 있어서의 참주제는 집단적 무의식이 된 것이다. 곧 이어 체험하는 양양에서의 빨간 군대 백일몽은 이런 의미에서 상당한 뒷받침을 해 주고 있다.

2) 양양교회에서의 빨간 군대 백일몽

이용도는 이와 비슷한 체험을 통천체험으로부터 1개월 정도 지난 후 강원도 양양에서 하게 된다. 그는 1929년 1월 4일 일기에 "오전 10시경부터 11시경까지 성화로써 죄인을 태워 죽이는 성몽을 보다 아멘"이라고 적고 있다. 변종호는 "이용도의 이 체험이 자신을 온전히 주님께 바치고 말씀만 전하다가 죽기로 결심을 다시 새로이 하는" 계기가 되었다고 주를 달아 놓았다.(이용도/변종호 편저, 2004b: 55)

(1) 백일몽의 내용

1929년 1월 초 양양에서 주일학교 강습회가 있었다. 여기에 그 당시 지방회의 주일학교 총무이었던 이용도가 강사로 초빙되었다. 1월 4일 오전 개성의 한 목사[46]가 성경을 가르치고 있는 동안 이용도는 그 교회의 어느 방에 누워 있었는데 이때 백일몽을 체험하게 된 것이다.

이번에는 빨간 군대의 습격이었다. 그때 양양교회는 이 층 건물이었는데 이 이 층 건물에 수많은 빨간 군대들이 기어 올라와서는 교인들을 모조리 베어 죽이고 있었다. 다급해진 용도는 곧 이들과 대항하여 싸웠다. 그런데 이상하게도 용도가 입으로 그 군대를 향하여 훅하고 불면 그 군대들은 곧 죽어 버렸다. 창문으로 기어 올라오는 그 군대를 향하여 훅하고 불어 다 떨어져 죽었다. 이러다가 용도가 잠에서 깨어났다. 자기의 강의 시간이 되었던 것이다. 자기 시간에 외쳤더니 놀라운 성령의 불이 일어났고 이 강습회 때문에 양양교회가 크게 부흥이 되어 후에 들으니 양양교회를 이용도 목사가 다시 살렸다고 소문이 나 있었다.(변종호 편저, 1986: 211-212)

(2) 백일몽의 분석

피터스의 증언. 즉 이용도의 새로운 승마체험 이후 온정리 지방회에서 유원복과 김석호가 극적인 화해를 했으며 이때 온 교인들이 성령 임재의 뜨거움을 경험했다는 증언이 이용도의 1929년 1월 1일 일기에 "29일 밤 온정리교회에 성령의 불이 임하시고 이튿날 새벽에 또한 성화 크게 내리시다"라고 기록되어 있다.(이용도/변종호 편저, 2004b: 55) 이러한 뜨거운 체험이 채 가시기도 전인 1월 4일 이용도는 새벽

---

46) 삼이(三李)의 이호빈(李浩彬)과 다른 이호빈(李鎬斌) 목사.

4시 반부터 기도하며 성경(창세기 17장)을 보고 있었다. 그러다가 바로 그날 오전에 위와 같은 백일몽 체험을 하게 된 것이다.

이 백일몽이 앞서 있었던 새로운 승마체험과 직접적인 관련이 있음은 너무도 명확하다. 이 체험도 역시 그가 이제는 권능의 사람이 되어 소위 마귀를 물리칠 수 있는 능력을 갖게 되었음을 보여주기 때문이다. 그다음 날(1월 5일) 일기와 6, 8, 9일 일기는 이러한 견해에 힘을 실어 주고 있다. 이 기간 동안 이용도는 출애굽기를 인용하여 지도자로 부름받는 모세의 출현을 묘사함으로써 자기 자신의 내면적 변화를 간접적으로 드러내고 있다. 이렇게 그가 시대적 사명감을 느끼기 시작한 점을 보더라도 그의 통천과 양양에서의 체험은 집단적 무의식과의 대면이었음을 확신하게 한다.

2. 집단적 무의식과의 동행

1) 일상생활에서의 변화

1929년 8월 23일 일기는 이용도의 영성이 다른 차원으로 성장하고 있음을 극명하게 보여준다. 그는 그동안 반생을 길가에서 낭비하였다고 하면서 이제야 자신의 길을 찾았다고 고백한다. 그 길이란 다름 아닌 "예수님이 밟으셨던 그 길을 그냥 따라가는 것(이용도/변종호 편저, 2004b: 67)"이다. 여기에 전제 조건이 있는데 그것은 세상이 '시대에 뒤떨어진 자'라고 하든지, '케케묵었다'고 하든지, '못난이'라고 하든지, 남의 눈을 전혀 두려워하지 않고 그리하겠다는 고백이다. 이러한 결단은 같은 해 10월 16일부터 11월 29일까지 기독신보에 그가 연재했던

성자 이야기에서도 극명하게 드러난다. 그 내용은 위의 것과 동일한데
실제로 성 시므온(Simeon 521－595)[47]의 말이었는지 아니면 이용도의
생각을 성 시므온을 통해서 하고 있는 것인지는 명확하지는 않지만 하
여튼 그 당시 그의 생각과 결단을 잘 나타내 주고 있다. 다음은 성 시
므온이 20세 때 그의 부모님과 함께 수난절 예식에 참여하기 위해 예
루살렘에 올라갔을 때 고난의 예수를 생각하면서 간구했던 구절이다.

주여 나는 세상 편으로 너무 똑똑합니다. 이제부터 나는 아주 어리
석은 사람이 되겠습니다. 남이야 나를 미쳤다고 하던지 못난이라고
하던지 나는 상관치 않으렵니다. 그리고 다만 당신의 밟고 가신 그대
로만 따라가겠습니다.(이덕주, 2003: 216)

그의 이런 고백을 융 심리학적 시각으로 다시 표현하자면 그것은
우선 그가 외적 인격인 페르조나와 그리고 방어적으로 왜곡되어 나타
나는 개인적 무의식의 품행들에 좌우되지 않는 태도를 보이기 시작했
음을 의미한다. 다음의 일기가 이러한 태도를 잘 보여주고 있다.

나는 명예를 얻으려고 무척 애썼습니다. 그러나 나는 명예를 얻으
려는 그 마음을 죄악이라고 불렀습니다. 그 마음이 나를 사특하게 하
고 나를 간사하게 하고 또 교만하게 함으로 그래서 나는 '나는 명예
를 원치 않습니다. 명예를 얻으려는 마음을 없애 주소서' 하고 기도드
렸습니다. 그러나 지금에 와서는 그 명예를 얻으려는 마음을 아무래
도 끊어 버릴 수 없는 것임이 알려졌습니다. 나는 다시금 명예를 바
라는 사람이 됩니다. 그러나 지금 바라는 명예는 전날의 그 명예와는
다른 것입니다…… 내게로 직접 들어오는 명예는 내가 두려워합니다.
곧 우리 주님의 앞을 지나서 내게로 오는 그것만을 나는 반가워합니

---

47) 6세기 시리아 안디옥 출신 수도자.

다. 사람에게서만 받는 명예는 위태한 것, 죄의 성질을 많이 가진 것
입니다. 하나님과 사람에게 아울러 얻는 것, 그것이 참명예입니다.(이
용도/변종호 편저, 2004b: 79)

이것을 볼 때 이용도는 페르조나와 '그림자'의 허구성과 위해성을 충
분히 인식하고 있었던 것으로 판단된다. 그는 페르조나로서의 명예에
대한 갈망을 죄악이라고 불렀으며 더 나아가 참명예는 예수('자기'의
원형)를 통과한 것으로 하나님과 사람에게 아울러 얻는 것임을 간파하
고 있다. 이를 보건데 개성화 과정 중 자칫 잘못 빠질 수 있는 '그림자'
나 페르조나 혹은 더 나아가 아니마·아니무스와의 동일시로 인한 심
리적 위험상태를 체험적으로 인지하고 있었던 것 같다. 이러한 위험요
소들을 인지하면서 그는 영성의 근원적 힘의 소리에 자신을 전적으로
내어맡기고자 하는 태도를 나타냈다. 이 같은 행동은 예수의 인도하심
이라는 고백으로 표현되고 있다. 같은 해 8월 27일 일기를 보자.

주여, 저로 하여금 주님의 뜻에만 순종할 심정을 주소서. 생각은 고
요히, 일은 침착히, 서울, 간도, 철원 나는 어디로 가오리까. 다 나의
갈 곳인가 하옵니다. 그러나 나는 말하지 않으렵니다. 다만 마지막에
가라는 데로 가렵니다(67-68).

그는 마치 합리적으로 따져서보다는 그냥 떠오르는 대로 행동하겠
다는 의지를 보여주는 듯하다. 이런 그의 태도가 같은 해 9월 10일 일
기에는 더욱 구체적으로 묘사되고 있다. 그는 10일 오전 9시에 교역자
회의에 참석해야 했고 같은 날 저녁 원산 성경학원의 사경회와 부흥
회를 인도해야 했다. 시간적으로 두 모임을 다 참석할 수는 없었던 그
는 장로사에게 교역자 회의를 빠지고 원산에 가야겠다고 말하고 양해

를 얻었다. 그러나 김 총무가 강력하게 주일학교 총무회의에 빠지면 안 된다고 해서 원산 모임 첫날에 참석하지 못할 것을 인편에 통지하겠다고 말하였다. 다음날 10일 아침 행구를 둘로 나누어 의복 등이 들어 있는 짐은 그를 돕고 있던 사람(진해 군)에게 들려 주일학교 사무실로 먼저 보내고 그는 원산 전도부인에게 첫날 참석하지 못하는 이유를 설명해 주기 위해 원산행 기차 시간에 맞춰 역으로 나갔다. 정거장에 이르러 그는 그 부인에게 의향을 물었고 그 부인은 지금 가는 것이 좋을 것 같다고 말했다. 이 말에 그는 그곳의 모든 부인들이 다 저렇게 생각하겠지 하는 마음에 가슴에 불이 붙었다(71-72 참조).

이때에 "그만두어라. 총무회는 될 대로 될 것이다. 그냥 원산으로 가자" 하는 성신의 권고하심이 있다. 그러나 당장 가서 신어야 할 구두도 안 가져오고 세면도구, 필요한 의복 등도 그냥 주일학교 사무실로 보내었는데 또 김 총무에게 양해도 구치 못하고 또 거기서 기다리는 진해 군은 어떻게 하나 하고, 나는 핑계로서 정당한 이유를 가진 조목을 들어 타협을 성신께 구하였다. 그러나 "가자. 가다 내어 버리고 그 일들이야 될 대로 될 터이니" 하시는 성신에게 나는 더 앙탈을 부릴 수가 없었다(72-73).

그가 성신에 이끌려 하고 있다고 생각한 이와 같은 행위는 사실 "자기의 기분이 자신에게 말하도록 시도하는 것(*GW* 3, 99/*CW* 7, par.348)"인데 이는 "무의식에 주도권을 위임해서 무의식이 스스로 환상의 형태로 의식 내용이 될 수 있도록 그 가능성을 부여하는 길(99/par.347)"이다. 그는 이 같은 환상을 매개로 한 무의식의 인도함을 그 자신의 경험을 통해서 잘 알고 있었던 것으로 보인다. 다음은 같은 해 11월 10일 일기에 표현된 그의 고백이다.

주여, 당신의 형상을 보게 해 주소서. 주의 형상에 미치고 끌리게 해 주소서. 잊으려 해야 잊을 수 없고 안 보려 해야 안 볼 수 없이 내 앞에 있어서 힘 있게 나를 끌어 주에게서 떠나지 않게 할 형상을 나는 바랍니다. 나는 그 형상을 나의 주라 부르고 나의 생명이라 부르나이다. 형상을 보고 따를 때에 세상 사람은 나를 이상하게 보겠지요. 그리고 의심하겠지요. 비방과 저주도 하겠지요. 그러나 나는 실상 보는 것이 있고 거기에 끌려 그렇게 함으로 나는 의심하지 않겠습니다(78-79).

1개월 후인 12월 3일 일기에서도 우리는 그의 직관적인 태도를 확실하게 볼 수 있다. 그는 여기에서 "예수는 신비적이요, 또 구체적이다. 하나님의 아들이요, 또 사람의 아들이다. 신비적으로 하나님에게 얻은 힘을 구체적으로 사람에게 나타냈다. 신비의 사람은 하나님을 본다. 곧 환상을 본다. 그리고 그 환상에서 무한대의 용기와 환희를 얻는다"라고 말하고 있다(80). 아가서를 인용한, "오, 주 나를 인도하시니 이는 곧 왕의 후궁(後宮)이로다. 나는 여기서 주를 봅니다"라는 고백은 직관적 탐구의 백미처럼 보인다.

이처럼 그는 이성적으로 결정하지 않고 직관적으로 결정했다. 그 이유는 이성적인 것, 즉 지어먹은 마음과 짜내는 자각은 며칠 못 갈 뿐만 아니라 힘이 없음(이용도/변종호 편저, 2004b: 78)을 너무도 잘 알고 있었기 때문이다. 여기서 우리가 꼭 기억해 두어야 할 사실이 있는데 그것은 바로 직관적 힘이야말로 집단적 무의식이 행사하는 활동 도구라는 점이다. 그러므로 직관적 결정은 곧 집단적 무의식의 활동에 '자아'를 맡기는 것을 일컫는다. 이것에 대한 융의 견해를 간단히 정리해 본다.

2) 본능으로서의 집단적 무의식과 직관

직관이 왜 집단적 무의식의 이해력인지, 그리고 그 무의식이 왜 의식의 인도자가 되어야 하는지를 융은 다음과 같이 설명한다. 그에 의하면 집단적 무의식은 바로 본능적 속성을 가지고 있다.

> 본능들은 역동적이거나 동인적인 성격에 보편적으로 분포되어 있는 비개인적이고 유전적인 요소들이다. 이 본능들을 완전히 의식 밖으로 끌어내는 일은 대부분 실패로 끝나고 말기 때문에 현대 정신치료의 업무가 그것들을 의식화시킴으로써 환자를 도우려는 데 직면해 있다. 더욱이 이러한 본능들은 분명한 속성을 들어내며 또한 그것들 고유의 목표를 추구하는 동인적 힘을 형성하고 있다. 그렇기 때문에 본능들은 원형들과 매우 유사한 것이며 따라서 원형들은 본능들 그 자체의 무의식적 상이라고 추측할 수 있다. 다시 말해서 원형들은 본능적 행동의 기본틀(das Grundmuster instinkthaften Verhaltens/patterns of instinctual behaviour)이라고 할 수 있다.(*GW* 2, 115/*CW* 9i, par.91)

이는 집단적 무의식의 상의 근원은 원형들이고 그 원형들은 곧 본능적 기본 틀이라는 말이다. 그러므로 본능적 행위는 의식하는 동기가 연속적으로 일어나서 생기는 의식적인 과정과는 달리 그 행위 밑에 심리적인 무의식적 동기가 깔려 있는 것이 특징이다. 즉 본능적 행위는 어떤 정신적인 힘이 갑작스럽게 나타나서 의식의 연속성을 단절시켜 버린다. 이러한 단절은 물론 공포나 무의식적 강박행위에서도 나타난다. 그러나 본능으로서의 무의식적 행위는 이러한 병적인 상태의 행위와는 다르다. 즉 그것은 유전성, 균일성 그리고 규칙성을 가지므로 그것들과 구별된다.(*CW* 8, par.266 참조) 이처럼 본능은 학습되거나 훈련하여 얻어지는 것이 아니다.

본능은 한편 직관적 요소를 가지는데 그 직관은 무의식적인 내용이 의식으로 갑자기 돌출되어 나오는 것이다. 직관은 지각의 과정이기는 하나 그때의 지각은 의식의 행위에서와는 달리 무의식적이다. 그러므로 직관은 '본능적' 이해행위(an "instinctive" act of comprehension)이다. 직관과 본능이 그 과정에 있어서는 이처럼 비슷하지만 다른 점은 본능이 보다 상위의 복잡한 행위를 수행케 하기 위한 목적을 가진 충동이라면 직관은 보다 상위의 복잡한 상황을 무의식적으로 수용하게 하려는 목적을 가진 이해력이다. 이런 면에서 볼 때 직관은 경이로운 본능의 뒷면이라고 할 수 있다.(par.269) 또한 무의식의 보다 깊은 층(집단적 무의식)에서 융은 선험적 '직관'의 타고난 형태(*a priori*, inborn forms of "intuition")를 발견하고 있다. 이 타고난 '직관'이란 모든 정신과정의 선험적 결정인자들인 '지각과 이해력의 원형들(the *archetypes* of perception and apprehension)'을 주로 지칭하는 것이다.(par.270)

정리하면 다음과 같다. 본능이란 선험적이고 유전적인 것, 즉 본래 우리 안에 있는 속성이다. 집단적 무의식은 바로 이러한 본능에 속한다. 그런데 그 무의식 안에는 본능적 '직관'이라고 하는 무의식적 이해력이 존재한다. 그 무의식적 이해력인 '직관'은 한마디로 '지각과 이해력의 원형들'이라고 부를 수 있는 것들이다. 그러므로 그 무의식은 본능적으로 지각과 이해력의 힘을 가진다. 이것이 바로 집단적 무의식이 근본적으로 인간의 성장과 각성을 돕는 힘을 가지고 있음을 확신시켜 주는 요소이다.

3) 집단적 무의식이 이끌어 가는 방향과 역사의식

이미 언급한 대로 집단적 무의식에 이끌려 갈 때 필연적으로 요구되는 것이 건강한 비판력을 지닌 의식적 '자아'이다. '자아'가 건강하면 이때 의식은 '확대'되어 의식적 주체로서의 역할을 감당하게 된다. 이렇게 '넓어진 의식'은 이제 더 이상 개인적 요구, 염려, 희망과 야망 등 이기적인 것들에 국한되어 있지 않고 그 개인을 밖의 세계와 연결시키는 역할을 하려 한다. 그래서 개체가 공동체 속으로 들어가게 되면서 자신의 이기적 욕구 사이의 갈등보다는 나와 다른 사람에게 모두 관계되는 문제들에 더욱더 관심을 쏟게 된다. 따라서 이 단계에서는 집단적 무의식을 움직이게 하는 집단의 문제가 개인적인 문제보다 더 중요한 주제가 된다. 왜냐하면 이제 무의식의 힘이 개인적 차원의 보상으로 인격의 균형을 유지하려 하기보다는 집단적 보상을 통해 그 균형을 유지하려 하기 때문이다.(*GW* 3, 81/*CW* 7, par.275) 이처럼 집단적 무의식은 어떤 내용을 산출하여 그를 새로운 차원으로 이끌려 한다.

이용도의 행적이 바로 이러하였다. 그는 자신의 개인적 체험에 머물러 있지 않고 그런 체험을 통한 자각으로 교회의 문제, 사회의 문제, 나아가서는 그 시대의 문제로까지 그의 소명의식을 확대·발전시켜나갔다. 1929년 8월 28일 일기는 이러한 것들을 잘 보여주고 있다.

> 교회는 신령한 은혜가 충만하여야 된다. 그리고 사회의 선구자가 되어 모든 일에 선봉 노릇을 해야 한다. 신령한 능력을 가지고 예수의 이름으로 우리의 생활을 개척함에 교회의 사명이 있다.(이용도/변종호 편저, 2004b: 68)

같은 해 11월 10일 일기는 당시의 사회적 운동의 한계점과 교계의 역할을 지적하는 듯하다.

> 신조에, 조직에, 언론에, 그 무엇의 선구자보다 회개운동의 선구자가 조선에는 필요하다. 갱생을 초래하는 회개, 신생적 회개운동이 없이

다른 모든 운동은 의미가 없다. 머지않아 쓰러질 터인 고로 그래서 교계의 선구자는 완전한 신생자라야 한다. 죄에서 죽고 의에서 난 자라야 한다. 성신으로 거듭난 자라야 한다. 한국에 그 사람이 있는가(78).

그가 신조, 조직 그리고 언론을 이야기할 때 그 당시 사회상황을 떠올렸을 것은 당연하다. 우선 교회 외적으로는 조직이나 언론이 일본통치에 대항하고 있던 양태를, 교회 내적으로는 기존교회를 비판하고 있다. 그가 보기엔 교회가 신조로 도망가는 것도, 사회적 운동의 조직력도 그리고 언론의 비판력도 그 당시 조선의 문제를 풀어 가는 데는 올바른 방향이 아니었다. 그가 본 정도(正道)는 회개운동의 시작이었다. 이것은 곧 모든 썩은 것들의 죽음이 있은 후에야 새로운 생명의 선구자가 나올 수 있고 그리고 그런 사람이라야 지금의 문제를 풀 수 있다고 본 것이다.

같은 해 12월 21일 일기에서 보듯이 그의 소명의식은 세계적 시각으로까지 확대되어 갔다. 그는 제국주의의 만행을 직시하면서 나라를 잃은 우리 민족을 예수처럼 핍박받고 있는 주체로 보고 있다.

세계는 지구 정복에 주린 구라파의 욕심 앞에 놀라 떨고 섰습니다. 제국주의는 맘몬의 손에 들어가서 부정한 환희의 춤을 추고 전쟁욕, 권세욕, 소유욕의 삼(三)마녀는 구라파의 노변에서 잔치의 술을 마시고 있습니다. 저 구라파 천지에는 당신이 유하실 데라고는 일간두옥(一間斗屋)도 남지 않았습니다.

오시옵소서. 그리스도여, 발길을 돌려 이리로 오시옵소서.

아세아에서 당신의 처소를 잡으십시오(87).

다음은 1930년 1월 26일의 일기이다.

원컨대 우리 교회(통천교회)는 그때의 그 다락방(초대교회의 예루살렘 다락방)이 되게 하소서. 이곳 조선의 교회 안에 장난하고 있는 악마의 계획을 폭파할 폭탄제조소가 되게 하소서. 온 조선, 온 세계에 날아가는 폭탄의 불의 발화지가 되게 하소서. 그리고 그 제1탄이 내가 되게 해 주시면 그런 영광은 없겠나이다(109).

이처럼 집단의식의 근간에는 거대한 역사의식이 항상 살아 숨 쉰다. 그러나 그렇기는 해도 아직 그는 부흥사로서의 사명감에 확신을 가지고 있지는 못했던 것 같다. 1930년 1월 9일 일기에 "나의 사명은 아무래도 한 구역에나 엎드려 있으라는 것이 아닌가 보다(99)"라는 표현으로 유추해 보건대 그때쯤에야 비로소 부흥사로서의 사명감을 어느 정도 인지하고 있음을 보여주기 때문이다. 그는 모세처럼 하나님의 부르심을 고대하면서 끊임없이 '신랑 예수에게 전신을 맡기는 신부의 자세'로 자기 자신의 육체적 욕망을 억누르는 금욕주의적 생활에 집착했는지도 모른다. 다음의 '무거운 짐 지고 가는 자'의 환상은 이러한 갈망에 대한 그의 집단적 무의식의 응답처럼 보여서 더욱 흥미롭다.

4) '무거운 짐 지고 가는 자'의 환상

1930년 2월 13일 일기에 기록된 '무거운 짐 지고 가는 자'에 대한 환상은 이 장에서 논의하고 있는 것들을 이용도의 집단적 무의식이 답하고 있는 좋은 본보기이다.

(1) 환상의 내용

나는 어디인지 길을 가고 있었다. 그 길은 험로요, 또 때는 캄캄한 밤중이다. 모퉁이를 지나 올라가니 고개를 넘어갈 것이었다. 나의 마음은 두려웠다. 그리고 또 외롭고 쓸쓸하였다. 그러나 나의 한쪽 손에는 회중전등이 쥐어져 있고 한쪽 손에는 단총(短銃) 같은 것이 쥐어 있는데 그 단총 같은 것은 총구로부터 불이 나와 전등과 같이 어두움을 직사한다. 고개를 넘어 가는데 내 뒤에는 무거운 발자국 소리가 있기에 돌아보니 무엇이 오고 있다. 두 손에 쥔 불을 쏘아 비춰 보니 아, 가련한 인생! 그 캄캄한 밤에 그 험하고 높은 고개에 태산같이 무거운 짐을 지게에 걸머지고 올라온다. 거기에 두 길이 있는데 고개에 다 올라온 그는 빛없는 저쪽 길로, 인가가 어딘지도 모르는 그 길로 무거운 발자국을 옮겨 놓고 있다(111 – 112).

(2) 환상의 분석

이 환상에서의 '나'는 이용도의 '의식적 자아'를 의미할 수 있다. 그의 의식은 이제 캄캄한 밤중의 이미지로 형상화되고 있는 집단적 무의식의 중심을 향해 여행을 시작한다. 그러나 그 길은 외롭고 쓸쓸하게 혼자 오르고 넘어야 하는 두려운 길이다. 그런데 마침 그의 의식적 '자아'는 그러한 두려움을 극복할 만한 연장을 가지고 있다. 그것들은 바로 어둠을 비출 줄 아는 힘(회중전등)과 그 어둠을 향해 공격할 수 있는 힘(단총)이다. 그 힘들은 '자아'가 무의식의 무서운 마력(마나 – 인격)에 휘둘리지 않게 막아 주는 중요한 비판과 분별의 힘들이다. 이러한 '자아'의 힘은 곧바로 태산같이 무거운 짐을 지고 캄캄한 밤에 험한 고갯길을 걸어 올라오는 가련한 또 다른 '자아'를 발견한다. 여기서 '무거운 짐을 진다'는 것은 '자아'와 무의식 사이에 관계가 형성되는 것을 말한다. 융이 인용한 니체의 시는 그 느낌을 잘 전해 주고 있다.

수백 개의 짐이 쌓아 올려져 있는데,
그대에 의해 무겁게 짐 지워진,

지혜를 아는 자여!
자기를 인식하는 자여!
현명한 자라투스트라여!……
그대는 가장 무거운 짐을 찾는구나:
바로 거기서 그대는 자신을 발견하였구나……
(기저8, 227/*GW* 8, 156 - 157/*CW* 5, par.459).

융은 이 시를 인용하면서 그의 어머니인 자연을 향한 사랑, 그 무거운 짐을 등에 짊어지고서 힘겨운 발걸음으로 통로에 들어서는 미트라스의 타우로포리(Taurophorie: 황소 짊어짐)를 떠올리면서 영웅이 끌고 가는 무거운 짐은 바로 그 자신임을 지적한다.(227 - 228/157/par.460)

'무거운 짐 진 자'의 발견은 이용도의 생애에 있어서 아주 중요한 사건처럼 보인다. 왜냐하면 그것은 바로 그가 부흥사의 사명감을 성찰한 순간이었을 수도 있기 때문이다. 이 자각된 또 다른 '자아'는 빛없고 인가도 없는 길로 나아간다. 이러한 자세는 물론 그의 삶 전체가 집단적 무의식에 대한 적극적 탐구로 전환되어 가고 있음을 뜻하며 동시에 험난한 구도자의 길로 들어섰음을 보여준 환상이었다. 그리고 결국 그는 이 환상에서처럼 외롭고 힘든 길을 살다가 갔다. 이런 면에서 볼 때 우리는 한편 이 환상 속에서 예언적 속성을 발견하기도 한다.

3. 과대적 형상과의 동일시에 대한 경고

이용도의 부흥사로서의 명성은 '무거운 짐 지고 가는 자'의 환상 직후인 1930년 2월 26일부터 3월 9일까지 평양 중앙교회에서 부흥회를 끝낸 후부터 전국으로 퍼져나갔다. 그러나 원산지방 안의 동역자들이

"자기교회는 안 지키고 돌아다닌다", "제 구역이나 돌 볼 것이지 남의 구역에는 왜 다니는 거냐", "제 교파 안에서나 다닐 것이지, 타 교파에는 왜 다니는가"(피터스/변종호, 152) 하면서 시기어린 눈치를 주기 시작하였다. 이러한 분위기는 부흥사업과는 전혀 동떨어진 주일학교연합회 간사직을 이용도에게 맡기는 것으로 현실화되었다. 이것은 부흥집회를 못하게 하려는 심보에서 취하여진 것이었다(153). 이에 따라 같은 해 10월 16일 그는 통천을 떠나게 된다. 그러나 그의 열망은 주일학교 강습회를 부흥회 분위기로 이끌어 가기에 충분하였다. 1931년 초두에 충북 영동에서 열렸던 열화와 같은 강습회가 그 좋은 본보기였다.

1) 주일학교 지도자 강습회에서의 환상체험

1931년 1월 9～16일에 이용도는 주일학교연합회 간사자격으로 충북 영동에서 강습회를 인도하면서 강습회라기보다는 부흥회 하듯 열정적으로 그 집회를 끝냈다. 그 후 2월 3～6일 사이에 서울 어떤 곳에서 지도자 강습회를 열게 되었는데 거기에서 지도자들이 이용도 강의만을 듣겠다는 사건이 벌어지게 되었다. 그 상황을 좀 더 구체적으로 보면 다음과 같다.

집회 사흘째 되는 날에 강습생 전부가 모 씨의 시간에 한 명도 참석을 않고 그다음 시간에도 또 그리하더니 용도의 시간에만 전원 참석하여 열심히 수강한 것이었다. 그리했을 뿐만 아니라 강습생 중의 대표자가 나타나 하는 말이 다른 시간은 다 그만두고 용도 목사의 시간만 다 넣어서 듣게 해달라고 청하였다.

이렇게 된 일에 강습회 주최자 측은 크게 당황하였다. "주일학교

사업은 그 범위가 극히 넓어서 어느 한 면만의 연구나 활동만으로는 안 되는 것이어서 용도 한 사람의 강의만 계속할 수는 없다"는 것을 강습생들에게 일러주는 주최자는 용도에게 가서는 심히 괴상한 말을 하였으니 "이 목사는 강습회에 나오지 말아 달라"는 것이었다. 이 목사가 나오면 다른 강사들의 위신과 면목에 관계되는 바가 크니 나오지 말아 달라는 것이었다. 이에 이용도는 아무 말 없이 다시 그 강습회에 나가지 않았다(156).

강습회에서 어처구니없게 쫓겨나다시피 한 이용도는 그 이튿날 아침부터 누워서 여러 가지 생각에 잠겨 있었다. 그런데 정오쯤에 잠도 들지 않은 상태에서 그는 이상한 환상에 사로잡히게 되었다.

(1) 환상의 내용

용도 목사가 강단에 나서니 어디서인지 많은 청년들이 몰려들어 회당이 가득 찼다. 용도 목사가 한참 말을 하는데 무섭게 생긴 사람 둘이 손에 큰 검을 들고 들어와서 많은 청년들을 모조리 찌르고 베어서 다 쓰러뜨리고서 용도 목사에게 이르러서는 두 명이 함께 칼을 들어 동시에 목사를 치려고 한다. 이때에 목사가 입김을 내어 그자들을 훅 부니 둘이 다 당장 쓰러져 죽는 것이었다. 이것은 꿈이 아니었다. 아주 정신이 똑똑한 때에 이 광경이 보인 것이다. 이에 이 목사는 벌떡 일어나서 엎드렸다. 엎드린 이 목사는 기도드렸다.
"주여, 알려 주시옵소서. 어찌 이것을 보여주셨으며 이 뜻이 무엇임을 알려 주시옵소서."
오랫동안 기도를 드렸더니 하늘에서 음성이 들려왔다.
"네 입에 내 능력을 주니 나가서 외치고 외쳐서 마귀들을 쳐서 물리치라(156-157)."

(2) 환상체험의 배경

① 개인적 배경

우선 이용도의 개인적 배경을 고찰해 보기로 한다. 당시의 일기를 통해 강의 내용들(이용도/변종호 편저, 2004b: 162-164)을 간접적으로 보는 것부터 시작하는 것이 타당할 것 같다.

2월 2일 (화): 이날부터 청년회 기독교 강좌 인도

2월 4일 (수): 어제는 평양의 여러 형제들이 평양에 와달라고. 어느 주일에 와서 세 곳에서 예배를 인도해 달라고. 15일경에 한번 가겠노라고 회답하다. 밤 청년회 기독교 강좌에서는 "신앙과 기도-기도를 빼면 신앙이 없고 신앙이 없이는 기독교가 없다"고 말하다.

2월 5일 (목): 이군이 와서 연동교회에서 부흥회에 나를 청하기로 결의했다고 언제부터 인도해 주겠느냐고. 나는 중심에 자신이 생기지 않아 할 수 없다고 하였다. 오랫동안 조르다가 골을 내고 갔다. 그도 우스웠고 나도 괴상했다. 어찌하여 서울에서는 부흥회를 인도 못한다고 하였는고.

오늘 저녁에는 기독 강좌에서 '불'이란 제목으로 설교. 뜨거웠다. 모든 사람이 간절한 기도를 드렸다.

2월 6일 (금): 밤 집회에 진리는 외롭다. 덕불고(德不孤)라 필유린(必有隣)[48]이라고 하지만 진리는 미불고(未不孤)라, 필유적(必有敵)이라. 진리에 속한 신자에게는 예수와 같이 외로움이 있을 것이다. 그러나 하나님께서 같이 계실 것이다. 요한 16장에 마지막에 "너희가 다 나를 버리고 가리라. 그러나 내가 혼자 있는 것이 아니라 아버지께서 나와 같이 계실 것이라"고.

① 지금은 너희가 믿느냐―제자들이 불신(진리에 속하지 않음)

② 나를 버리고 헤어져 가냐―예수의 고독 진리의 외로움

---

48) 德不孤必有隣: 덕이 있으면 따르는 사람이 있으므로 외롭지 않다는 뜻.

③ 아버지께서 나와 함께하심 — 하나님께서 함께하심
참믿음은 진리적 믿음 — 기독교 강좌 마치다.

이용도는 이 일기에서 보듯이 강좌 기간 내내 여기저기에서 부흥회 요청을 받고 있다. 이것은 당시 그의 명성이 대단했음을 보인다. 강좌 내용은 기도가 곧 신앙의 핵심이라는 것, 그런 갈망이 불처럼 뜨거워야 한다는 것, 진리는 외롭다는 것 등이었다. 마지막 내용은 열망이 결국 외로움을 자초한다는 것을 강조하는 듯하다. 이때는 분명히 부흥사로서의 열정이 절정을 향해 올라가는 시기로 보인다. 그의 끓어오르는 열정은 강습회라는 차가운 분위기마저 활활 타게 만들었던 것이다. 그리고 대중들은 그 열정에 지체 없이 열광하였다. 이러한 열정과 군중의 분위기를 배경으로 같은 해 2월 3일~6일 서울의 한 지도자 강습회에서 이용도는 위의 환상을 경험한 것이다. 이때 그의 무의식은 그에게 과연 무슨 메시지를 주려한 것일까?

이용도가 의식적으로 택한 부흥사 페르조나를 이해하기 위해서는 그리고 그러한 페르조나를 극복하고 새로운 자기의 발견을 향한 개성화 과정을 추적해 나가기 위해서는 당시의 부흥사들의 면면을 돌아볼 필요가 있다. 그들은 길선주와 김익두였다.

② 사회적 배경

그 당시 길선주는 그의 종말론적 설교를 통해 주권을 상실한 한국 민족들에게 종교적인 희망을 강하게 불어넣어 고난 가운데서도 소망을 잃지 않도록 도와주었다.(박용규, 276) 뿐만 아니라 길선주는 말씀의 사람이었다. 그는 창세기부터 말라기까지 구약을 30번 통독했고 창세기부터 에스더까지는 500번 이상을 통독했다. 그는 신약을 일백 번 이

상 읽었고 계시록을 줄줄 암송해 수천 번을 인용하곤 했다. 그의 설교
는 성경구절을 암송하는 것으로 시작해서 성경구절을 암송하는 것으로
끝을 맺었다(278). 반면에 김익두는 초대교회 3세기 동안 교회가 그렇
게 박해를 받았는데도 하나님께서 당신의 교회를 보호하셨다는 사실을
청중들에게 환기시키며 한국교회의 상황이 어렵지만 장래에 대해 걱정
할 필요가 없다는 것으로 설교의 서두를 시작하곤 했다(281). 그는 또
한 신유와 권능과 성령의 능력을 통해 이 민족에게 새로운 희망을 불
어넣었다. 적절한 예화, 남다른 유머감각, 서민적인 외모, 확신에 찬 메
시지는 그를 민족적 부흥사로 만들기에 충분했다(282).

길선주와 김익두는 그 스타일에서 차이를 보이지만 근본에 있어서
는 성서, 성령 그리고 기도로 일관한 한국교회 복음주의적 부흥운동의
전통 바로 그것이었다.(박종현, 75-76) 이런 전통은 자칫 교권주의,
바리새주의 그리고 물량주의에 빠질 위험이 있었던 것이다. 이에 이용
도의 체험적 신비주의는 교리적 신학을 강하게 공격하는 도구가 되었
고 평양 중심의 서북 교회의 경직성과 생명력 없음을 공격하는 선봉
에 있게 되었다(79). 이것은 그 당시 또 하나의 집단정신이었다. 바로
이 집단정신이 이용도가 체득하게 된 부흥사 페르조나였다고 봐도 대
과는 없을 것이다. 만일 그가 이러한 페르조나와 동일시되었다면 또한
연이어 과대적 능력을 소유한 종교적 지도자인 양 착각하게 하는 좀
더 깊은 무의식적 욕구와 동일시될 위험성도 아울러 가지고 있었다.
이런 경우 그는 틀림없이 '자아팽창'이라는 병적 상태에 빠지게 된다.
그렇기 때문에 이 문제는 부흥사로서의 이용도가 필히 풀고 가야 하
는 난제였던 것이다. 그의 무의식은 이러한 문제의 위험성과 해결책을
환상으로 미리 보여주고 있었다.

(3) 환상의 분석

이 환상은 이용도가 입김을 내어 훅 불어서 물리친 행위에 있어서
양양의 빨간 군대 백일몽과 동일하다. 그리고 "네 입에 내 능력을 주
니 나가서 외치고 외쳐서 마귀들을 쳐서 물리치라"는 소리를 듣고 있
는 것을 보아서도 능력 있는 부흥사가 강조되는 환상이다. 그러나 이
야기의 구도상 두 체험은 차이점을 보인다. 양양 체험에서의 빨간 군
대의 공격은 이용도와는 무관한 객관적 상황에서 전개되는 반면, 이
환상에서는 이용도가 관여된 상황에 무섭게 생긴 사람 둘이 침입해
들어온다. 따라서 앞의 백일몽은 그의 보편적 무의식의 발현에 가깝고
뒤의 이 환상은 좀 더 구체적 상황에 대한 메시지를 담고 있는 듯하
다. 이 환상이 나오게 된 개인적 및 사회적 배경을 감안할 때 그것은
바로 능력 있는 부흥사 페르조나와의 동일시 문제와 관련되어 있는
것처럼 보인다.

많은 청년들이라는 형상이 '영웅적 욕망'을 상징적으로 나타내는 것
이라고 보았을 때 "용도 목사가 강단에 나서니 어디선가 많은 청년들
이 몰려들어 회당이 가득 찼다"는 것은 우선 그의 부흥사로서의 영웅
적 욕망이 굉장히 부풀어 올라 있는 모습을 잘 보여주고 있다. 그것은
'청년들'이라는 이미지가 보여주는 것처럼 대단한 힘과 희망의 모양을
하고 있다. 이러한 부흥사의 모습은 이미 보아 왔던 대로 그 당시 사
회가 갈망하여 만들어 낸[49] 부흥사 페르조나일 수 있다. 게다가 유동
식의 지적처럼 그 속에는 그 자신의 허영심 혹은 영웅심리로 인한 욕
망이 같이 녹아 있을 수도 있다. 유동식은 이용도의 '고(苦)는 나의

---

49) 신비주의적 부흥운동은 하층민에게 강렬한 호소력이 있었는데.(박종현,
    79) 이러한 배경도 그가 교권주의, 바리새주의 및 물량주의에 항거하는
    부흥사 페르조나를 갖는 데 일조하였을 것이다.

선생(先生), 빈(貧)은 나의 애처(愛妻), 비(卑)는 나의 궁전(宮殿)'이
라는 좌우명의 배경에 허영심과 영웅심이 숨어 있었음을 지적하였다.

> 남달리 예리한 감정과 藝能的 재간이 있었던 그에게는 일종의 허영
> 심이 있었으며 대중 부흥회에서 얻는 人氣에는 일종의 영웅심이 뒤를
> 따랐다. 그리하여 그는 고난 속에서 배우고 가난을 不平하지 아니하며
> 항상 謙卑를 몸에 지니려고 애쓰는 생활을 했던 것이다.(유동식, 23)

그러한 욕망들을 무섭게 생긴 사람 둘이 나타나서 큰 칼로 모조리
베고 찔러 쓰러뜨린다. 이 두 사람은 사람 그 자체이기보다는 대단한
힘을 가진 마귀와 같은 존재로 그는 여기고 있다. 이것은 말할 것도
없이 이용도의 집단적 무의식이다. 그런데 이와 같은 부흥사 페르조나
는 수많은 청년들로 형상화된 것처럼 그 열망이 대단하다. 그럼에도
불구하고 그의 집단적 무의식은 수많은 청년들을 큰 칼로 모조리 베
어 버린 것이다. 이때 무의식은 그에게 영웅적 부흥사 페르조나를 단
호히 벗어야 한다는 메시지를 강하게 보내는 듯하다.

개성화 과정에서 흔히 만나는 위험 중 하나가 바로 동일시[50]이다.

---

50) '동일시'는 개성화 과정의 각 단계마다 경계해야 하는 위험한 현상이다.
(1) '자아'가 페르조나와 동일시된 예들은 교과서와 동일시된 교수, 자기
의 목소리와 동일시하는 테너가수,(CW 9i, par.221) 신앙의 도리와 신자
의 전형적 모델과 동일시하며 살아가는 교인들이 있다. (2) '자아'가 '그
림자'와 동일시되는 예: 우선 개인적 '그림자'와 동일시되는 경우, '그림
자'의 속성 중 대표적인 것이 열등기능이기 때문에 이것과 '자아'가 동일
시되면 그런 사람은 언제나 남들에게 혐오스러운 인상을 남기게 된다.
장기적으로 볼 때 행운은 항상 그를 비켜 간다. 그는 자신의 본래 수준
보다 더 아래에서 살아가는 경우가 많은데 그에게 적합하지 않은 것만
을 얻으려고 하기 때문이다.(par.222) 집단적 '그림자'와 동일시된 좋은
예가 니이체의 삶이다. 니이체는 기독교가 인간 안에 실재하는 동물적
속성을 부정하고 있음을 지적하면서 선악을 넘어선 보다 더 높은 인간

그것은 어떤 특정한 페르조나를 진정한 자기 자신인 양 착각했을 때 그리고 무의식의 마나적 마성이 자기 자신의 속성인 양 착각했을 때 나타나는 심리적 활동이다. 다시 말해서 무의식의 세력이 감소해서 의식으로 편입되면 자아의식은 힘을 얻게 되고 이제까지와는 달리 세상을 보게 된 것에 보람과 희열을 느낀다. 이것은 어떤 면에서는 깨달음의 과정을 밟아가는 사람들이 겪는 정상적인 보람일 수 있기는 하다. 그러나 이때 주의해야 할 것은 성급하게 '이제 모든 수수께끼는 풀렸다', '이제는 내가 가엾은 사람들과 세상을 구제할 차례다'라고 자만하는 일이다. 이것은 바로 집단적 무의식의 원형상에 들어 있던 에너지가 자아의식으로 옮아가서 '자아'의 비대와 오만을 재촉한 것인데 그것을 착각하여 오히려 무의식의 마성에 '자아'가 사로잡혀 버린 상태이기 때문이다. 이렇게 되면 물론 개성화 과정은 멈추게 되고 동시에 병적 왜곡을 경험하게 된다. 만일 이 상황에서 이러한 동일시 현상을 망각해 버리고 그것에 동화되어 버리면 심각한 후유증을 남기게 된다

적 전체성을 추구했던 사람이다.(*CW* 7, par.40) 그는 기독교의 '그림자'까지도 회복시켜야 완전해질 수 있음을 깨달았지만 불행스럽게도 그 '그림자'의 힘과 자신을 구별하지 못하고 동일시했다. (3) '자아'가 '자기'원형(다른 원형들도 포함됨)과 동일시되는 경우는 무엇보다 더 위험하다. 왜냐하면 '자기'는 훨씬 더 강한 마성을 가지고 있기 때문이다. '자아'가 '자기'와 동일시하는 현상을 '자아팽창'이라고 한다. 개성화 과정이 진행되면서 '자아'와 동화되는 무의식의 내용들이 많아지고 심각해지면 질수록 '자아'는 '자기'에 점점 더 근접하게 된다. 이때 '자아'와 무의식의 내용과의 사이에 명확한 경계가 설정되어 있지 않으면 자아팽창은 필연적으로 오는 현상이다.(*CW* 9ii, par.44) 이러한 자아팽창은 무의식의 의미를 감정적 대결 없이 지적으로만 해석한 경우에 일어난다. 정신치료자, 상담가, 그와 같은 일에 종사하는 교육자, 목회자 등이 상대방 문제가 환히 보이고 "당신의 문제는 바로 이것이다", "이 꿈의 뜻은 분명하다"고 단언하고 싶어질 때 그런 마음을 대단히 경계해야 할 것이다.(이부영, 2005b: 155)

는 뜻이다. 그런 측면에서 볼 때 영웅적 부흥사 페르조나와의 동일시
는 상당히 경계해야 할 것 중의 하나였으므로 그의 무의식의 예언적
기능이 이런 환상을 미리 보여주었을지도 모른다.

그러나 이용도는 이러한 그 자신의 무의식이 던지고 있는 경고성
메시지를 잘 파악하지 못하고 있는 듯하다. 아직까지 이용도는 자신의
집단적 무의식을 '자기'의 일부분으로 받아들이지 못하고 있었기 때문
에 그 힘은 마나적 마성으로밖에 의식될 수 없었던 것이다. 따라서 그
것은 아직까지도 무시무시한 힘을 가진 외부의 존재로 형상화되어 그
를 위협한다. 이런 상황에서 그는 입김으로 그자들을 죽여 버린다. 이
것은 그의 의식이 건강하고 강인하여 무의식의 마성에 그의 의식이
휘둘리지 않을 뿐만 아니라 그것들을 무력화시키는 방법을 알고 있었
음을 보여준다고 해석할 수도 있다. 그러나 좀 더 냉정하게 해석하면
그의 의식은 사실 그의 집단적 무의식의 마성과 동일시되고 있는 듯
이 보이기도 한다. 왜냐하면 두 사람으로 지칭되는 집단적 무의식의
형상을 입김으로 죽여 버리고 있다는 것은 그러한 무의식의 경고를
의식적으로 무시하려는 처사이기 때문이다. 따라서 그의 의식이 듣고
있던 "네 입에 내 능력을 주니 나가서 외치고 외쳐서 마귀들을 쳐서
물리치라"는 음성은 무의식의 메시지에 귀 기울이지 못할 경우 당연
히 마귀를 처치하는 축사자(逐邪者)로 활동하라는 뜻으로 해석된다.
말하자면 강력한 힘을 가진 부흥사로서의 페르조나에 스스로 심취해
버릴 위험에 놓이는 것이다.

반면에 어렴풋이라도 무의식의 메시지를 감지하고 있다고 본다면 그
의 내면에서는 의식과 무의식의 대립이 상존하고 있는 상태이므로 무
의식은 위협적 존재로서 처치의 대상으로만 나타나는 것이 당연한 귀결
이다. 따라서 그 목소리는 마귀의 형상으로 표출되는 그의 집단적 무의

식과 끊임없이 갈등하며 교류하라는 무의식의 메시지로 해석된다. 그렇다면 이 환상을 통해서 보았을 때 과연 이용도는 어떻게 그것을 받아들였을까? 그 이후 그의 일상을 관찰해 봐야 할 이유가 여기에 있다.

2) 구도자 이용도와 집단적 무의식

서울의 주일학교 강습회 사건 이후에 이용도의 열정은 더욱 불타올라서 부흥집회를 재령(2월 18일~3월 4일), 거창(3월 5일~3월 13일), 용정(4월 18일~5월 2일) 등 여기저기에서 인도하였다. 재령 제11일째라고 기록된 2월 28일 일기에서 보면 목이 잠겨 통역을 세웠지만 말 없는 설교를 하면서 하나님의 오묘한 섭리를 체험한다.

> 나는 말로 할 수 없어 눈물만 흘리노라. 이 눈물은 오늘의 나의 설교로다. 나는 중심에 있는 말을 다하지 못하여 전신의 힘을 모아 쥐어 손을 드노라. 든 손은 곧 나의 설교로다. 나는 말할 수 없으매 엎드려 기도하노라. 이는 곧 나의 설교로다. 나의 등에서 흐르는 땀은 여러분을 위한 나의 진실한 설교로다.(이용도/변종호 편저, 2004b: 166)

거창집회에서는 그 집회를 위해 그곳 신자들이 인위적으로 많은 준비를 했던 모양이다. 따라서 자연스러운 감정의 표출이 쉽게 드러날 수 없었던 것 같다. 직관적 감성을 중요시했던 이용도는 이러한 분위기를 심히 못마땅해 했다. 3월 6일 거창 제2일째 일기에 그의 마음이 생생히 나타나 있다.

> 온전히 성의(聖意)의 인도대로 저희가 이용되려고 하지 않고 저희 계획, 저희 방법 다 만들어 놓고 성신을 이용하려고 하였으매 여기에

저희의 착오가 있고 나의 감흥이 없었음이라. 이는 나의 불만뿐 아니
라 성신이 슬퍼하시는 바이었도다. 저희들이 인위적 계획, 방법 다 버
리고 온전히 성의에 맡길 때에 저희가 전에 경험해 보지 못하던 은
혜에 접할 수 있음을 깨닫지 못하였음이라.

생명과를 버리고 선악과를 먼저 따는 패역한 세대여, 너희에게 화
가 있으리로다. 다만 무(無)가 되라, 공(空)이 되라, 그 위에 우리 주
가 역사하시느니라(169).

그는 자신을 완전히 비우기를 원했다. 다시 말해서 모든 이성적 기
능의 정지를 요구했다고 해도 과언이 아니다. 그의 불교와 비슷한 無
와 空의 강조는 인간의 진정한 심리적 중심인 '자기'를 향해 가는 인
간의 진솔한 태도를 명확하게 보여주고 있다. 의식적 '자아'를 포기할
때 진정한 무의식적 중심을 볼 수 있기 때문이다. 그는 이러한 그의
구도적 태도를 죽은 이성적 언어로 전하려 한 것이 아니라 온 몸으로
전달하려 했던 것이다. "주님은 과연 오묘하시도다. 어떤 때는 나로
말하게 하여 죄를 회개하게 하시고 어떤 때는 입을 다물어 놓고 은혜
를 직접 내리시도다(170)"라는 그의 표현은 이러한 그의 의도를 잘
드러내 주고 있다.

3월 10일 거창 6일째의 일기(174)는 더욱 극단적이다. 그는 예수와
바울의 예를 들어가며 그들이 모두 방약무인(傍若無人)51)의 사람이었
음을 지적한다. 이는 곧 주위의 시선을 의식하기보다는 하나님의 뜻을
충실히 따랐음을 강조하는 것이다. 이미 지적했듯이 하나님의 뜻에 따
른다는 것은 '자아'를 죽이고 성의를 기다리는 행위이고 그것은 곧 자
기 자신의 깊은 무의식을 활성화시키는 행위와 동일한 것이다.

4월 18일 이용도는 이호빈의 간청으로 용정으로 간다. 그는 거기서

---

51) 곁에 사람이 없는 것처럼 아무 거리낌 없이 함부로 말하고 행동하는 태도.

2주간 체류하면서 용정감리교회에서 1주일간, 두도구 감리교회에서 3일간, 국자가 감리교회에서 2일간 집회하고 돌아나가는 길에 다시 용성 장로교회에서 2일간 집회를 인도하였다.(변종호 편저, 140) 그 당시 그의 태도는 이호빈의 증언에서도 잘 나타난다. 그는 이용도의 설교내용을 다음과 같이 전하였다.

> 용도군의 설교의 중심점은 현 교회에 기도가 없음을 책망하고 '가슴에 피로 받아야 할 신앙'이 두뇌로 따지어 받으려고 철없이 덤비는 오늘날의 신자를 꾸짖었다. 더욱이 교역자들을 향하여 책망하고 꾸짖었다.

> "머리의 부분으로만 따지고 꾸며 교회를 먹이려는 교역자들이여, 가슴에 피를 쏟아 생명으로 먹이어라."
> "교제에 동분서주하는 일이 있기 전에 먼저 골방에 들어가 기도하여라."

> 이렇게 외치어 교역자를 격려하였다. 그 설교가 어찌도 열렬하고 권위가 있으며 생명의 불길이 뿜어 나왔던지 구경꾼에 불신자까지라도 사람의 말 같지 아니하다고 놀래었거니와 실로 성령에 끌리어 불타는 애통의 간증이었으며 천군(天軍)이 호령하는 뇌성과 같았었다. 청중은 울다가 무서워 떨었고 무서워 떨다가 다시 울면서도 남이 알지 못하는 시원한 맛을 가슴에 맛보게 되어 폐회를 선언하나 헤어질 줄을 몰랐고 언제든지 집회 정각 전에 만원으로 문밖까지 여지가 없었다(141-142).

이호빈은 이러한 이용도의 태도가 어디로부터 기인한 것인지를 그의 회고록을 통해 우리들에게 전해 주고 있다. 8월 3일 함경남도 영무에서 교역자 산상기도회가 있었는데 그곳에 이용도가 인도자로 온다는 소식을 듣고 이호빈이 동지 몇 사람과 같이 영무로 갔다. 기도회 4일째 되던 날 밤에 이용도는 이호빈을 찾아와 바닷가에 나가서 밤새 이런 저런 이야기를 나누면서 다음과 같은 고백을 하였다고 그는 전하고 있다.

> 부흥목사가 절대로 자기의 원이 아니라는 이야기를 여러 번 하였다. 자기의 진정한 소원은 종교교육사업이었는데 웬일인지 자기도 알지 못하게 부흥회를 인도하게 되고 피할래야 피할 수 없이 끌리어 다닌다고 하는 말을 나는 유심히 들었다. 그리고 자기가 강단에서 현 교역자를 너무나 지나치게 공박한다는 평을 듣고 있는데 평을 듣는 것이 두려운 것은 아니나 중심으로 남을 공격하려는 생각을 가져본 일은 절대로 없고 가끔 그런 일을 하지 않게 해달라고 기도도 드리고 있는데 웬일인지 강단에 나서면 자기도 깨달아 알 수 없는 말을 하게 된다고 하였다.
> 그리고 설교에 대해서 말하기를 설교의 원고를 써가지고 나가는 일은 끊긴 지가 오래다고 하고 물론 맨손으로 나선다는 일에 큰 실패가 많은 것도 사실이나 실상은 빈 그릇으로 강단 위에 엎드려 울며 졸라 얻어지는 설교가 사람 지각 위에 뛰어나게 되고 승리를 가져오게 되더라고. 그래서 자기의 경험으로 큰 실패를 여러 번 당하였는데도 빈 그릇을 가지고 조르다가 주시는 것이 없을 때는 회중을 그냥 돌려보내는 일도 여러 번 있었노라고(146-147).

그는 이처럼 그 자신의 무의식의 언어를 경청하면서 동시에 그 메시지를 과감히 실천으로 옮겼다. 바로 이런 적극성이 많은 이들을 그의 적으로 만들어 가고 있었다. 그렇기 때문에 수많은 성공적 부흥집회에도 불구하고 이용도는 점차 문제의 인물로 부상하였다. 따라서 감리교 교단본부는 그를 경성지방 순회목사로 파송하여 경성지방 감리사의 명령하에 그 지방만을 순회하게 하였다. 이것이 1931년 5월의 일이다. 이것은 그의 직관적 삶을 위축시키기보다는 오히려 더욱더 정진하게 하였던 것 같다. 왜냐하면 바로 이 시기에 그는 자신의 아호를 시무언(是無言: 말 없는 것이 옳다)으로 정했기 때문이다. '말 없음이 옳다'는 태도는 적어도 예리하고 공격적이었던 이용도에게 있어서는 큰 변화가 아닐 수 없다. 그리고 이러한 변화는 한편 그의 의식과 무의식이 이제 서서히 화해의 과정으로 가고 있음을 넌지시 암시하는 듯도 하다. 하여튼 그는 일관되게 모든 일정들을 하늘에 맡기는 삶을 살았다고 변종호는 말한다.

> 여기서 용도 목사는 인간의 거리에 말 못할 사정이 많음과 주님의 섭리를 말로 다할 수 없음을 깨닫고 이제부터는 그저 하늘만 우러러 보며 기도로써 오직 주님과 연락하면서 지시에 의해서 그저 주께서 주신 무기인 혀와 주께서 주시는 능력인 말을 통하여 주님의 역사에 복종만 하기로 하였다.(피터스/변종호, 157)

이렇게 주님의 뜻대로만 한다는 처신은 사실 또 다른 문제를 야기시켰다. 그것은 그의 마음 속 느낌대로 다른 지방 교회 부흥회를 인도하면 상사의 명령에 불복종하는 것이고 교단의 규칙을 무시하는 일이었기 때문이다. 그는 이러한 딜레마 속에서 여기저기로 불려 다녔고 1931년 여름경에는 벌써 각처에서 경탄의 존경과 함께 전 조선 방방곡곡에 널리 알려졌다(159-160).

그는 간혹 능력 있는 부흥사 페르조나와 자기 자신을 동일시하여 자기도 모르는 사이에 그 역할에 과대적으로 매몰되어 있는 듯한 모습을 보이기도 하였다. 그러나 그의 행적을 전체적 흐름으로 파악해 보았을 때 그는 오히려 무의식의 힘에 자신을 맡기는 생활을 더욱더 왕성하게 전개하였다고 봐야 할 것이다. 따라서 그가 이끌었던 부흥회도 역시 그의 그런 삶의 태도에 비례하여 그만의 독특성을 나타내며 활성화되었다고 평가하는 것이 훨씬 더 합당할 것이다.

제 7 장

자아와 자기의 합일

그동안 이용도의 삶이 그의 집단적 무의식에 전적으로 맡긴 생활이었기는 해도 그 무의식은 아직도 의식과 완전히 화해하고 있지 못했던 것이 사실이었다. 따라서 필자는 이 장에서 이용도가 꾸었던 두 꿈, 즉 '아버지를 감싸던 큰 뱀이 도망하다가 죽임을 당하는 꿈'과 '사천집회의 꿈' 분석을 중심으로 그의 의식과 무의식의 화해과정을 보다 면밀히 검토해 볼 것이다. 아울러 이 과정에서 필자는 그가 어떻게 예수와 닮아 가는지, 그리고 교회의 기존세력들이 이단으로 몰고 간 집단을 왜 끝까지 옹호하는지를 관찰해 나갈 것이다.

1. 아버지를 감싸던 큰 뱀이 도망가다가 죽임을 당하는 꿈

변종호의 기록에 의하면 1931년은 이용도가 부흥사로서 가장 크게 활동했던 시기였다. 그의 기록은 다음과 같다.

1931년은 용도 목사의 교역자로서의 생활에 가장 큰 빛을 발하는 해이었으니 이 해가 주님의 크신 역사를 나타내는 최고 절정으로 올라가는 해이었기 때문이다. 주요 집회는 아래와 같다.

평양 중앙교회, 재령 동부교회, 재령 서부교회, 경남 거창교회, 간도 용정교회, 간도 국자가교회, 간도 두도구교회, 평양 남문밖교회, 함남

영무수양회, 은율교회, 선천 남교회·북교회, 아현성결교회, 경남 통영
교회, 사천교회, 충북진천교회, 경성 삼청동교회, 중앙전도관, 인천 내
리교회, 개성 남부교회, 화천교회, 평양 명촌교회, 평양 산정현교회
(161).

이 중에서 8월 20일부터 선천의 남교회·북교회에서 부흥회 요청이
있어서 이용도는 사리원을 떠나 오후 6시 50분에 선천에 도착하였다.
그러나 그의 남루한 옷차림 때문에 마중 나왔던 교인들은 그를 발견
하지 못했다. 이에 그는 "저들은 사람을 외모로 취하는도다. 하나님은
속을 보시는 하나님인 줄 아직 깨닫지 못하였도다.(이용도/변종호 편
저, 2004b: 197)" 하면서 탄식하였다. 이어서 그다음 날인 8월 21일
오전 8시 반에서 9시 반까지 북교회에서 집회가 있었는데 시간이 지
났는데도 몇 사람 모이지 않았다. 게다가 설교를 마친 후 기도를 하였
는데 회중 가운데에서는 기도가 없었다(198). 바로 이날 이용도는 '아
버지를 감싸던 큰 뱀이 도망가다가 죽임을 당하는 꿈'을 꾸었다.

1) 꿈의 내용

큰 뱀. 부친을 감았던 큰 뱀이 달아나는 것을 몇 친구가 추격하더
니 논 어귀 어떤 웅덩이[52] 속으로 들어가는지라. 돌로 치나 물이 깊
어서 잘 맞지 않더니 흙으로 메우니 중간 부분이 노출하는지라, 누군
가가 칼로 그 중간 부분을 갈기니 꿈적 못하고 신음하며 죽어지는
것을 보다. 꿈. 큰 마귀의 세력이 하나 거꾸러진 것으로 해석하다
(199).

---

52) 원(圓)은 완전한 형상의 모성적 토대.(기저3, 216/*GW* 3, 160/*CW* 16,
    par.402)

2) 꿈의 분석

(1) 모성원형과 모성콤플렉스 그리고 아니마원형의 의식화

인과론적 관점에서 이 꿈을 보면 아버지로 상징되는 실재 아버지와 사회적 권위에 대한 개인적 무의식[53]이 집단적 무의식과 분리되면서 의식화되는 것으로 해석될 수 있다. 그러니까 그동안 아버지상에 투사되어 그의 내면 깊숙이 숨겨져 있던 그 자신의 개인적 및 집단적인 어떤 부정적 콤플렉스가 해결되고 있는 순간이다.

그러나 목적론적 관점에서 이것은 모성원형, 특히 모성콤플렉스가 의식화되어감을 보여주는 꿈이다. 큰 뱀 역시 이용도 자신의 집단적 무의식, 곧 원형의 한 형상이다. 용과 뱀은 금기를 위반했을 때, 즉 근친상간(近親相姦)으로 퇴행했을 때 이에 따르는 결과에 대한 공포를 표현하는 대표적인 상징이다.(기저8, 160/*GW* 8, 110/*CW* 5, par.395) 게다가 아버지상은 도덕적 계율과 금지의 세계를 대표한다.(161/112/par.396) 그렇다면 큰 뱀이 감싸고 있던 아버지를 풀어 주고 있는 장면은 이용도의 무의식이 근친상간이라는 금기를 깨뜨리면서 불안해하고 있는 모습을 나타내고 있는 것이다. 그의 무의식이 퇴행하면서 바로 모성콤플렉스의 문제에까지 다다른 것이다. 이것은 여성성이라는 맥락에서 볼

---

53) 실제로 1931년 3월 30일 이용도가 아버지한테 보낸 편지를 보면 그가 아버지에 대하여 어떤 감정을 가지고 있었는지를 간접적으로 느낄 수 있다. 편지내용의 일부분은 다음과 같다. "들은즉 아버지께서 아직도 마귀의 종이 되어 계시다니 영혼이 당할 지옥 형벌을 어떻게 하실 터이며 또 그로 말미암아 내리는 집안의 형벌은 어떻게 하시려고 그러십니까. 이제는 누구의 권면을 들으시지 않고라도 회개하실 때가 되지 않았습니까? 속히 회개하시기 바랍니다.(이용도/변종호 편저, 2004b: 57) 여기서 풍겨지는 말투는 상당히 퉁명스럽고 마치 아버지를 책망하는 듯하다.

때 아니마원형의 의식화도 함께 이루어지고 있는 모습이다.

그러나 그 과정은 쉽지가 않다. 웅덩이는 보편적으로 완전한 형상의 모성적 토대인데 그 뱀이 다시 자기 자신의 원천인 웅덩이로 숨어든다. 그 웅덩이는 너무 깊어 뱀을 찾기조차 힘들다. 그런데도 그의 의식은 침잠해 들어가려는 무의식을 의식화하려고 노력한다. 그가 곧 흙을 메워 그것의 중심부분이 드러나게 하고 있기 때문이다. 이것은 그의 쉼 없는 기도와 명상이 지속적으로 그의 집단적 무의식의 의식화를 촉진하고 있음을 보여준다. 즉 깊은 물 속(집단적 무의식)을 흙으로 메우고 있는(의식화 과정) 상이 그것을 나타내 주고 있다.

여성성을 나타내는 원형들이 무엇이었든 간에 이것들의 의식화는 사실상 그리 쉽게 이루어지는 것은 아니다. 모든 집단적 무의식의 의식화 과정도 동일한데 여기서는 무의식의 의식화 과정에 관한 이해를 돕기 위하여 그 과정을 좀 더 자세히 다룰 필요가 있다. 그것은 집단적 무의식이 어떻게 투사되고 그 투사가 어떻게 해소되는가를 관찰하는 일이다. 이것에 관한 융의 설명을 들어본다.

> 투사를 만들어 내는 요소(the projection-making factor)는 어머니-형상(the mother-imago)이다. 즉 아니마, 좀 더 자세히 표현한다면 아니마로 형상화된 무의식이다. 이러한 투사의 해소는 그 아들이 자신의 정신영역 안에 있는 어머니의 형상이 그 어머니뿐만 아니라 딸, 자매, 애인, 하늘의 여신 그리고 지하의 바우보(Baubo)[54]의 형상

---

54) 그리스 신화에 나오는 인물. 바우보는 에레우시스에 사는 디사울레스의 아내이다. 데메테르는 딸을 찾기 위해 그리스 전 지역을 헤매다가 엘레우시스에 이르렀다. 그녀는 어린 이악코스를 데리고 다녔다. 디사울레스와 바우보는 데메테르를 호의적으로 맞아들였다. 바우보는 데메테르에게 기운을 차리라며 죽을 끓여 주었지만 고통 중에 있던 여신은 먹으려 하지 않았다. 그러자 바우보는 자신의 불만을 드러내기 위해 혹은 여신을

이기도 하다는 것을 깨달을 때만이 가능해진다.(*CW* 9ii, par.24)

　모성원형 혹은 모성콤플렉스 그리고 아니마원형은 적절한 순간에 의식 밖으로 투사된다. 이때 투사의 근본적 동인은 바로 어머니─형상이다. 이 말은 의식에서 한 여인을 볼 때 남자들은 무의식적으로 어머니의 영향을 통해 보게 되는데 그때 이러한 시각의 동력이 바로 집단적 무의식에 속하는 어머니─형상이라는 것이다. 이렇게 실재의 인물을 그 자신의 무의식적 힘의 영향을 받아 왜곡되게 보는 것이 투사이기 때문에 투사는 '여성성의 원형들' 속에 내포되어 있는 어머니상에 집착하고 있을 때 강해지고 반면에 그 '여성성의 원형들'의 다른 형태 혹은 기능들을 자각할 때 약해진다. 그리고 투사가 강하면 그 원형의 창조적 힘은 활동하지 못하게 되고 투사가 약해지면 비로소 원형의 창조적 힘이 활동하기 시작한다.

　투사를 해결할 수 있는 태도는 먼저 도덕적인 노력과 지적인 노력을 해야 한다.(par.39) 도덕적인 노력이란 자만심, 야망, 우쭐댐, 적의(敵意) 등을 극복하는 일이며 지적인 노력이란 그러한 방법들을 모색하는 것이다. 그러나 무엇보다도 투사를 해결해야만 하겠다는 생각이 들어야 하는데 그런 경우는 투사의 해소가 그 자신에게 이익이 되고 유익하다는 판단이 설 때이다.(par.37) 이러한 자각이 생기기만 하면 그 원형들 안의 어머니상은 한편 실재하는 어머니상으로부터 연유되나 그 내용이 매우 불명확하다는 것을 알게 되고 또 다른 한편 그 상이란 자신이 주관적으로 수정 변경한 것임을 알게 된다. 그러므로 어머니를 비판하거나 존경할 때마다 사실 그것은 무의식적으로 자기 자

즐겁게 하기 위해 치마를 걷어 올리고 엉덩이를 보여주었다. 이것을 본 이악코스는 깔깔대며 웃었고 기분이 좋아진 데메테르도 웃기 시작했고 죽을 먹었다.

신에게 하는 것임을 깨닫는다. 부모에 대한 자기 자신의 반응과 현실을 비교할 수 있게 되면 그는 그동안 가지고 있었던 어머니상이 많은 부분 허상이었음을 알게 되는 것이다. 그러면 그/그녀는 '여성성의 원형들' 안의 어머니상에 집착해 있던 것으로부터 해방되고 따라서 그 원형들 속에서 다른 상들을 보게 된다. 이것이 "(여성성의 원형들 안에는) 어머니의 형상뿐 아니라 다른 여인들의 상도 있음을 알아야 투사기전에서 벗어날 수 있다"는 말이 내포하고 있는 뜻이다. 이렇게 투사가 해소되면 '여성성의 원형들'은 매개자로서의 역할을 시작한다.

(2) 이 꿈의 진정한 의미

이 꿈은 다음으로 이어진다. "누군가가 칼로 뱀의 중간 부분을 갈기니 뱀이 죽어 갔다"는 것은 모성콤플렉스가 진정으로 해소되는 순간을 잘 보여준다. 즉 이미 앞에서 보았듯이 뱀은 근친상간의 결과에 대한 공포를 표현하는 것이기 때문에 뱀의 죽음은 곧 그러한 공포가 소멸 되어 가고 있음을 뜻한다. 이를 이용도 자신의 해석으로 들어보면 "큰 마귀의 세력이 하나 거꾸러진 것이다." 이것은 그동안 집단적 무의식을 형성하고 있던 원형 중 하나가 상당 부분 의식화되었음을 인지한 것이다. 융은 이런 과정을 다음과 같이 설명해 준다.

> 마나-인격의 원형을 구축하고 있는 내용의 의식화는 남성에게는 아버지로부터의 제2의 참된 해방을, 여성에 있어서는 어머니로부터의 해방을 그리고 동시에 처음으로 (그 또는 그녀의) 참개성을 지각함을 의미한다. 다른 한편 이 과정들 중 이 부분은 세례를 포함하고 있는 구체적인 원시 성인식의 의도와 정확하게 일치한다. 좀 더 자세히 말하자면 세례는 주로 육체적인(또는 '동물적'인) 부모로부터의 분리

와 '새로운 갓난아기'로의 재탄생을 의미하며 나아가서는 기독교를 포
함한 일종의 고대 신비 종교가 공식화하고 있는 것처럼 영생과 영적
인 어린이로의 재생을 의미한다.(*GW* 3, 118/*CW* 7, par.393)

모성콤플렉스로부터의 해방을 보여주는 이 꿈은 사실 새로운 갓난
아기로의 재탄생에 더욱더 초점이 맞춰져 있다고 보인다. 다시 말해서
'아버지를 감았던 큰 뱀의 이탈'이라는 근친상간의 퇴행적 행위 뒤에
그 뱀이 죽었기 때문이다. 모성콤플렉스라는 집단적 무의식의 죽음은
곧 새로운 '자아'로 재생한다. 하여튼 이 꿈 이후 이용도는 큰 기쁨에
사로 잡혔다. 그는 "내 몸에 땀띠가 돋아본 때가 없었더니 이번에 크
신 은혜를 입어 내 몸에 덮인 땀띠. 아, 이를 보는 나의 기쁨. 주의 은
혜 지극하오이다(이용도/변종호 편저, 2004b: 200)"라고 8월 23일 일
기에 쓰고 있다.

2. 사천집회의 꿈

이 꿈은 '아버지를 감싸던 큰 뱀 꿈' 이후 약 2개월이 지난 시점에
꾼 것이다. 이것은 그 기간의 근접성도 근접성이지만 그 내용에 있어
서도 '아버지를 감싸던 큰 뱀 꿈'과 상당히 관련성이 많은 것으로 생
각된다. 이용도는 1931년 10월 6일부터 10월 12일까지 통영집회 이후
이어서 10월 12일부터 10월 17일까지 사천에서 집회를 가졌다. 그 집
회 첫째 날 그는 이 꿈을 꾸었다.

1) 꿈의 내용

밤에 한 묵시를 얻으니 내가 어떤 집회를 인도하게 되어 강단에 섰는지라. 웃옷도 안 입고 저고리도 안 입고 수치스러운 줄 모르고 설교도 되지 않고 기도도 되지 않으나 그러나 성신의 도우심이 언제든지 나타나리라는 신념을 가지고 지내더니 얼마 후에는 좀 힘이 생겨서 설교를 시작할 때 어떤 청년들이(그들은 예전 서울 석교예배당에서 나에게 배우던 주일학교 생도들이었다) 나를 붙들어 포박하는 것이었다. 내 팔은 뒤로 묶이고 윗몸에는 속셔츠, 아래 몸에는 해수욕복 같은 것을 입었을 뿐이라. 채찍으로 머리와 등과 다리를 마구 때린다. 그러나 머리칼 오라기로 때리는 것 같아 아픔을 느끼지 않게 됨이 이상하였다. 만인의 멸시 중에서 예수님이 십자가를 지고 나가실 때의 형상을 느끼면서 무리들의 앞으로 나아갔다. 큰 도시의 대로를 지나서 얼마쯤 가다가 넘어졌는데 뒤에서 그 악당들이 마치 대포를 쏘는 것같이 무엇으로 쏘는데 그 속으로는 불이 나와서 나의 등에 펌프질을 하는지라. 나는 길에 넙죽 엎드려 뱀같이 기어 달아나려 하였으나 잘 안 되었다. 그러나 어떻게 몸을 빼어 도망칠 새 이 골목 저 골목을 지나 어떤 작은 집의 문으로 들어가 부엌을 지나 뒷밭에 가 시체와 같이 엎드러져 있더니 옆에 길로 그 악당들이 따라와서 무한히 멸시하고 가버리는지라. 거기서 나와 어느 산으로 뛰어 올라갔다. 깨어보니 추야일몽(秋夜一夢). 너무도 신기하여 '오 주여, 나에게 십자가를 지워 주시겠나이까. 그러나 나는 그처럼 도망가려는 자식이로소이다' 하고 탄식하다(207 – 208).

2) 꿈의 분석

이 꿈은 '자기' 원형의 의식화 과정을 비교적 명확하게 보여준다. '자기' 원형은 '그 사람 자신'이 되게끔 하는 힘을 가지고 있기 때문에 이 꿈에서 '자아'와 '자기'의 간격이 좁아지면서 합일로 향하는 모습을 볼 수 있다. 첫째 이 꿈은 그의 개성화 과정이 여러 형태의 페르조나(뿐만 아니라 개인적 무의식)의 굴레를 완전히 벗어나서 집단적 무의식의 상당 부분이 의식화된 높은 수준에 다다랐음을 보여준다. '옷도 안 입고 한 밤중에 한 묵시를 얻었다는 것'은 그가 페르조나에 의한 왜곡 현상 없이('옷도 안 입고') 그의 집단적 무의식으로부터('한밤중에') 그가 크나 큰 메시지를 받고 있음('한 묵시')을 보여준다. 옷으로 상징되는 그의 페르조나는 너무도 보잘 것 없어서 그를 가려주지도 못한다. 게다가 그는 페르조나에 얽매어 있지 않음을 그의 수치심 없음으로 보여주고 있다. 따라서 그에게 있어서 페르조나는 이제 더 이상 걸림돌이 될 수 없는 지경에 이르렀다.

둘째 그동안 마귀의 형상이나 그에 버금가는 위협으로 나타났던 그의 부정적인 집단적 무의식이 이제는 친근한 이웃, 즉 그가 가르쳤던 청년들의 모습으로 나타나고 있다. 그리고 그 능력마저 형편없다. 그것들이 이용도를 공격하기는 하지만 머리칼 오라기로 때리는 것처럼 위협적이지 못하다. 이것은 그의 의식과 무의식의 거리가 그만큼 가까워졌음을 암시한다. 이처럼 이용도의 삶의 여정 속에서 의식과 무의식이 서서히 가까워져 왔음은 여태껏 보아 왔던 환상 및 꿈들과 연관지어 볼 때 더욱더 선명해진다. 그것은 마귀를 상징하는 형상의 변화과정이다. 어린 용도가 처음 경험했던 키가 9척이나 되었던 마귀, 통천에서의 무서운 용모를 가진 마귀, 양양에서의 군대마귀 등 '주일학교 지도자 강습회 환상' 이전까지의 마귀들은 하나같이 초월적 존재의 형상을 띠고 나타났다. 그런데 '강습회 환상'에서 마귀의 역할을 하고 있는 형상은 악마적 위력을 지닌 무서운 사람들이다. 그다음 '아버지를 감싸던 큰 뱀 꿈'에서 객관적 실체로서의 무서움이 소멸된 뱀의 형상으로 변형되어 나타난다. 그러다가 '사천집회의 꿈'에서 마귀는 그가 가르쳤던 주일학교 청년들로 나타나서 훨씬 더 구체적이고 친근한 형상을 보인다. 이처럼 집단적 무의식은 그것을 의식화하면 할수록 그 자신의 마나적 마성을 점차 상실해 가면서 구체적 형상으로 변한다. 그리고 이는 결국 하나의 기능적 메시지가 되는 것이다. 이러한 과정은 의식과 무의식이 화해의 길로 가는 것, 곧 개성화 과정의 정점을 향해 가는 것이므로 결과적으로 자신의 진정한 중심인 '자기'를 만나 큰 자각에 이르는 길임을 보여준다.

 셋째 이러한 추측을 극명하게 보여주는 것이 '십자가를 지고 가는 예수'의 형상을 닮아감이다. 보편적으로 예수의 형상이란 융 심리학에서는 '자기'원형의 한 본보기이다. 그런 '자기'원형상과의 동일시는 '자아'가 '자기'와 화합하는 상징이기 때문에 이제 의식과 무의식 사이에 있던 갈등은 소멸되어 가고 있다. 융은 이러한 합일을 서구 기독교 문화권에서 동양적 깨달음의 경지에 이르는 길이 될 수 있음을 지적한다.

> 역사적인 영역 안에서 현재 자기의 밖에 존재하는 한 인격체로서의 예수가 그 사람 자신의 내면에서 대아(大我)가 된다는 것은 현대인, 특히 기독교인들에게서 쉽게 일어날 수도 있는 일이다. 그럴 경우 우리들은 서양적인 방식으로 동양적인 '깨달음'과 동일한 심리적 경지에 도달하게 될 것이다.(*CW* 13, par.81)

 그러나 이 경험은 그 전에 '십자가를 지고 가는' 상에서 유추할 수 있는 '나무로서의 어머니상'을 간과하고는 일어나지 않는다. 나무는 어머니와 같은 근원의 의미를 갖고 있으므로 새로운 삶의 시작이고 삶의 원천이다.(*GW* 8, 109/*CW* 5, par.392) 개성화 과정의 궁극적 목표인 의식과 무의식의 합일은 사실 어머니 뱃속으로 들어갔다가 새로운 생명으로 재생한다는 상징으로 표현된다. 다시 말해서 이러한 원형적

에너지가 신화나 전설 속에서는 근친상간의 이야기로 형상화되는 것
이다. 그러나 근친상간은 윤리적 차원에서 금기시되어 있기 때문에 무
의식의 형상작용은 다르게 변형되는데 그러한 변형 중 하나가 어머니
로 상징되는 대체물을 통한 이야기들이다. 여기에 적절한 예가 십자가
에 달린 신의 상징이다. 융의 설명이다.

> 어머니의 몸속으로 들어감으로써 그 자신이 다시 태어난다는 원초
> 적 사고는 영웅이 근친상간 대신 근친상간의 성향을 희생시켜서 불
> 멸성을 획득하는 것에 상당히 숙달되어 있어서 이미 옛이야기가 되
> 었다. 이러한 의미심장한 변화는 단지 십자가에 달린 신의 상징에서
> 진정으로 성취되고 있음을 본다.(115/par.398)

따라서 십자가에서 죽는다는 것은 어머니 안으로 들어가는 것이다.
이것에 대한 설명이다.

> 아들의 의식을 지배하는, 전진하려는 리비도는 어머니로부터의 분
> 리를 요구한다. 그러나 이런 요구에는 어머니에게 향하는 아이의 그
> 리움이 정신적인 저항의 형태를 띠며 대립하게 된다. 경험에 비추어
> 보면 이것이 신경증(노이로제)에서 온갖 공포로 표현되는데 그것은
> 바로 삶에 대한 불안이다. 적응 능력이 떨어지면 떨어질수록 불안이
> 더 커지며 그것은 그의 삶을 도처에서 더욱 강력하게 방해하면서 엄
> 습하기 마련이다. 세계와 인간에 대한 불안은 물론 악순환의 길에서
> 점점 더 심한 회피를 일삼게 되고 그것은 결국 유치증(Infantilismus /
> infantilism)[55]이 되고 '어머니'로 되돌아가는 퇴보를 야기한다.(기저8,
> 221/*GW* 8, 152/*CW* 5, par.456)

---

55) 제1장의 infantalism, 즉 유아주의와 동일. 그러나 여기서의 유아주의는
    프로이트의 그것과는 다른 것이다.

여기서의 의문은 "왜 또 모성콤플렉스의 문제가 나타나는가?"이다. 개성화과정은 순차적으로 진행되는 과정이 아니기 때문이다. 게다가 원형들은 서로 얽혀 있을 뿐만 아니라 서열이 없어서 반복되고 있다. 그러므로 다시 그것을 겸허히 따라가 볼 것이다. 이미 의식의 발달로 남성은 모성으로부터 구별되었다. 그럼에도 불구하고 어려운 일이 있을 때마다 그는 모성을 그리워한다. 이것은 인과론적으로는 구체적인 어머니에 대한 고착(固着)이지만 목적론적 설명으로는 리비도가 모성상으로 퇴행(退行)하는 것을 의미한다. 퇴행이란 반드시 낮은 단계로 퇴화함을 말하지 않는다. 근원으로의 회귀(回歸)이다.(이부영, 1987: 83) 여기서 고려해야 할 것은 '어머니'란 실제로는 하나의 이마고(Imago), 단지 정신적 상(像)이라는 사실이다. 이 어머니-이마고는 매우 다양하지만 틀림없이 매우 중요한 무의식의 내용들을 갖고 있다. '어머니'는 아니마원형이 처음으로 육화된 것이면서 심지어 무의식 전체를 의인화하는 것이다. 따라서 퇴행은 단지 표면적으로 어머니에게 되돌아가는 것이다. 그러나 어머니는 사실 무의식으로, 즉 '어머니들의 왕국'으로 들어가는 입구이다. 그곳으로 들어간 자는 자신의 의식된 자아 인격을 무의식의 주도적인 흐름에 맡긴다.(기저8, 270/GW 8, 185/CW 5, par.508)

사람들이 퇴행을 방해하지 않는다면 퇴행은 결코 '어머니'에서 끝나지 않는다. 오히려 어머니를 넘어서 말하자면 출생 이전의 '영원히-여성적인 것', 즉 원형적 가능성들의 근원적 세계로 되돌아가게 된다. 거기에서 '모든 피조물의 상들에 둘러싸여 떠다니며' '신적(神的)인 아이'는 자신의 의식화를 기다리며 잠자고 있다. 이 아들은 전체성의 배아인데 그 고유의 상징을 통하여 전체성의 배아임이 분명히 드러나게 된다.(270/186/par.508) 여기서 변환의 상징이 일어난다. 즉 모성콤플렉스를 극복하기 위한 근친상간과 같은 본능적 모성과의 결속은 정신적인 모성과의 관계로 변환되는 것이다. 그런 것들 중 하나가 바로 십자가를 지고 가는 예수상이다. 이 상에서 모성콤플렉스의 문제가 해결되는 동시에 그것은 곧 '자아'와 '자기'의 합일의 결과인 새로운 생명의 탄생으로 이어진다.

넷째 이용도가 평상시 마귀의 상징으로 여겼던 뱀이 되었다는 것은 그가 곧 마귀가 된 것이다. 이 장면에 이르면 의식과 무의식의 경계선마저도 없어져 있다. 뿐만 아니라 그가 시체처럼 죽음이 되어 있는 형상은 이런 상태를 더욱더 강조해 주고 있다. 그리고 뱀과 죽음으로써의 '자아'는 집단적 무의식으로부터 무한한 멸시를 받는다. '자아'는 그 속에서 소멸되었다. 그 후 그는 산으로 뛰어오른다. 이것은 위로의 상승을 의미한다. 기독교 신앙의 관점에서는 부활이고 융 심리학적 관점에서는 개성화 과정의 완성이다. 그러나 좀 더 엄격하게 표현한다면 부활의 징조나 개성화 과정이 좀 더 원숙한 차원으로 이행되고 있다고 해야 할 것이다. 이러한 관점에서 볼 때 우리는 다음의 다섯 번째 해석이 꼭 필요하게 된다.

다섯째 그러나 우리는 이 꿈에 대한 이용도 자신의 해석을 간과해서는 안 된다. 그는 "오 주여, 나에게 십자가를 지워 주시겠나이까. 그러나 나는 그처럼 도망가려는 자식이로소이다"라며 탄식하였다. 그의 내면에서 '자아'와 '자기'가 합일을 이루려 하지만 현실에서 그는 아직도 그러한 결과를 받아들이지 못하고 있는 모습을 보인다.

지금까지의 해석을 보았을 때 여기서는 양(陽)과 음(陰)이 합일되고 선(善)과 악(惡)이 합쳐지고 있다. 이것을 기독교의 관점에서 보면 순선(純善)인 삼위일체 하나님에게 제4의 원소인 어두움, 여성, 땅 그리고 자연의 이미지로 표현되는 악이 포함된 것이다. 대극으로서의 악은 없애야 하는 속성이 아니라 품어 주어야 하는 에너지이다. 그러니까 이제 하나님 안에 선과 악이 같이 있게 됐다. 즉 사위일체가 된 것이다. 이것은 두렵고 낯선 타자인 자신의 무의식과 '자아'를 통합시켜 주는 근원적인 주제이다. 그러나 이미 보아 왔듯이 이 꿈은 완성된 상태를 보여주고 있지는 않다. 다만 이것은 그의 앞으로의 심리적 변화 과정을 미리 보여준 예언적 요소가 매우 강한 꿈이라는 것을 이후의 그의 행적들이 여실히 증명해 주고 있다.

3. 꿈 이후의 행적들

필자는 지금까지 일련의 환상과 꿈들, 특히 '아버지를 감싸던 큰 뱀 꿈'과 '사천집회의 꿈'을 통해서 이용도의 무의식을 관찰하고 분석해 보았다. 분석 결과는 그의 개성화 과정이 잘 드러나고 있었는데 우선 그가 페르조나의 굴레를 벗어나서 그 자신의 '자아'와 집단적 무의식이 점점 더 가까워져 갔으며 급기야는 고난의 예수와의 닮음의 경지에까지 다다랐다. 그 닮음에서 그는 '자기'와 함께 사망의 심연으로 떨어졌다가 부활하는 상징을 나타내고 있다. 그러나 그의 현실적 의식은 아직도 그러한 과정의 결과를 받아들일 자세가 되어 있지 않았다. 이후 이용도의 삶은 이러한 예언적 분석이 크게 틀리지 않았음을 보여준다. 이제 그의 삶을 순차적으로 추적해 봐야 할 시점에 이른 것이다.

1) 느낌이냐? 계시냐?

1931년 11월 5일 이용도는 간단하지만 아주 의미 있는 글을 일기장에 적어 두었다. 그것은 "느낌이냐, 계시냐? 느낌은 자신 속에서 생긴 것이요, 계시는 위에서 내려온 것이다.(이용도/변종호 편저, 2004b: 211)"라는 내용이다. 이 간단한 구절은 이성보다는 감성을, 교리보다는 기도를 강조했던 이용도를 이해하는 데 그리고 곧 있을 이단 시비에 휘말린 그의 행적을 이해하는 데 있어서 부가적 도움을 준다.

이용도가 느낌과 계시를 구분하려 했던 것은 기존교회의 기득권 세력들에게 몰리는 상황에서 그동안 그가 추구해 왔던 예수님과의 만남, 즉 무의식적 힘에 대한 전적인 믿음을 가지고 그 무의식의 언어를 경청하려 했던 노력들이 혹시나 개인적 차원의 주관적 또는 무의식적 편견과 뒤섞여 있었던 것은 아닌지를 점검하려 했던 것처럼 보인다. 다시 말해서 '느낌은 자신 속에서 생긴 것'이라는 표현에서 우리는 그가 느낌으로 통칭되는 감정의 범주가 바로 자기 자신 안에 국한되어 있는 개인적 무의식 또는 '그림자'로 인식하고 있음을 그리고 '계시는 위에서 내려온 것'이라는 표현 속에서 계시란 개인 차원 밖에서 오는 것, 즉 집단적 무의식의 중심으로부터 오는 것임을 자각하고 있었음을 간접적으로 본다. 좀 더 구체적으로 말하면 계시는 집단적 무의식 중 '자기'원형으로부터 나오는 메시지이다. 즉 그는 '자기'원형, 즉 예수 그리스도의 소리를 들으려 하고 있었다. 1931년 11월 24일 일기에 계시를 기다리는 갈망이 잘 나타나 있다.

> 주여, 이 아픔까지라도 주께서 주신 것이라면 감사로 받겠나이다. 나의 심장이 터지는 지경에 이른다 할지라도 주여, 나로 하여금 이 복음을 전하게 하시겠나이까. 뜻대로 하시옵소서. 오 주여, 나를 약하게 하시든지, 강하게 하시든지, 아버지를 영광스럽게 할 수 있도록만 하시옵소서. 아버지시여, 나를 받아주시옵소서. 아멘(214).

이 일기는 1931년 11월 20일 이단집단들과의 교류단절을 권고한 피

터스 목사와의 만남 이후 쓴 것이다. 피터스 목사마저 그를 이해하지
못하고 있음을 확인한 그가 더욱더 외로워졌으리라는 추측은 어렵지
않다. 이런 심정은 곧 병세의 악화로 이어졌다. 그리고 저녁 집회 후
숙소에 와서 오른편 가슴이 결리고 호흡곤란이 일어났음을 적으면서
그 절박감을 위와 같이 기록했던 것이다. 여기서 우리는 그가 얼마나
간절히 계시를 고대하고 있었는지를 발견한다. 병의 악화로 인한 육체
의 고통 속에서도 그는 하늘의 소리 듣기를 갈망하고 있었다. 이것은
당시 그를 지배하던 중심 정서였을 것이다. 계시를 기다리는 심정은
남녀 간의 사랑처럼 애절하기까지 하다. 12월 7일 일기는 그러한 분위
기를 잘 보여주고 있다.

> 예수를 유일 최대의 애인으로 삼고
> 언제든지 그만을 사랑하다가
> 그를 위해 이 생명을 바치고 싶어요(216).

이러한 그의 태도는 집단적 무의식의 중심인 '자기'를 향한 발걸음
이다. 그러던 중 1932년 3월 16일 경성지방에서 타 교단 초빙을 받았
을 때 소속교단의 허락을 받아야 한다는 또 다른 족쇄를 이용도에게
채웠다. 그때의 심정이 3월 24일 일기에 고스란히 드러나 있다.

> 나는 지금 생명 없는 캄캄한 외양간 한 구석에서 무용하게 세월을
> 보내고 있다 할지라도 나는 결단코 슬퍼하거나 괴로움으로 하늘이나
> 사람을 원망하지 않겠습니다……
> 그러나 이 캄캄한 외양간에서 마른 풀을 먹으며 쓸쓸한 밤과 낮을
> 외롭게 보내며 서 있는 것은 그래도 어느 때에 또 한번 주님의 용자
> 를 뵈올 수 있을까 하는 바람이 있는 까닭이랍니다. 만일 이 소망이
> 없다면 나는 벌써 어디로 뛰쳐나가 달아났을지도 모릅니다.

> 세상은 왕을 기다립니다. 저희를 위하여 한 번 행차 거동하여 주옵
> 소서. 이 작은 나귀는 그때를 기다리고 날과 날을 보내고 있는 것을
> 잊지 말아주세요. 그래서 어느 날이나 오실 때에는 이 작은 나귀를
> 손짓해 불러주세요(227).

그는 비록 자신의 행동반경을 제한하는 조치를 받았음에도 하늘로부터 오는 그분을 위해 어떠한 상황에서도 마냥 기다리고 있는 나귀, 예루살렘에 입성하는 예수를 그리며 고난의 길로 나아가는 작은 나귀가 되고 있다. 다음의 인천집회 중에 쓴 일기(1932년 4월 10일)에서도 역시 그 자신이 외부의 어떤 환경변화에도 변함없이 추구하고 있는 것이 무엇인지를 잘 보여준다.

> 먼저 그 의의와 그 나라를 구할 것이다. 그 후에 이 모든 것으로
> 가미할 것이다. 먼저 예수를 소유하라. 그 생명에 접하여 영이 살고
> 보라. 신비는 모든 사람의 앞에 있는 것이다. 그러나 누구든지 보지
> 못하는 그것이 신비다(230).

상황은 점점 이용도에게 불리하게 전개되고 있었지만 아무도 그의 내면에서 일어나고 있는 변화, 즉 하늘의 계시를 기다리고 있는 줄은 몰랐다. 물론 이 표현은 그가 실제로 계시를 기다리고 있었다는 뜻은 아니다. 여기서 말하는 '계시를 기다림' 혹은 '하늘의 소리를 들으려고 함'은 그의 집단적 무의식, 특히 '자기'원형의 소리를 들으려고 했다는 심리학적 표현일 뿐이다. 계시나 하늘의 소리라는 것은 사실 보편적인 것이 아니라 신비적인 것이다. 그러므로 신비는 누구에게나 보이는 것이 아님을 이용도는 이야기하고 있다.

급기야 1932년 4월 평양노회에서 평양기도단 활동을 제한하는 조치

를 취했다. 4월 18일 (월) 신설리 집회가 시작되는 밤에 김인서에게서
편지가 왔다. 그는 평양노회에서 통과된 악법을 상세히 전해 주었다.

> 평양노회에서 통과된 악법
> 1. 타 교파 강사 제한(형님을 상대)
> 2. 조용히 기도하고 떠들지 말 것
> 3. 무인가 단체 해산(우리들 기도의 동지 모임 상대)
>   이것은 채필근 학사, 남궁혁 박사의 안입니다.
>   형님, 교회가 이렇게 몹시 망할 줄은 몰랐습니다. 형님 평양에 속히
> 한 번 오시옵소서(233).

이런 분위기는 이용도를 분노하게 하였다. 그런 분노가 4월 19일 일
기에 고스란히 표현되어 있다.

> 아, 이 얻어먹고 망할 백성들아, 병 고침을 받고도 다시 죽을 무리
> 들아, 연설을 듣고 망하고 기도하며 망하고 찬송을 부르면서도 망할
> 현대 신자들아!
> 너희가 어느 때에 진리 속에 들어갈 것인가. 진리를 앎이 곧 영생
> 임을 알지 못하였구나. 사랑과 진리의 본체이신 예수를 앎이 곧 영생
> 이라 하심을 너희는 그 무슨 의미인지 알지 못하였구나(233).

여기서 필자는 마치 예루살렘 성전에서 채찍으로 환전상들을 내리
쳤던 예수의 분노를 본다. 계시를 기다리는 그의 마음은 이제 서서히
계시의 근원에까지 다가가고 있었다. 이처럼 시시각각 밀려오는 절망
적인 상황에서도 이용도의 개성화(자기실현) 과정은 정점을 향해 계
속 상승해 갔던 것이다.

2) 요한 1~2장을 보고 크게 깨달음 - 합일

1932년 5월 27일의 일기는 극한 지경으로 몰려가던 이용도의 심리 상태가 개성화 과정의 꼭짓점에 거의 도달했음을 보여준다. 그 전날인 5월 26일 이호빈에게 보낸 편지를 보면 이러한 추측이 그리 틀리지 않았음을 확인할 수 있다. 그는 이 편지에서 그의 '자아'가 완전히 소멸되어 있음을 보여준다.

> 세상에서 제일 기괴한 것이 '나'라는 기적적 존재이었으니 나의 운동도 "?"이었고 나의 생각도 "?"이었고 나의 내일 나의 장래가 모두 주목거리입니다. 그저 어떻게 해서 지금까지 살아왔고 그 일에 대하여는 전혀 나의 설계나 포부가 있었던 것이 아닙니다.
>
> 나는 이 우주 안에서 '나'라는 최대의 재료를 두고 밤낮 큰 배움에서 사는 자로소이다. 다시 한걸음 더 나가서 나의 한 일을 모른다는 것은 곧 성의를 모른다는 말과 부합할 것이니 주는 나의 창조주이시요, 또 통치자이신 까닭이지요. 이점에까지 와보면 나는 나를 모르는 게 당연한 일일 것입니다.(이용도/변종호 편저, 2004a: 153)

이런 상념에 젖어 있던 이용도는 27일 새벽 2시 반 예배당에 가서 6시까지 기도하고 새벽 집회는 기도만으로 마친 후 집으로 가고 있었다. 다음은 그때의 일기이다.

> 집으로 너머 오는 산길에서 주님의 사랑과 또 내가 어떻게 주를 사랑할 것을 배우기 위하여 어떤 성경의 가르침을 받기 원하였다. 그러나 어느 성경을 보아야 할지 알 수 없어 애를 쓰던 중 문득 사랑의 사도 요한의 가르침을 받고 싶어졌다. 위하여 요한 서신 중에 눈이 머무르니 요 1. 2장.(요한1서) 이는 과연 주께서 친히 나를 가르치심이라. "주를 아느냐. 저는 마땅히 그의 계명을 지키는 자이리라. 그

리하면 진리가 그의 마음속에 있으리라."

1. 知主守其誠命 眞理在其心
2. 守其誠命 神愛在其心 在主內完成
3. 在主內行其行

다시 말하면 知主守其誠命(神愛在心 眞理在心) 在主內(行其行, 完成).

주(主)는 진리와 사랑이시니, 즉 神＝眞理+愛, 知主+神在我心+我在主內 +行其行=完成. 주를 알았느냐. 그때에야 비로소 하나님이 내 마음에 들어오시리라. 신(神)이 내 마음에 계신 후에야 내가 주 안에 있는 것이 가능, 신이 내 안에 있고 내가 주 안에 있게 된 후에야 나는 주가 행한 것을 행할 수 있나이다. 주의 행함과 나의 행함이 일치된 후에야 비로소 신앙의 완성을 볼 수 있으며 신앙의 완성이 온 후에야 비로소 인격이 완성되는 것이다.(이용도/변종호 편저, 2004b: 235)

이 글을 융의 개성화 과정으로 다시 풀어본다. '주가 진리와 사랑이라는 것을 안다는 것'은 개성화 과정이 '자기'의 존재를 인정하고 그것이 나를 이롭게 할 것이라는 믿음으로부터 시작됨과 동일하다. 그 앎이란 진정한 앎이며 직관적 자각이다. 그리고 이 과정에서 '자기'를 알 때 우리는 신의 내재를 경험한다. 그 경험은 곧 연합이거나 합일의 경험이며 내가 주안에 있는 느낌이다. '주가 행한 것을 행할 수 있게 된다'는 것은 곧 모든 행위를 집단적 무의식의 핵인 '자기'의 힘에 맡긴다는 의미이다. 이렇게 되면 안팎의 행위가 일치된다. 이처럼 '자아'가 '자기'와 합일하여 혼연일체가 되었을 때 본래의 자기가 실현되는 것이다.

3) 개성화 과정의 정점 - 평양 입류 사건(소위 '한준명 사건')

1932년 11월 초순, 개성화 과정의 정점에서 드라마틱한 사건이 벌어졌다. 그것이 바로 한준명 사건이었다. 그 사건을 개관해 본다.

(1) 사건 이전의 정황들

같은 해 5월 27일 요한복음 1~2장에서의 깨달음 이후 그는 변함없이 이곳저곳에서 부흥집회를 이어갔지만 건강은 극도로 쇠약해져 가고 있었다. 이에 더하여 공공연하게 무시당하기도 하였는데 6월 5일 "체부동 성결교회에서 설교를 해 달라기에 갔더니 연락도 없이 김OO 목사님을 올려 앉히고 있어 나는 아래서 듣다 예배 마친 후 김 목사님의 권고 및 세인의 나에게 대한 평(236)"을 들었다고 하면서 그날 밤부터 오른쪽 가슴이 결리고 호흡곤란이 일어났다고 부연한다. 6월 6일 종일 흉통에 시달리고 7일 아침부터 외마디 기침이 자꾸 난다(237)고 기록하고 있다. 외부 상항이 나빠져 감에 따라 그의 건강도 악화일로를 걷고 있었다. 그의 상태는 악몽에 시달리기까지 암울해져 가기만 하였다. 6월 13일 일기이다.

> 등산기도. 지난밤의 악몽에 대해서 참회. 나는 아직도 불결한 자식.
> 꿈속에라도 유혹에 들지 않게 해 달라고 기도드리다(242).

7월 22일 이용도가 이종현에게 보낸 편지를 보면 당시 그의 심정이 어떻게 정리되어 가고 있었는지를 엿볼 수 있다.

> 남자도 좋고 여자도 좋다. 상인도 좋고 농인도 좋다. 학생도 좋고
> 선생도 좋다. 양인도 청인도 왜인도 좋다. 광인도 좋고 병인도 좋다.

장로교인도 좋고 성결교인이나 감리교인도 좋다.

이단자, 백성을 미혹하는 자라는 명패를 차고 제사장 아문에서 쫓겨 나가던 이가, 오, 그이가 우리의 왕이시요, 대장이시다.

다 오너라. '주의 것'이거든. 주의 것! 주의 것! 오, 주의 것들이여!

그러나 종종 껍데기에는 '주의 것'이라는 표를 붙여가지고 시장에 나왔지만 '주의 것'의 진위를 아는 자에게는 당장에 그 위조품이 곧 발견되누나. 그와 반대로 껍데기는 이단자, 무교회주의자, 광인, 위험분자라는 도장이 찍히어 쓰레기통 옆에 가서 천대를 받는다만 그래도 그 속에는 '주의 것'의 화인을 맞아가지고 있는 자가 있었구나. 아, 주의 화인 맞은 자여.

주의 화인 맞은 자 다 오라. 또 주의 것 되기 원하는 자 다 나와 엎드리게 하라. 그리하여 주의 손이 와서 일하기를 충분히 기다리게 하라.(이용도/변종호 편저, 2004a: 171 - 172)

10월 7일 드디어 이용도에게 실질적인 금족령이 평양노회에서 가결되었다. 그 내용은 다음과 같다.

평양노회의 결의 사항은, (1) 이용도는 거짓말쟁이다. (2) 이용도는 대접받기를 좋아한다. (3) 이용도는 파괴주의자다. (4) 이용도는 질서를 혼란케 하는 자다. (5) 이용도를 단에 세우면 본 교회 담당목사가 푸대접을 받아 살길이 막연해진다. 그러므로 이용도를 우리 노회 지경 안에 들이지 말자.(피터스/변종호, 180)

(2) 사건의 내용

사태가 이 지경에 이르렀을 때 바로 소위 한준명 사건이 터졌다. 이것은 이용도 배척상황의 최극단에 위치한 사건이었다. 원산에서 기도생활을 하던 한준명이라는 사람이 예언을 하기 시작하였고 이를 이용도가 평양교회에 소개하여 평양에 와서도 예언을 하게 되었다. 평양의 지식인들과 열렬한 신자들은 그 예언을 듣고 감탄하기도 하고 검증하려 하기도 하게 되었다. 그러나 그의 예언은 맞는 것도 있고 틀리는 것도 있었다. 이에 따라 거짓 예언자, 사기꾼, 요술쟁이라고 공박하고 교회를 어지럽히는 자라고 몽둥이로 때려죽인다고 나서기도 하였다. 결국 한준명은 할 수 없이 원산으로 돌아가고 말았다. 그런데 여기서 문제가 된 것은 한준명은 이용도의 파당이라고 하면서 한준명에 대한 욕보다는 오히려 이용도를 궁지로 몰아세우는 분위기였다. 평양 한 구석에서 생긴 하찮은 사건이 어느덧 전국에 알려지고 전국에서 그를 시기하고 미워하던 사람들이 총궐기하여 그의 공격에 동참하였다.

이렇게 평양 교계가 야단법석일 때 이용도가 평양에 들리게 되었는데 그때 그는 마침 황해도 신계읍으로 집회를 인도하러 가는 도중이었다. 그가 모 상회에 가 앉았는데 평양 교계의 유력자 7~8인이 달려들었다. 그들은 자기네들의 눈에 보이는 한준명을 설명한 후 결국 한준명은 나쁜 사람이요, 교회를 망치러 다니는 자라고 단언하면서 "한준명은 이 목사가 소개하여 평양에 데려다가 이 일을 일으켰으니 이 목사도 책임을 면할 수 없게 되었습니다. 그러니 이 목사의 위신과 명예를 아끼는 의미에서 하는 말이오니 한준명이 잘못이라는 것과 그를 소개한 것에 대한 유감의 뜻과 이제부터 한준명과는 인연을 끊는다는 것을 중외(中外)에 성명하시오" 이 말을 듣고 이용도는 말없이 눈을 감고 한참동안 묵도를 하다가 입을 열었다(184-185).

> 나는 신앙태도에 다소간 다른 점이 있다는 한준명은 고사하고 도적이나 음부나 살인강도라고 하더라도 그 손을 잡고 눈물을 흘리다가 죽기를 원하고 힘쓰는 자입니다. 만일 여러분 보시기에 양해 못할 점이 있든가, 용인 못할 것이 있거든 버리든가 내쫓든가 하십시오. 나의 원하는 바는 세상이 버린 사람, 세상에서 몰리어 가는 사람을 받

아 그를 거두어 손을 잡고 울며 살려고 합니다. 내쫓는 것은 당신들
의 자유요, 임무일는지 모르거니와 나는 쫓기는 자를 거두어 그들과
함께 우는 것이 나의 사명이라고 믿습니다(185-186).

(3) 사건 이후

그들의 이러한 태도는 이용도를 너무도 외롭고 슬프게 만들었다. 그
의 절망적인 허전함은 집회인도를 뒤로 한 채 송창근을 만나고 싶은
마음이 가득하게 하였다. 그를 만난 후 이용도는 크게 실망하였는데
그 역시 한준명을 나쁜 사람이라고 욕하였기 때문이다. 이용도는 곧바
로 일어나서 신계로 출발하였다. 차 안에서 그는 계속 눈물을 흘렸을
뿐만 아니라 신계읍에 가서도 흐르는 눈물을 금할 수가 없었다. 신계
읍 1주일간의 집회는 기도와 우는 집회였다고 한다. 신계읍을 떠나기
전날 밤 이용도는 꼬박 밤을 새워 송창근에게 80~90장 분량의 편지
를 써서 보냈다. 이용도가 그토록 정성으로 있는 것을 다 털어서 미국
으로 보내고서 7년 동안 기도를 해서 졸업하고 돌아온 송창근, 그가
나오면 외로운 그의 생활과 역사에 힘이 되고 의지가 되어줄 줄 믿었
는데 그런 그와 결별할 수밖에 없는 지경에 이르러 그의 심중은 창자
를 끊어 내고 눈알을 뽑아내는 그것이었다(186-187).[56]

이용도는 그의 꿈에서처럼 현실에서도 그 자신이 마귀가 됐다. 그리

---

56) 이용도가 송창근에게 크게 실망했다는 변종호의 설명은 1932년 10월 19
일 송창근이 이용도에게 보낸 편지를 보면 다분히 변종호 개인의 감정
이 섞여 있는 것 같다. 참고로 송창근의 편지 내용 일부를 인용한다.
"그러나 이 세상에서 작은 사랑과 신뢰가 있고 인정이 있어서 용도를
생각하는 사람이 있다면 가장 생각하는 사람이 나인 것을 나는 아직 믿
소. 할 말이야 적지 않지만 더 쓰지 않소. 주님이 불쌍히 여기시는 인간
들을 위하여 크게 노력하고 오시오. 오는 길에 집에 들리오.(이용도/변
종호 편저, 2004a: 307)"

고 모두가 그를 외면함으로써 그의 육체와 정신은 점점 죽어 갔다. 결과적으로 보면 그 죽음은 새로운 삶을 위한 고통일 뿐이었지만 그렇게 될 수밖에 없었던 당시 상황을 심리학적 관점에서 재조명해 볼 필요는 충분하다.

(4) 이용도가 이단의 옹호자로 몰렸던 심리학적 이유

① 교회 내 진부한 집단정신(페르조나)에 대한 지적

한준명 사건은 평소 기존교회의 목회자들을 신랄하게 비판하여 계속 미움을 사오던 이용도를 몰아세우기에 너무도 좋은 기회였음은 틀림없다. 따라서 그들은 그 사건의 핵심은 뒤로 한 채 한준명과 이용도를 관계 지어 그를 궁지로 모는 일에만 집중해 있었다. 이것이 그가 어처구니없이 이단의 옹호자로 몰린 이유 중 하나이다. 그러나 이 문제 밑에 깔려 있는 핵심적 동기는 무엇이었을까?

지금까지 우리가 일관되게 추적해 온 바대로 그의 삶은 종교적으로 이야기하면 하찮은 인간이 예수를 닮아가는 여정이었고 융 심리학의 관점에서 보면 집단적 무의식의 의식화 과정, 즉 개성화 과정의 전형이었다. 이 과정에서 볼 때 한정된 페르조나 안에 갇혀서 더 이상 성장하지 못하고 있는 기존교회의 모습은 안타까운 일이 아닐 수 없었을 것이다. 이미 언급했던 말이지만 그가 이호빈에게 고백하였듯이 그의 이러한 태도는 의도된 적이 없었다. 다만 그는 그의 '자아'를 철저히 죽이는 일만 하였으며 그 나머지는 그냥 성의(聖意)를 기다리는 자세를 취했다. 그리고 그때 거기서 오는 메시지를 할 수 있는 한 가감 없이 드러내 보였던 것이다. 이러한 메시지 중 하나가 바로 교역자들에 대한 경고성 발언이었다. 그가 지적한 교역자들의 문제는 그들이

안일하게 그의 목회자의 페르조나 뒤에 숨어서 자신들의 문제는 망각한 채 신적 권위만을 만끽하려는 태도였다. 이것은 우리의 정신적 성장을 위하여 우선적으로 부숴 버려야 하는 가면의 일종이었기 때문이다. 그러나 그들은 이러한 외향적 페르조나로부터 벗어나서 새로운 인격체로 거듭나기보다 좀 불편하기는 해도 이토록 든든한 그 울타리 안에 그대로 있기만을 원했다.

반면에 이용도는 부흥회 집회 때마다 끊임없이 머리로 믿지 말고 가슴의 감흥으로 믿으라고 외쳐댔다. 말하자면 기존의 진부한 집단정신인 페르조나를 벗어야 한다고 강조했던 것이다. 1932년 10월 7일 평양노회에서 이용도에게 금족령을 내릴 때의 이유 중 하나였던 "이용도를 단에 세우면 본 교회 담당목사가 푸대접을 받아 살길이 막연해진다"는 이유 속에서 우리는 페르조나의 껍데기 안에 안주하려는 억센 원초적 욕망을 보게 된다. 즉 그들은 이용도의 외침을 따라 그들에게 익숙한 목회자의 가면을 벗어 버릴 용기도, 뜻도 그리고 깨달음도 없었던 것이다. 이것이 이용도를 이단의 옹호자로 몰아간 이들의 심리상태 중 하나였을 것이다.

② 비이성적인 사회적 · 집단적 무의식의 반동

그러나 이러한 개인적 차원의 심리적 긴장감은 좀 더 깊숙한 곳으로부터 유래하는 것이다. 다시 말해서 편향되어 가는 사회적 · 집단적 무의식에 대한 반동으로서의 이용도의 태도를 생각해 봐야 한다는 말이다. 이미 개관해 보았듯이 당시 한국교회의 주류는 근본주의와 보수주의가 자유주의와 소종파의 난립에 대처하기 위하여 결합한 보수신앙인 그룹이었다. 그들은 민족주의적 기독교인들이 교권을 장악하고 민족주의 운동의 근거지로 교회를 사용하는 것을 비판하였다. 그들은 기독교회의 본질은 신앙활동에 있다고 보았기 때문에 그러한 사회운동은 교회의 본질과 맞지 않는다고 판단하고 있었다.(박종현, 284) 따라서 일제의 억압적 통치와 착취에 대한 울분과 분노는 철저히 억압되어 있었던 것이다. 이렇게 이중적이고 억압적인 상황을 타개하기 위해서 군중들의 무의식은 불같은 감성의 비이성적 부흥사를 원했을지도 모른다. 여기에서 이용도 개인의 부흥사로서의 욕구와 사회적 욕구가 합치될 수 있었을 것이다.

융은 원시사회에서 토템 축제 때 인격의 격상이나 변신에 이바지하는 가면들(페르조나)이 특출난 개인을 집단정신의 영역으로부터 분리시키는 역할을 해서 그러한 개인으로 하여금 마술적 신망을 누릴 수 있게 한다고 보았다. 그는 이러한 현상이 개인의 권력욕에 기인한다고 볼 수도 있지만 사실 집단적 욕구에 의하기도 한다는 점을 지적하였다. 융의 말이다.

> 사람들은 권력에의 의지가 그러한 발전(가면을 씀으로 구별되려는 것)의 추진동기라고 쉽게 주장할 수도 있다. 그러나 신망의 형성은 항상 집단적 타협의 산물이라는 것을 사람들은 잊고 있다. 즉 거기에는 신망을 원하는 사람이 있고 동시에 신망을 그들에게 줄 수 있는 사람을 찾고 있는 일반 대중이 있다는 것이다. 그러므로 이러한 상황에서는 개인적으로 권력에의 의지를 가진 사람이 자신을 위해 신망을 만든다고 말하는 것은 정확하지 않다. 그것은 오히려 전적으로 집단의 일인 것이다. 대체적으로 공동체는 마술적인 영향력을 가진 인물을 원하기 때문에 사회는 없어서는 안 될 한 개인의 권력에의 의지와 집단의 복종에의 의지를 하나의 매개체로 사용하여 개인적 신망을 실현시킨다.(*GW* 3, 34–35/*CW* 7, par.237)

시대가 요구하는 사람이 되면 처음엔 환영을 받지만 나중엔 환영을 받지 못하게 된다. 왜냐하면 어떤 집단이 그들의 적대적인 장애를 제거하고 보편타당성을 획득하고 나면 그 권세는 긍정적 가치를 상실하고 무용지물이 되고 말기 때문이라고 융은 말한다.(35/par.238) 융의 표현대로 이용도는 그동안 그를 열렬이 추종하던 사람들로부터 무용지물로 치부되었던 것인가? 만일 그렇다면 군중들을 짓눌렀던 적대적 장애물은 무엇이며 어떻게 제거된 것일까? 이미 유추했듯이 이기적이고 피안적인 보수주의와 근본주의에 대한 반동으로 형성된 군중의 소망이 이루어져서 그 세력들과 화해라도 일어났다는 말인가? 그러나 불행스럽게도 현실에서는 아무것도 회복되거나 제거된 것은 없었다. 그럼에도 불구하고 추종자들마저 이용도를 버렸다면 그들은 기존 세력의 위력에 압도당해 그런 현실에 안주하려 했다고 볼 수밖에 없다.

③ 보수세력의 반동

한편 이러한 군중들의 동요와 더불어 신비주의적 성향을 이단시하는 보수주의 신앙의 주류는 이성적이고 합리적이기 때문에 자신들과 다른 것을 주장하는 세력이 강해지면 질수록 그들의 이성적·합리적 사고력은 더욱더 강화되고 그에 따라 무의식적 현상들은 상대적으로 서서히 침잠해 들어간다. 이때 의식적 현상으로서의 합리적인 사회는 의식의 명확성과 정향성(Die Bestimmtheit und Gerichtetheit des Bewußtseins/the definiteness and directedness of the conscious mind)을 중시한다. 따라서 창조적인 재능을 지닌 인간은 바로 의식과 무의식 사이의 칸막이를 통과할 수 있다는 데서 자신의 장점을 발견하는 사람이지만 균형성과 신뢰성을 요구하는 바로 그 사회 조직을 위해서는 보통 그 예외적인 인간은 거의 쓸모가 없게 된다.(기저2, 340/*GW* 2, 255/*CW* 8, par.135) 억압되어 있고 암울한 시대를 이겨나가는 데 꼭 필요했던 신비주의적 부흥사의 출현은 이러한 주류들의 움직임 때문에 좌절될 수밖에 없었다.

④ 신비주의적 혹은 심리학적 탐구 자세를 이단시하는 편견

이용도가 이단의 옹호자로 몰렸던 마지막 이유는 그의 '하나님과 그 자신의 관계'에 대한 신비주의적 탐구자세 때문이었다. 그의 신비주의적 탐구 자세는 이미 고찰해 온 대로 그 자신의 무의식에 대한 탐구와 동일한 것이다. 이용도는 그의 1931년 1월 26일 일기에 두 유형의 사람을 제시한다. 한 사람은 의식(衣食)을 위하여 고민하는 사람이고 또 한 사람은 자기의 성격의 결함을 보고 고민하는 사람이다. 다시 말하면 전자는 육(肉)을 위하여 고민하면서 사망의 길을 걷는 생활이요, 후자는 영(靈)을 위하여 고민하면서 영생의 길을 걷는 생활이다.(이용도/변종호 편저, 2004b: 159-160) 그가 성격의 결함을 찾아내 고치려는 태도를 영을 위한 삶이라고 규정짓고 있음은 그가 얼마나 무의식적으로 심리적 상태에 집중하고 있었는지를 간접적으로 보여주는 것이다.

서구 기독교의 역사 속에도 심리학적인 관점에 섰기 때문에 이단으로 몰렸던 예가 있다. 즉 터툴리안(Tertulian)의 〈靈父이신 그리스도 *anima naturaliter christiana*〉라는 말은 서양인들이 생각하는 것처럼 종교적인 의미에서가 아니라 심리학적인 의미에서 적합하다. 전통적인 관점에서 은총은 다른 어떤 곳, 즉 외부로부터 오는 것인데 만일 그것이 심리학적 관점에서처럼 우리의 내면으로부터라고 한다면 그때는 곧 이단이 되는 것이다. 다시 말해서 전통과 다르다는 것만으로 모든 견해는 완전히 이단이 된다. 게다가 마음(Psyche)과 신의 관념(Gottesidee / the idea of God) 사이의 관계에 대하여 감히 생각해 보려는 사람은 누구나 곧바로 심리주의자로 몰리거나 아니면 병적인 신비주의자로 의심받게 된다.(Jung/김성관 역, 1997: 11/*CW* 11, par.771) 이런 과정이 왜 이단 시비에 말려들 가능성을 내포하는지를 융의 견해를 빌어 고찰해 본다.

융(Jung/이부영 역, 212-213)은 무의식의 내용과의 관계에 의하여

'자아' 정신의 변화와 발전이 이루어진다는 것을 깨달았다. 그리고 그 관계의 과정은 개인과 집단에서 각각 다른 형태로 나타나는데 개인의 경우에는 꿈이나 환상을 통해서 집단세계의 경우엔 여러 가지의 종교 체계와 그것들이 지니고 있는 상징 그리고 연금술의 상징을 통해서 변화 또는 변환을 이해할 수 있다고 확신했다. 중세 연금술[57]은 표면적으로는 비상한 물질을 만들어 내는 작업을 하였지만 그것의 '물질의 혼', '세계의 혼' 그리고 '제1의 물질'이라는 개념들은 그들의 정신이 투사된 집단적 무의식을 말한다. 이러한 제1의 물질들은 수은, 황산, 뱀, 태양, 임금, 사자, 나무 그리고 돌 등 매우 다양한 대상들로 이루어졌으며 이런 것들의 총칭을 '메르쿠리우스(Mercurius)'라고 불렀다.(이유경, 1998: 11) 이 메르쿠리우스는 의식의 세계로 내려와 그 모습을 나타내는데 그것이 '안트로포스(Anthropos)'이다. 그러니까 '안트로포스'는 메르쿠리우스의 인격체인 셈이다. 이것을 융은 다음과 같이 표현하였다.

---

57) 융이 연금술에 관심을 갖게 된 것은 1927년 프랑크푸르트의 유명한 중국학자 리차드 빌헬름(Richard Wilhelm)이 중국 도교의 연금술 책인 『태을금화종지(The Secret of the Golden Flower)』의 서문을 써달라고 원고를 그에게 보낸 것이 동기가 되었다. 그 이후로 그는 수많은 연금술 책들을 수집하여 연금술 연구에 몰입하였다. 그리고 1944년 그의 유명한 『심리학과 연금술(Psychology and Alchemy: CW 12)』이라는 책을 발간하였다. 그 밖의 연금술에 관한 저서는 『Alchemical Studies(CW 13)』와 『Mysterium Coniunctionis(CW 14)』가 있다. 물론 융이 관심을 가지고 있는 연금술은 기초물질을 금으로 만드는 것에 있지 않다. 그는 연금술의 과정을 통해서 심리학적 성장 구조를 확인했던 것이다. 즉 대극(열등한 물질과 우등한 물질)의 합일은 '현자의 돌(philosopher's stone)'의 매개를 통해 일어난다. 현자의 돌(lapis philosophorum)에 대한 탐구는 사실상 또 다른 '자기' 원형에 대한 탐구이다. 다른 말로 하면 정신적 통합에 대한 욕망(the desire for psychic integration)을 일컫는다. 그러므로 연금술의 비밀은 융의 말대로 "기본 구성물들과 고상한 것들의, 열등기능들과 특별한 것들의 그리고 무의식과 의식의 결합을 통한 인격의 변환에 있다.(CW 7, par.365)"

메르쿠리우스가 인격화하면 일곱 항성의 통일체인 안트로포스가 되는데 그 안트로포스의 몸은 자신의 몸에서 일곱 금속이 대지로 흘러들어간 가요마트(Gayomart)58) 처럼 바로 이 세계이다. 메르쿠리우스의 여성적 성질 덕분에 그 또한 단순한 여섯이 아닌 일곱의 어머니이기도 하다. 왜냐하면 그는 그 자신의 아버지이며 어머니이기 때문이다.(*GW* 3, 162/*CW* 16, par.402)

메르쿠리우스가 자웅동체의 성격을 가지고 있기 때문에 안트로포스는 남성과 여성의 결합체이다. 그러므로 그것이 땅의 요소를 강하게 나타낼 때는 변용의 대상으로서의 메르쿠리우스를 의미하고 신과 인간의 결합체를 의미할 때는 완성체로서의 메르쿠리우스를 의미한다. 완성체로서의 안트로포스는 완전한 인간, 인류의 시작이요, 목표이다. 즉 그는 인간의 전체성이고 혼돈의 어둠에서 모든 빛들을 극복하는 빛의 탄생이다.(170/par.416 참조) 융은 이러한 안트로포스 관념이 중세 연금술사들에게서만 내려오는 비밀전통이 아니라 언제 어디서나 자연발생적으로 나타날 수 있는 원형이라는 점을 강조한다.(171/par.417) 물론 안트로포스의 계시는 평범한 종교적 감정을 의미하는 것이 아니고 신앙심 깊은 기독교인에게는 그리스도 환상만큼 매우 중요한 것이다. 그러나 안트로포스는 '신적 활동으로(*ex opere divino*)' 나타나지 않고 '자연의 활동으로(*ex opere naturae*)' 나타나며 위에서 내려오는 것이 아니고 이교적인 계시의 신의 이름을 달고 있는 악과 그리 멀리 떨어져 있지 않은 하데스(Hades)59)의 형상의 변환으로부터 나타나는 것이다.(기저3, 230/*GW* 3, 171/*CW* 16, par.418)

---

58) 페르샤 신화에서 하늘의 최고신에 의해 창조된 원초적 인간.

59) 그리스 신화에 등장하는 것으로 사자(死者)의 나라 또는 저승의 신을 의미한다.

이처럼 연금술을 빌어 융은 완전한 인간, 인간의 전체성 또는 혼돈의 어둠을 비추는 빛의 탄생을 인간 내면에서 필연적으로 일어나는 현상으로 인식하였다. 다시 말해서 그것은 집단적 무의식의 정성스러운 활동의 결과로 얻어지는 것이다. 그런데 문제는 그 완성을 위해 절대적으로 필요한 요소가 '신적 활동으로부터'가 아니라 '자연의 활동으로' 주어진다는 점이다. 이런 현상은 절대 인위적인 것이 아니라 인류의 역사 속에서 자연스럽게 일어났던 것들인데도 기존 종교 특히 기독교에서는 그것이 단지 하늘로부터가 아니라 자연, 땅, 인간 내면으로부터라는 이유로 이단시한다.

여태껏 우리가 추적·탐구해 온 바로는 이용도는 전적으로 그의 집단적 무의식에 가장 진솔하고 정성스럽게 자기 자신을 맡겼던 인물이다. 따라서 그의 태도는 기존 기독교 주류들의 생각과는 너무도 거리가 멀었다. 기존 세력들의 관점에서는 성령은 신이 주는 선물로 의심의 여지없이 하늘로부터 내려와야 한다. 이러한 생각의 구체적인 예가 절대불변의 성서중심의 신앙과 성서의 내용과 경험적 실재 세계 사이의 차이점이 없다는 실재론적 사고였다. 게다가 주의 재림을 대망하는 종말론적 신앙까지가 당시의 주류를 이루었던 보수적 신앙인 그룹의 사고였다.(박종현, 284-286 참조) 그렇기 때문에 그들은 예언하는 한 준명을 이단으로 비판할 수밖에 없었다. 그러나 인간의 집단적 무의식의 힘과 진솔함을 알았을 뿐만 아니라 그 스스로 그 힘에 맡기고 살았던 이용도는 자연스럽게 이러한 교리적 틀에서 훨씬 자유로울 수 있었다. 그렇기 때문에 그들의 말도 아무 거리낌 없이 경청할 수 있었다.[60] 그러나 이러한 이용도의 태도를 그들이 이해하기는 힘들었다.

---

[60] 그렇다고 해서 이용도가 이들의 주장에 동조했던 것이 아님은 물론이다. 그가 김인서에게 보낸 편지내용은 그 점을 분명히 하고 있다. "혹은 주

바로 이러한 차이점이 이용도와 그토록 가까웠던 피터스와 송창근마
저도 그를 저버리게 만든 이유일 수 있다.

4. 미완의 죽음으로써의 합일과정

1) '고난받는 예수'의 상과 이용도

이토록 한준명 사건은 결과적으로 이용도의 고립을 강화시켰다. 그
리고 1932년 11월 28일 평양의 임시노회에서는 한준명, 백남주의 처리
를 결의하였고 이용도를 감리교에 조회하도록 조치하였다. 12월 14일

님께서 누구에게 이상한 이름을 지어 붙여 놓아가지고 욕을 해낼 권세
를 가지셨다고 할지라도 나는 아무도 논란하거나 욕할 권리를 가지지
못하였고 혹은 주님이 악신접(惡神接)한 자들을 교회 안에서 책벌하고
죄인들, 특히 사람에게 버림을 당한 자들을 쫓아내는 권세를 가졌다고
할지라도 나는 누가 악신접을 했다 하여 또는 내 경험과 다르다 하여
혹은 죄인으로서의 버림을 받았다 하여 그를 책벌하고 쫓아낼 권리를
가지지 못하였습니다…… 나는 김성실파(派)도 아닌 동시에 인서파나
태용파도 아니요, 마찬가지로 남주파나, 준명파도 아니올시다. 태용(泰
鎔)이 세상에서 버림을 당할 때에 나의 마음이 그를 향하여 간절하였고
성실(誠實)이 버림을 당할 때도 나의 마음은 역시 그리하였고 내가 그
들의 주의를 찬동해서가 아니요…… 그들의 내용을 잘 알지 못하고
도…… 남주(南柱), 준명(俊明)이가 축출과 멸시를 당하여 나는 또 그들
에게 대한 나의 간절한 열정의 정도가 올라가는구려. 나는 일전에 가서
저를 위로하고 왔습니다. 그들은 한 점의 근심이나 공포가 없이 절대 안
심 중에서 모든 것은 성의에 맡기고 경건하게 사는 것을 보고 나는 놀
래고 왔습니다. 그들의 입에서 누구를 욕하거나 원망하거나 불평을 토하
는 것을 보지 못하고 왔습니다. 나는 그들의 영적 안정상태가 퍽 존경되
었습니다.(이용도/변종호 편저, 2004a: 214)

기독신보에 이세벨의 무리라고 규탄하는 기사가 실렸고 19일에는 경성 교역자회의에서 '이용도 사문위원회'를 조직하여 이용도를 심문하였다. 그는 홍00, 김0섭, 원0상 씨 등도 위원으로 가담하여 더욱더 시끄러워지는 것을 보고 곧 목사 사임원을 제출하였다.(피터스/변종호, 188) 사실 이용도가 이단시비에 말려든 것은 유명화를 '주님'이라고 불렀다는 사건이 발단이 되었고 그 후 예수교회의 시조가 되었다는 것도 시빗거리가 되었다. 이런 것들은 하나같이 사실이 왜곡되어 있었지만 이용도는 변명하거나 논쟁을 벌이려 하지 않았다. 그의 평소의 비판적·정열적 성격과는 전혀 다른 이러한 태도는 그의 내면에는 이제 더 이상 그런 갈등적 대립구도가 없음을 간접적으로 보여주는 것일 수도 있다. 그는 화해의 상징인 예수를 닮아가고 있었다. 12월 20일자 일기에는 죽음에 임박한 예수 같은 비장함이 감돈다.

> 지금 내 때가 가까웠으니 아버지께서 아들로 영광을 받으시기를 바라는 것이올시다. 내 마음이 심히 민망하오니 무슨 말을 하리오, 이제는 내가 말을 많이 하지 아니하리니 이미 받은바 은혜를 터로 삼고 더욱더 새로운 은사를 기다리소서. 나는 아버지 뜻대로 그 나라로 향하여 가려니와……
> 오 아버지여, 영광을 받으시옵소서. 나를 버리사 죽일 자와 같이 끌려감을 그냥 두시고 내가 버림을 당하고 죽임을 당하여 아버지께 영광이 되겠사옵거든 뜻대로 하옵소서. 아멘.(이용도/변종호 편저, 2004b: 249)

이용도의 육체는 배척당하기 시작하면서 폐병이 악화되어 점점 더 쇠약해져 갔지만 그의 정신은 더 밝게 빛을 발했다. 그의 1933년 5월 12일의 마지막 일기는 예수 닮기를 다른 측면에서 극명하게 보여준다.

사랑하는 자여, 네가 과연 네 몸을 드리어 나의 몸이 당하는 바를 대신하며 네 생명을 드리어 죽을 나의 생명을 대신하고자 하느뇨.
오 나의 사랑하는 자여, 네가 나를 참으로 사랑하느냐? 그러할진대 너는 이제 나를 대신하여 무고히 병석에 눕기를 원치 말고 오직 너의 피가 마르고 살이 마르기까지 그리하여 마침내 병들기까지 생명이 땅 위에 떨어질 때까지 진리를 외치고 핍박을 받으며 기도를 올리고 멸시를 받으라(274).

이용도는 예수와 같이 십자가에 달리는 고통에 동참하고 있다. 그리고 순교자와 같은 비장한 각오마저 감돌고 있다. 이러한 분위기는 1931년 11월 16일 김성실의 편지에서 이미 감지되고 있었던 것이다. 그의 편지 내용 중 일부분이다.

형이 사방에서 더 큰 박해를 받는 진리의 사자이기를 나는 간절히 원하나이다. 환영을 물리치고 핍박을 찾아가서 박해를 당하여 죽으시오. 진리를 전하고 사랑의 피를 쏟고 가는 것이 우리의 사명이었나이다.
이 인생들은 우리의 입으로 나오는 복음의 소리만을 요구하지 않고 우리의 피가 예수의 피와 같이 십자가에 흘려주기를 갈망하고 있나이다.(이용도/변종호 편저, 2004a: 282)

1932년 10월, PRH 씨라는 사람이 보낸 편지에서도 같은 분위기가 읽혀진다. 다음은 그 내용 중 일부분이다.

형님, 나도 느끼나이다. 이제 저들은 설교나 기도로써 가르쳐 먹일 수 없음을 절실히 느끼나이다. 저들을 가르칠 유력한 재료는 오직 눈물, 피, 죽음인 줄을 확실히 깨닫고 있습니다.
형님, 형님. 이미 그것을 깨달으셨으니 그리고 준비하셨으니 그냥 그대로 눈물을 뿌리소서. 눈물을 뿌리었다 하거든 피를 뿌리소서. 피

를 뿌려도 안 되거든 죽음을 내주소서. 그리하여도 저들이 깨닫지 못
하거든 그대로 주 앞으로 기쁘게 가시옵소서(314-315).

같은 해 12월 31일 PCS 씨가 보낸 편지에서는 이미 이용도가 순교
자의 자리에 와 있음을 느끼게 하고 있다.

　　며칠 전 기독신보에서 목사님께 관한 기사가 있는 것을 보았습니
다. 자세한 일은 알 수 없으나 덮어놓고 제 생각에는 유태의 소위 종
교가들이 주를 십자가에 못 박은 것같이 오늘날도 소위 교회 안에서
주의 진실한 종을 박대함이 아닌가 생각할 때 마음이 괴로워 못 견
디겠음을 느꼈나이다(323).

주변의 이러한 분위기와 마지막으로 치닫고 있는 그의 태도에서 우
리는 혹시 그가 그 자신을 예수와 병적으로 동일시되는 자아팽창 현상
에 사로잡힌 것은 아닌지 하는 의구심을 잠시 떠올리게 된다. 물론 그
렇게 볼 여지가 없는 것은 아니지만 그런 견해는 사실상 무리가 있다.
우선 그의 죽음 직전의 행적은 그것과는 정반대의 모습을 보였기 때문
이다. 그는 자기 자신이 예수라거나 자신은 구원을 완성한 사람이라는
주장도 하지 않았을 뿐만 아니라 견해 차이를 가지고 그를 반대하던
사람들과 논쟁을 하거나 적극적으로 자기 자신의 분파를 형성하여 군
림하지도 않았다. 그는 마치 순교자처럼 죽어 갔다. 이러한 순교자의
자세를 자아팽창 때문이라고 하는 것은 잘못이다. 순교가 그의 길이면
그가 순교하는 것은 그의 자기실현이기 때문이다.(이부영, 2005c: 121
참조) 그의 순교자적 태도는 사실 모든 것을 포용하려는 태도였다. 이
러한 태도를 융은 사위일체라는 개념으로 풀어냈다.

2) 예수의 십자가상의 죽음과 사위일체

융의 '사위일체(四位一體)'는 이용도가 이단으로 정죄된 무리들뿐만 아니라 그 자신을 내쫓은 기존교회의 비판세력들까지도 끌어안고 간 행위를 좀 더 깊이 이해하는 데 큰 도움을 주는 핵심적인 개념일 뿐만 아니라 이 연구의 중심테마인 개성화 과정의 핵심이기도 하다. 이 것은 인간 밖에 초월적으로 있는 신에 대한 것이 아니라 인간 안에 있는 신에 대한 개념이다. 따라서 '사위일체'는 (1) 절대타자이며 자족적인 존재로서의 전통적 삼위일체의 신을 말하는 것이 아니고 (2) 동시에 종교와 무관한 인간도 또한 없다는 것을 강변한다.(Dourley, 2001: 2) 다시 말해서 그것은 신과 인간이 상호의존적으로 존재하고 있다는 뜻의 개념이면서 동시에 인간 내면의 무의식과 의식의 통합 이야기이기도 하다. 우선 사위일체에 대한 논의에 앞서 삼위일체의 문제를 먼저 고려해 보아야 한다. 그 문제는 다음과 같다.

> 삼위일체와 그것의 내적 삶의 과정은 하나의 닫힌 원, 다시 말해서 '자기'가 포함된 신성한 연극(a self-contained divine drama)과도 같다. 그렇기 때문에 인간은 기껏해야 수동적으로 한 부분만을 연기하게 되는 그런 연극이다. (이처럼) 삼위일체는 몇 세기 동안 인간을 가두었고 오늘날에는 인간에게 믿을 수 없이 난해한 모든 종류의 이상한 문제들을 맹목적으로 그의 마음에 간직하도록 강요하였다. 그러므로 삼위일체는 우리에게 실질적으로나 도덕적으로 또는 상징적으로도 전혀 의미가 없는 것이다.(*CW* 11, par.226)

또한 경우에 따라서 이러한 삼위일체는 심리적인 문제를 야기시킬 수밖에 없게 된다. 그 문제란 세 인격으로서의 하나님 안에 "잠재성에

서 실제로, 가능성에서 현실로 나아가는 과정이 있을 수 있을까?" 하
는 것이다. 이 과정은 있을 수가 없는데 하나님은 순수한 실재(實在)
이기 때문이다. 다시 말해서 순선(純善)의 그에게 있어서는 악이 포함
되어 있는 현실적 실재의 문제는 사실상 중요한 과제로 대두될 수 없
다는 것이다. 물론 이러한 삼위일체가 영적 발달을 촉진시킬 뿐만 아
니라 종종 그것을 실제적으로 강화시키기는 한다. 그러나 이 삼위일체
로 말미암아 마음의 영화(靈化, spiritualization)가 너무 한쪽으로만 치
우쳐서 결국 건강을 해롭게 할 위험에 처하는 순간에는 삼위일체의
보상적 중요성은 필연적으로 그 뒤로 물러나게 된다.(par.286) 이처럼
순수한 선으로서의 삼위일체는 인간의 심성적 현실에서는 위태로움을
줄 수도 있는 것이다. 인간의 실존적 상황은 악이 침투해 들어와 있으
며 또한 '그림자'가 없을 수 없기 때문이다. 사실 이러한 인간의 실존
적 상황에 하나님이 직접 개입해 들어온 사건이 바로 예수의 십자가
상의 죽음이다. 여기서 초월적 하나님은 자기모순에 빠지면서까지 인
간 안에서 화해되기를 모색한다.

　　사위일체라는 신성한 원칙의 개념이 삼위일체의 세 인격 위에 하
나님의 본질로서 추가되려 할 때 교회 교부들은 매우 완강히 반발하
였다. 이 사위일체에 대한 저항은 무척 이해하기 어려운 것이다. 분명
히 십자가라는 기독교적 상징은 제4의 원소임에 틀림없기 때문이다.
어떻든 십자가는 하나님이 이 세상과 즉각적으로 조우할 때 나타난
그의 고통을 상징하는 것이다. 그것이 그리스도 자신의 유배와 무덤
에 묻히는 것을 예비하기 위한 행위라 할지라도 그 순간만큼은 악마
가 신인(神人)을 정복한 것이다. 그러므로 십자가는 그리스도가 악마
와 겨룬 투쟁을 나타내는 상징으로서 하늘나라와 지옥의 중간에 놓
여 있는 4위와 동일한 것이다.(par.250)

이처럼 십자가 사건은 하나님이 인간과 화해하려는 과정에서 나타난 하나님 자신의 고통의 상징이었다. 따라서 십자가라는 제4의 원소는 필연적이다. 그리고 그 '사위일체'는 인간 내면의 무의식과 의식의 관점에서는 다음과 같이 설명될 수 있다.

두 도둑들 사이에서 십자가에 달린 구세주의 이미지는 그리스도와 적그리스도가 갖는 동일한 의미를 극적으로 보여주고 있다. 이 그리스도와 적그리스도는 우리들에게 다음과 같은 것들을 말해 주는 위대한 상징이다. 그 상징들은 우리 의식의 분별력을 점진적으로 발달시켜서 우리 마음속의 갈등을 알게 하여 우리를 위협 가운데 놓이게 하며 또한 화해할 수 없는 대극들 사이에서 괴로워하는 '자아'를 십자가 위에서 죽게 하는 데 깊이 관여하고 있음을 말해 주고 있다. 자연적으로 거기에서 의심의 여지없이 '자아'는 완전히 죽는다. 의식의 핵심이 파괴되어야 완전한 무의식이 활동하기 때문이다. 해결할 수 없는 의무적 갈등의 상황에 직면하게 되면 우리는 최상의 궁극적 결정을 해야 한다. 이때 결정적 영향을 주는 것은 '자아'의 상대적 죽음뿐이다. 다시 말해서 아무것도 결정하지 못하고 고통 속에 있기만 한 방관자로서의 '자아'는 단지 무의식에 복종하여 그것의 결정에 따라야만 함을 의미한다. 그러므로 그리스도가 본래 그 안에 적절하게 속해 있어야 하는 '그림자'를 내포하고 있지 못한 '자기'의 기독교적 상징이기는 하지만 이것은 개성화의 심리적 양상을 기독교 전통의 관점에서 조심스럽게 예시해 주고 있다.(*CW* 9ii, par.79)

인간의 '자아'는 그에게 죽음을 가져오는 대극을 끌어안으며 의식의 부활을 지향하면서 신의 대극에서 생긴 고통을 극복해야 하는 것이다. 신의 대극 때문에 인간이 받는 고통에 대해서 융은 그렇게 뚜렷하게 묘사하지는 않았지만 신의 대극 문제는 신성과 인간성이 서로를 구속하는 형식으로 진행된다고 주장하였다. 이때 '자아'는 고통스럽게 죽고 그를 나은 무의식에 잠겼다가 다시 나와야 한다. 그 순간 의식의 에너지는 새로워지고 공감력이 확장된다. 의식은 무의식에 잠겨 있었기 때문에 무의식에 있는 대극들을 더 잘 끌어안을 수 있으며 의식 안에서 더 잘 통합할 수 있다. 그리하여 사람들은 '영화로운 몸'으로 된다. '영화로운 몸'이란 정통주의 신학에서는 지상에서의 삶이 끝난 다음에 얻어지는 것이지만 융에 의하면 연금술 과정의 정점에서 이루어진다. 즉 개성화 과정을 통해서 얻어지는 것이다.(Dourley, 31)

이제 인간이 하나님과의 관계를 이야기할 때의 하나님은 하늘 위에서 근엄하게 홀로 있는 정통적인 초월적 하나님이 아니라 인간 안으로 들어와 있는 하나님이다. 이러한 하나님을 '사위일체'의 신이라고 부르는 이유는 순선(純善)한 세분 인격에 인간의 속성이 포함되어 있기 때문이다. 따라서 그는 스스로 있는 자가 아니라 인간과 더불어서만 존재하는 하나님이다. 이러한 하나님을 융은 중세 신비주의자들을 통해서 그 진행 정도를 유추해 내고 있다. 그의 추적을 세심히 따라가보면 하나님과 인간과의 관계 정도가 점차적으로 가까워져 가다가 결국 동일시되어감을 감지하게 된다. 간단히 정리해 보면 처음 13세기의 막대부르크의 마크틸드(Mechthild of Magdeburg, 1210?-1282?)는 하나님을 인간과의 영적 교통을 통해서만 존재할 수 있는 분으로 파악한다. 둘째 14세기의 마이스터 에크하르트(Meister Eckhart, 1260-1328)는 정통적인 하나님과 인간과의 관계 속에서 '신성(Godhead)'이라는 제4의 요소를 상정한다. 마지막으로 16세기의 야콥 뵈메 (Jacob Boehme, 1575-1624)는 하나님의 대극은 인간 안에서 화해한다고 생각하여 인간을 하나님의 완성에 필연적인 존재로 강조한다.

이것을 좀 더 자세히 설명보기로 한다. 마크틸드는 선재하는 삼위일체의 구성원들이 그들의 자기만족(their self-sufficiency) 속에서 권태로워하고 있다고 기술한다. 이러한 영원한 권태에서 벗어나서 그들은 그들의 영구적인 불임(무결과)에서 해방되기 위하여 마크틸드를 그들의 연인으로 창조한다. 이 상상은 마크틸드가 삼위일체에 어떤 것을 제공함으로써 삼위일체를 완성하고 있음을 암시한다. 융은 "하나님은 영혼(the soul)과의 영적 교통(intercourse)을 통해 충분히 선한 모든 것이 된다"는 마크틸드의 말을 현대의 심리학으로 풀어서 그의 『욥에의 응답』에서 확실하게 이야기한다. 즉 하나님은 다만 인간과의 영적 교통을 통해서만 '자기'의식의 충만(fully self-conscious)을 이루고 또한 인간 안에서 육화하기 때문에 인간과의 영적 교통이 충분해야 한다고 보았다. 융에 있어서 영혼의 심연으로 들어갔다가 그곳으로부터 다시 나오는 이러한 순환은 신과 인간의, 의식과 무의식의 상호 구원 작업이며 또한 개인과 집단의 성숙을 의미하는 기반이었다.[61] 여기까지는 아직도 신과 인간 사이의 상호작용이 필연적이라는 인식에만 머물러 있지 사위의 개념으로까지 발전되지는 않고 있다.

뒤이어 거의 틀림없이 베긴 수도회의 영성에 지대한 영향을 받은 에크하르트는 하나님을 신성(Godhead)과 신(God)으로 나누어 생각하였다. 그러면서 그는 그가 신성을 꿰뚫고 들어가서 신성과 하나가 되어 신과 아무 차이가 없이 똑같이 되었고 다시 의식적인 상태로 돌아올 수밖에 없었던 체험에 관해서 이야기하였다. 이처럼 그는 삼위일체의 신을 넘어선 신을 경험하면서 다른 신은 전적으로 낯선 신이라는 것을 깨달았다. 삼위일체를 넘고 표현의 한계를 넘어서 있는 신성(Godhead)은 가장 깊숙한 차원의 제4위이다. 신성(Godhead) 그 안에서 사위일체가 완성되고 있다. 그리고 그것은 무의식의 가장 깊은 차

---

61) John P. Dourley, "Jung and the Christian Apophatic Experience: Religious and Psychological Implications" 주 7)에 게재되었던 강연 초록.

원이기도 한 것이다.[62]

다음으로 뵈메는 신적인 것은 만물의 심층부, 즉 만물의 가장 낮은 곳에서 만날 수 있다고 주장하였다. 융은 뵈메로부터 신성은 자신의 삶에 내재해 있는 대극을 알아차리지 못하고 인간의 의식을 창조하고 인간의 의식 속에서 자신의 갈등을 해결하려고 한다는 사실을 확인하였다. 신은 성부의 어둠과 성자의 밝음으로 대극상태에 있고 성령은 인간의 의식 안에서 성부와 성자를 통합하는 것으로 나타난다. 이처럼 대극의 고통 속에서 생겨난 의식은 의식의 모태인 대극들을 포함하면서 동시에 초월한다. 그러므로 사람들은 각 개인의 삶에서 생기는 고통을 통해 그의 내면에 있는 신성에 대하여 더 높은 의식을 갖게 되며 그렇게 각성된 의식은 자기와의 대화를 통해서 개성화의 길로 나아가게 된다. 그런 의미에서 인간성은 신성의 네 번째 차원이 된다. 에크하르트가 '자아'와 무의식의 동일시에 주목한다면 뵈메는 신을 뛰어넘는 신성과의 통합이 오직 인간에게서만 성육신된 모습으로 드러난다고 강조한다. 우리는 매일 매일의 삶 속에서 원형적인 세계에 깊숙이 들어갈 수 있으며 그때 '자아'는 신의 충만성 속에 몰입되는 것이다(31).

흔히 우리는 선과 악이 하나님 안에 함께 있다는 생각을 불경스러운 것으로 여긴다. 그러나 융에 의하면 대극은 없애야 하는 것이 아니다. 그것은 오히려 에너지이며 따라서 보편적 법칙이다. 중국의 음양은 이러한 법칙을 잘 보여준다고 그는 말하고 있다.(*CW* 11, par.291) 그는 또한 "루시퍼 설화는 에덴동산의 뱀 이야기가 그렇듯이 전혀 모순된 이야기가 아니다. 그것은 치유의 힘이 있는 신화(therapeutic myth)(par.291)"라고 말한다. 사위일체란 소외된 인간을 전폭적으로 감싸주는 무조건적인 예수의 사랑과도 같다. 그러므로 이러한 대극으로서의

---

62) 주 8) Dourley의 강연 초록 및 심성연구(2001, vol. 16) 참조.

사위일체가 현대인들에게 있어서는 하나의 치유적 상징인 것이다. 이러한 융의 견해는 이용도의 마지막 삶의 태도를 이해하는 데 상당한 힘을 부여해 준다. 이용도는 융의 견해처럼 우리의 개인적 및 사회적으로 어두운 부분들이 잘라내 버려야 하는 것이 아니라 적극적으로 감싸며 사랑해 주어야 하는 것임을 몸소 행동으로 보여주었다.

이렇게 모든 것들을 아우르는 사랑이 바로 '자아'와 '자기'가 결합하는 데 필연적인 요소라는 것을 융은 연금술의 논리를 가지고 강조한다. 연금술에서 영(靈)인 왕과 신체(身體)인 여왕은 필연적으로 결합하게 된다. 그런데 이 과정에서 혼(Seele/비둘기, 물) 없이는 결합되지 않는다. 왜냐하면 혼은 그 둘을 묶어놓는 띠이기 때문이다. 또한 사랑의 띠가 존재하지 않으면 그들에게는 혼이 있을 수 없다.(기저3, 262 –263/*GW* 3, 195/*CW* 16, par.454) 그러니까 결합에 있어서 무엇보다도 중요한 것은 사랑이다. 이러한 전제 조건 밑에서 결합이 일어나면 그 순간에 현자의 아들 또는 돌(lapis)이 탄생한다. 융의 표현이다.

> 융합의 진정한 의미는 하나인 것과 하나로 결합된 것을 탄생시키는 것이다. 그것은 사라져버린 빛의 인간(Lichtmenschen/man of light)의 부활이다. 빛의 인간은 영지주의 및 기독교 상징에서의 로고스와 동일하고 요한복음의 시작에서 볼 수 있는 것처럼 모든 창조 이전에 있던 것이다.(*GW* 3, 199/*CW* 16, par.458)

이용도는 그의 말년으로 가면 갈수록 예수 닮기를 갈망한다. 이러한 그의 행적의 심리학적 해석은 그가 신적 사랑으로 충만하여 '왕과 여왕의 결합'의 상징처럼 의식과 무의식의 합일을 경험하고 있음을 간접적으로 보여주는 것이다. 왜냐하면 그 둘의 결합으로 나타나는 심리적 형상이 바로 라피스 곧 예수 그리스도이기 때문이다. 예수 그리스도와의 닮음은 인간이 신이 되고자 한다는 것이 아니라 심리적 상징으로서의 닮음, 즉 이미 언급했듯이 의식과 무의식의 합일로 인한 변환의 상징이다.

3) 고통 속에 승화된 조용한 죽음

> 형아, 나는 이론[理]없이 빛없이 죽으려 한다. 뒤에 조리 있고 빛있게 싸울 사자가 나오기를 바라면서 나는 무리하게 죽을 테니 형은 유리하게 살아 주지 않으려나. 나는 법 없이 조리 없는 운동에 제물이 되거든 형은 법적으로 조리 있게 일하여 다오. 이를 위하여 나는 먼저 떨어져 죽는 작은 밀알 한 알갱이가 되려 하노라.(이용도/변종호 편저, 2004b: 275)

융의 말대로 무의식 분석의 목표는 바로 변환이다. 만약 변환이 일어나지 않는다면 무의식은 그 제약적인 영향력을 변함없이 갖게 되며 경우에 따라서는 아무리 분석을 하고 아무리 이해를 하더라도 신경증 증상을 그대로 유지하게 되거나 혹은 강박적 전이에 사로잡히게 되는데 이것은 신경증과 마찬가지로 해롭다.(*GW* 3, 95/*CW* 7, par.342) 이용도의 꿈과 환상을 중심으로 그의 무의식의 활동 과정을 추적해 본 이 시점에서 그의 마지막 일기는 그가 신경증 증상이나 강박적 전이에 사로잡혀 과대적 행동을 보이기는커녕 오히려 그의 변환이 극단적인 순간에 와 있음을 비장하게 보여주고 있다. 그는 십자가 위에서 죽임을 당하고 있는 '자아'를 기꺼이 받아들이고 있는 것이다. 그 '자아'가 죽어야 본래의 '자기'를 만나게 되고 그 후 참자기 자신으로 부활함을 확신하고 있었기 때문일 것이다.

1933년 10월 2일 부모, 형, 처, 동지, 학생 등 20여 명이 이용도의 주위에 둘러앉아 그와 함께 찬송가를 불렀다.

> 아름다운 내 본향을 목적 삼고 한 찬미를 불러보세
> 거기 무궁한 세월이 흘러갈 때 고난 풍파가 일지 않네
> 고난 풍파가 일지 않네
> ……
> 모든 슬픔과 아픔을 벗어난 후 영원히 즐거워하리
> 손에 거문고 들고 늘 찬미할 때 우리가 서로 만나겠네
> ……
> 우리가 서로 만나겠네

　마지막 줄 "우리가 서로 만나겠네"까지 박자를 놀리시던 목사님께서 손을 맥없이 푹 놓으시며 눈을 힘없이 감으신다. 얼마 후에 다시 눈을 뜨며 얼굴에 미소를 띠우는데 그 얼굴의 환하고 평화스러움과 그 빛나고 영광스러운 광채는 거룩하고 존귀한 인상으로 오직 눈에만 남아 있을 뿐이요 말로나 글로서 형용하기는 어렵다…… 목사님은 마지막 숨을 거두시었다.(피터스/변종호, 213-214)

　그때가 오후 5시였다. 그는 '사천집회의 꿈'이 미리 보여준 것처럼 자기실현을 이루어 나가는 중에 조용히 눈을 감았다. 이는 그의 나이 33세의 일이었다.

제 **8** 장

결 론

본 연구가 갖는 한계는 다음과 같다. 첫째는 한 세대 전에 살았던 이용도를 주로 그의 제한된 자료, 더구나 많은 학자들이 지적하였듯이 변종호의 임의적 취사선택에 의해 편집된 자료에만 의지할 수밖에 없었다는 점이다. 좀 더 성의를 가지고 그에 대한 원자료를 찾는 노력을 기울였어야 했겠지만 그것은 본 연구의 목적과 다른 분야이기도 해서 아쉬움을 간직한 채 이 글을 쓸 수밖에 없었다.

두 번째 문제는 꿈과 환상에 대한 융 심리학적 분석과정에서 그것들의 강한 상징성 때문에 자칫 범할 수도 있는 주관적 해석의 오류 가능성이다. 말하자면 어떤 꿈과 환상들이 가령 그 상황에 부합한 의미로 인식된다 하더라도 그것은 단지 간접적인 결론일 뿐이기 때문이다. 이러한 한계를 융은 다음과 같이 말한다.

> 무의식적 과정은 때로는 환자의 증상을 통하여 때로는 행위, 생각, 정감, 환상과 꿈을 통하여 모습을 드러낸다. 그와 같은 관찰 자료에 힘입어 우리는 그때그때의 무의식적 과정의 상태와 전개에 관해 간접적인 결론을 내릴 수 있다. 그 경우에 우리는 물론 무의식적 과정의 진정한 성질을 인식했다는 착각에 빠져서는 안 된다. 우리는 무의식 과정에 말하자면－마치－무엇 무엇인 듯 보인다는 것 이상에 다 다르지 못한다.(기저3, 79-80/GW 3, 59-60/CW 7, par.272)

보편적으로 꿈과 환상에 대한 해석이 편협된 주관성의 오류에 빠지지 않기 위해서는 현장에서의 검증이 무엇보다 중요하다. 따라서 지금 여기(here & now)에서 그 꿈과 환상을 경험한 당사자와 함께 그것에 관한 연상이나 삶의 사건들을 통한 관련성을 확인하면서 해석해야 할 것이다. 게다가 해석 이후 그의 꿈이나 환상은 또 그 해석에 어떻게 응답하는지를 관찰하고 논의해야 함은 물론이고 집단적 자료의 꿈인 경우 인류의 보편적인 연상을 수집해서 그것에 대한 그 개인의 연상을 함께 검증해야 더 정확한 분석이 된다는 것은 너무도 당연한 것이다. 그러나 과거의 인물에 대한 분석과정에서 이러한 상황은 불가능하기 때문에 필자는 주관적 오류를 최소화하기 위해 개인적 및 공적 행적과 역사를 할 수 있는 한 많이 참조하려 하였고 인류의 보편적 연상 또한 인용하려 하였다. 그러나 보편적 연상의 지나친 개연성의 위험 때문에 가급적 그 당시의 상황에 집중하려 노력하였다.63) 그럼에도 불구하고 이 연구의 구조상 처음부터 이러한 한계점이 밑에 깔려 있음을 인정하지 않을 수 없다.

셋째 종교적 꿈과 환상을 심리학적인 관점에서 관찰할 때 자칫 빠지기 쉬운 오류가 있다. 그것은 그 모든 것들을 오로지 심리학적인 개념으로만 해석하려는 경향이다. 융의 말을 들어본다.

---

63) 인류의 신화, 전설, 민담 등에서 유사한 구조를 발췌하여 어떤 특정한 꿈이나 환상을 해석하려는 융의 확충 기법은 박학다식한 재능이 절대적으로 요구되기 때문에 엘리트주의(elitism)로 비판받는다. 게다가 융 심리학은 프로이트 이론들과는 달리 애매모호하고 논리적 모순을 가지고 있다는 비판을 받기도 한다. 예컨대 "A는 B를 함축하고 있다; B는 참이다, 그러므로 A도 참이다", "피터는 잠을 못 자면 예민해진다; 피터는 예민하다, 그러므로 피터는 잠을 못 잤다"라는 논리는 결론확인의 착오(the fallacy of the 'affirmation of the consequent')이다.(Palmer, 166-177 참조) 즉 원형에 있어서 틀이 유사하다고 해서 동일한 원형이라고 말하는 것은 모순이라는 것이다. 이것은 융이 인간의 어떤 면을 심리적 차원에서 보려 했는지를 고려하지 않고 하는 지적인 듯하다.

어떤 경우라도 초월적인 것에 대해서 말하는 것은 삼가야 할 것이
다. 왜냐하면 그러한 태도는 언제나 스스로의 한계를 의식하지 못하
는 인간정신의 어리석은 억측에 지나지 않기 때문이다. 따라서 '신
(神)' 또는 '도(道)'를 일종의 영혼의 충동(an impulse of the soul)이
라든지 또는 정신적 상태(a psychic state)라고 말할 때 그것은 오로
지 인식될 수 있는 어떤 것들에 대해서만 말하고 있는 것이지 인식
불가능한 것들에 대해서 말하고 있는 것은 아니다.(*CW* 13, par.82)

초월적인 것 혹은 신앙적인 것은 거기에 그대로 있는 것이다. 그것
의 실체를 자각이나 한 듯이 표현하기 시작할 때 이미 그것은 과대적
동일시라는 병적 현상일 수 있다. 그와는 반대로 그런 현상들을 과소
평가하여 다만 생물학적 내지는 심리학적 현상에 지나지 않는다고 말
할 때 우리는 고귀한 종교의 세계를 잃는 우를 범하는 것이다. 따라서
융의 개성화 과정을 도구삼아 이용도의 개인적 및 집단적 무의식을
추적해 간 이 연구의 과정과 결론을 보고 그의 삶을 단지 심리학적
의미로만 재해석해 내는 환원론에 빠지는 것은 지극히 경계해야 할
일이다.[64]

본 연구를 요약해 본다. 이용도는 숨조차 쉴 수 없이 척박했던 일제
강점기에 살았다. 게다가 이미 방패막이로서의 기능이 소멸된 유교적
전통의 폐허 속에서 오리엔탈리즘으로 채색된 타의적 기독교 문화에
만 의지하고 살아야 했다. 이러한 상황이 원인이 되어 그가 선택할 수
있었던 방법은 외부의 여러 세력에 휘둘리지 않고 그의 내면으로부터

---

64) 사람들은 종교에 대한 융의 심리학적 관찰을 심리학주의(psychologism)
　　라고 폄하하고 예수를 단지 '자기'원형의 한 예로만 취급하고 있다고 하
　　면서 이단적 영지주의자(the heresy of the Gnostics)로 비판하기도 한
　　다.(Palmer, 184 - 196 참조)

올라오는 진솔한 신앙에 몰입하는 일이었다. 그는 그의 모든 열정을 쏟아 부어 개인적 아픔뿐만 아니라 그 시대적 아픔까지도 그 안에서 철저히 승화시켰다.

이러한 이용도의 삶은 여러 학자들의 관점에 따라 다양한 평가를 받아왔다. 우선 그의 몰아적이고 감성적인 신앙양태에만 초점을 맞추었을 때 그는 신비주의자로 평가받았다. 그러나 이러한 평가는 그 당시의 사회적 환경을 전혀 고려하지 않은 한계를 가지고 있었다. 따라서 그 이후의 연구들은 당시의 사회·문화적 요인에 대한 깊은 성찰을 통해 이용도를 평가하였다. 이 연구들도 그의 행위를 사회적 및 역사적 요인들에 의한 것이라는 인과론적 관점에만 몰입하였다. 이와 같은 연구들은 이용도의 삶을 이해하는 데 많은 도움을 주었지만 그러나 정작 그러한 삶의 원동력이 되었던 그의 정신적 변환에 관한 논의가 없었기 때문에 그의 삶을 총체적으로 이해하는 데 한계가 있었다.

〈도표〉 이용도의 꿈과 환상체험에 관한 요약

	시기	내용	분석적 의미
1	1916. 01 (15세)	숙부 심부름 중, 구척의 마귀를 만나서 찬송가로 물리친 환상.	인격성장의 시작. 의식과 무의식의 대극의 체험.
2	1926. 초 (25세)	요양차 내려간 강동에서 강력한 감정 폭발의 체험.	투쟁적 페르조나의 허구성과 개인적 무의식의 자각.
3	1928. 11 (27세)	첫 부임지 통천교회에서 마귀들과 격렬한 싸움 끝에 승리한 환상.	집단적 무의식의 자각. 의식적 자아의 포기와 직관적 삶의 시작.
4	1929. 01 (28세)	양양교회에서의 빨간 군대 백일몽	통천교회의 승마체험과 관련하여 모세와 같은 사명감의 자각

	시기	내용	분석적 의미
5	1930. 02 (29세)	회중전등과 단총을 든 그가 험로를 따라 산을 오름. 무거운 짐 지고 오르는 또 다른 '자기' 발견의 환상.	삶 전체가 집단적 무의식 탐구에 몰두하기 시작함. 외로운 부흥사 사명감의 실천을 암시.
6	1931. 02 (30세)	강단에 선 그에게 청년들이 몰려듦. 무섭게 생긴 두 사람이 그들을 베어죽임. 그가 입김을 불어 두 사람을 죽이는 환상.	영웅적 부흥사와의 동일시를 경계하게 함.
7	1931. 08 (30세)	아버지를 감싸고 있던 큰 뱀이 웅덩이로 도망감. 흙을 매워 뱀의 중간 부분을 노출시킨 뒤 누군가의 칼로 죽이는 꿈.	근친상간으로의 퇴행. 모성원형 및 모성콤플렉스의 의식화 과정을 나타냄.
8	1931. 10 (30세)	옷도 입지 않았는데 수치심 없이 강단에 섬. 설교 때 청년들이 그를 포박하고 머리칼 같은 것으로 채찍질함. 십자가 예수 형상을 느끼며 무리들 앞으로 나아감. 뱀 같이 달아나 죽었다가 산 위로 오르는 꿈.	집단적 무의식의 의식화 과정. 특히 '자기'원형의 의식화를 잘 보여줌. 예수와의 동일시의 참 의미를 암시해 줌. 사위일체의 의미 내포.

　융 심리학은 이용도의 내면세계의 변환을 이해하는 데 매우 적절한 도구이다. 이 해석법은 그의 개인적 환경과 시대적 상황을 그의 내면의 삶을 일깨우는 인자로 보았다. 따라서 주어진 상황 속에서 그가 초기에 경험한 꿈과 환상들(무의식의 언어)은 우선 그를 그 시대의 집단정신인 페르조나와 그 자신을 구별하려는 목적을 가지고 나타났다. 그다음 그것들은 좀 더 무의식적인 '그림자'(개인적 무의식)의 빙의로부터 벗어나게 하려는 의도를 가지고 나타났다. 그러나 인간의 정신 속에는 개인적 무의식보다 더 근원적인 무의식이 내재되어 있었고 그

것이야말로 인간의 참변화를 이끄는 힘이었다. 그것들은 개인의 경험이 누적되어 형성된 것이 아니라 인류의 공통적 경험이 수천 년을 내려오면서 누적되어 형성된 것들이다. 따라서 그것들은 고태적이고 원초적인 힘을 가지고 있어서 마성적 두려움으로 인식되기도 한다. 이러한 집단적 무의식은 모성원형 및 모성콤플렉스, 아니마·아니무스원형 그리고 '자기'원형 등 그 밖의 여러 가지 다양한 원형으로 이루어져 있다.

이것도 역시 꿈과 환상의 이미지를 통해서 의식에 인식된다. 따라서 이용도의 꿈과 환상의 해석을 통해 필자는 그의 집단적 무의식의 의도를 간접적으로 추적할 수 있었다. 그 과정 속에서 필자는 그의 모성원형과 모성콤플렉스 그리고 아니마원형의 의식화와 '자기'원형의 의식화를 암시하는 메시지들을 찾아낼 수 있었다. 그리고 그의 현실적 삶의 궤적을 추적해 나가면서 그의 일련의 꿈과 환상이 예언처럼 보여준 메시지들을 현실에서 확인할 수 있었다. 이용도의 꿈과 환상들은 모두 서로 연관되어 일정한 방향으로 나아가면서 그의 인생의 고비 때마다 일종의 방향표시판으로서의 역할을 충분히 해냈던 것이다. 이러한 집단적 무의식 중 가장 중심에 있는 것이 바로 '자기'원형이다. 이것은 본래의 자기 자신을 회복하려는 전체성의 원형이기 때문에 '자아'와 '자기'의 합일을 지향한다. 따라서 '자기'원형이 의식화되는 순간에 '자기'가 실현되는 것이다. 이용도의 마지막 모습이 그러하였다. 그의 죽기 직전의 행적은 누구를 원망하거나 비난하지 않았다.

이러한 총괄적 이해 속에서 세부 사항들을 정리하면 다음과 같다.

첫 번째 정리 과제는 그의 부모들에 관한 것들이다. 그의 선천적 기질과 성장배경이 그의 심리적 변환과정을 이해하는 데 가장 기본적인 요소이기 때문이다. 논의 과정에서 필자는 우선 그의 아버지를 폭군적 이미지로만 그리는 데에 문제가 있음을 알 수 있었다. 즉 그가 폭군적 행동을 마다한 것은 그만의 문제가 아니라 그 시대가 가지고 있던 공통의 문제였다는 점이다. 다시 말해서 몇백 년씩 유지되어 오던 가부장 중심의 전통이 무너져 내리는 시대에 비판력이 예리하지 못했던 그의 아버지가 살아가고 있었다는 것이 문제라면 문제였다. 게다가 이용도가 아버지에게 보낸 편지들을 연결지어 읽어 보면 그의 아버지는 한편 섬세하고 걱정이 많으면서 딱히 그 시대적 스트레스를 용감하게 해쳐 나갈 만한 능력이 없어 술로 도피하기만 했을 그 당시의 보통 사람이라는 생각을 떨칠 수가 없었다. 오히려 보통을 넘어서 있던 사람은 그의 어머니였다. 그의 어머니는 물론 자신을 학대하기만 한 남편에 대한 한(恨)을 평생 가지고 살았던 분이긴 했지만 그녀가 전도부인이었다는 사실하나만으로도 보통을 넘어서 있음을 직감할 수 있었을 뿐만 아니라 양미강의 전도부인 연구를 통해서 확인한 바로도 그러하였다. 필자는 전도부인의 이미지가 주는 인내심과 자유 또는 평등의 정신이 사실 자기 자신의 색깔대로 철저히 살다 간 이용도를 있게 한 원동력 중 하나였을 것이라고 추측해 본다.

한편 그가 갖고 태어난 선천적 기질 중 하나가 예민함이었다. 그 예민함은 어릴 때부터 두각을 나타내서 어린 나이에도 불구하고 그는 이미 어머니를 대신해서 여동생을 돌보거나 신앙에 심취해서 기도를 몇 시간씩 하는 사람이 되었다. 더욱이 그 예민함이 결정적으로 보인 사건은 바로 그의 나이 15세 때 처음 겪게 된 키가 9척이나 되는 마귀를 물리친 체험이었다. 이 첫 승마체험은 그의 생애 분석에 있어서 매우 중요한 밑그림이 되었다. 왜냐하면 이 사건에서 그의 기질적 예민함과 정신적 강건함이 충돌하면서 그의 평생을 좌우했던 기본적 속성들이 유감없이 나타났기 때문이다. 우선 그것은 그의 정신세계가 음

(陰)과 양(陽)으로 분화되기 시작한 사건이었다. 그 이후 그가 마귀의 존재를 두려워하지 않고 큰소리로 찬송가를 불러 하늘의 도움을 받은 태도는 이런 해석에 더욱 강한 확신을 부여해 주었다. 왜냐하면 첫째 그는 마귀를 저 세상의 가상적 존재로 인식하지 않고 당연히 지금 여기에 그와 함께 힘을 겨루고 있는 실체로 인식하였다는 점이다(무의식의 인지). 이러한 태도는 자신을 성찰하려는 사람이면 누구나 맨 처음에 가져야 하는 가장 기본적인 전제이기 때문이다. 이처럼 마귀의 실체를 인정하고 나면 그다음엔 그것을 극복하려는 노력이 필요해진다(무의식의 활성화를 촉진시키려 함). 그런데 그 방법은 자기 안으로부터 오는 것이 아니라 밖으로부터 온다. 다시 말해서 의식으로부터 오는 것이 아니라 무의식으로부터 온다는 뜻이다. 그렇게 그것이 무의식으로부터 오는 것을 방해하지 않으려면 어린 용도처럼 찬송가를 불러 밖으로부터 도움이 올 것을 기대하면서 자신의 힘을 포기해야 한다. 첫 환상체험은 바로 이런 과정을 통해 도움이 밖으로부터 옴을 이용도에게 암시해 주었다.

두 번째 과제는 강동체험 이후 독립 투쟁적 태도에서 목회자의 태도로 바뀐 경위에 대한 것이다. 이용도는 폐병 3기라는 사형선고와 같은 통보를 받고 휴양차 이환신의 고향인 강동에 내려갔다가 거기서 우연히 거듭남의 체험을 했다고 보는 것이 일반적인 견해이다. 그리고 그 후 그의 인생 방향이 독립투사에서 목회자로 완전히 전환되었다는 것이다. 그러나 그의 행적을 심리학적 측면에서 분석한 결과 이 사건을 통한 그의 방향전환은 전혀 예측 불가능한 기적과 같은 일이 아니라 이미 보아온 바대로 의식과 무의식의 분화 과정의 맥락에서 일맥상통하고 있었다.

고등보통학교시절의 이용도의 심성은 적어도 표면적으로는 종교적

이거나 감성적이기보다는 이성적, 합리적 그리고 현실적이었다. 다시 말해서 그는 어린 시절에 경험했던 9척 마귀와 같은 감성적 혹은 신비적·종교적 측면에 대한 관심보다는 그 당시 사회를 이끌어 가던 이성적이고 투쟁적인 현실의 이념에 더욱더 많은 관심이 있었던 것이다. 한편 이것은 융이 본 인생의 전반부 때 추구하는 가치관과도 일맥상통한다. 그는 인생의 전반부를 대극의 분화 및 선택능력의 증강이 일어나서 주체성 확립에 힘쓰는 시기라고 보았다. 게다가 그의 집요한 성격 때문에 현실 문제를 적극적으로 해결하려는 열성은 보통을 넘어서 있어서 여러 번 투옥되기도 하였다. 그때 당시 그는 항일 민족주의 계열에 소속되어서 항일투쟁을 한 것은 아니었다. 그렇다고 해서 그가 부흥운동을 주도하던 복음주의적 기존교회를 등한히 했다고도 볼 수 없다. 한마디로 그는 이쪽에도 저쪽에도 속하지 않은 채 그 나름대로의 방식으로 항일운동을 결행했던 것으로 판단되었다. 그렇게 보았을 때 이러한 그의 태도는 그 자신의 개인적 환경과 너무도 잘 어울렸다. 즉 분열되어 있는 부모상과 전도부인의 신앙으로부터 유래된 자유와 평등의 가치들이 서로 맞닥뜨려 일으키는 갈등상황들, 그러나 그런 것들을 마음대로 분출할 수 없는 현실적 억압구조들 속에서 그가 할 수 있었던 그만의 방법은 그 어디에도 속하지 않으면서 자신을 표현해 내는 일이었을지도 모른다.

하여튼 그의 이성 및 투쟁 중심적인 외면적 행적들은 그 반대로 내면적 정신세계의 무의식을 강하게 결집하는 결과를 초래하였다. 이런 현상을 역전환성이라고 하는데 그것은 우리의 정신과 육체가 전체적인 균형을 유지하려고 벌이는 본능적인 기능으로서 우리의 육체나 정신이 어느 한쪽으로 편향되면 그에 반하여 그 육체나 정신은 그것과는 반대 방향으로 움직이기 시작한다는 견해이다. 그러므로 이성적이고 투쟁적이던 이용도의 내면세계는 감성적이고 무의식적인 에너지를 한껏 축적하게 되었다. 그가 투쟁적이고 도전적이고 공격적인 성향들을 본래의 자기 자신의 모습이라고 착각하여 그것들과 동일시하면 할수록 그의 내면세계에서는 의식에서와는 정반대되는 속성을 가진 무의식의 세력들이 더욱더 힘을 받아갔다. 바로 이때 그는 사형선고와도 같은 폐결핵 3기 판정을 받았다. 이 판정은 가뜩이나 한쪽으로 심히 편향되어 있던 이용도의 심리를 한순간에 무너뜨려 놓기에 충분했을 뿐만 아니라 부흥회에서 하염없는 눈물을 흘리기에도 충분한 충격이었다. 그러므로 그의 폐결핵 3기라는 죽음의 통보가 그의 회심에 원인적 역할을 했다기보다는 하나의 요인적 역할을 했을 뿐이었다. 그러니까 누구라도 다만 이성적 · 외향적 · 투쟁적인 삶만을 살아간다면 그는 언젠가는 감성적 · 내향적 · 순응적인 삶의 역풍에 휘말리게 될 가능성이 커진다는 말이다.

그러므로 강동체험은 그 체험자체에 초점이 맞춰지기보다는 그 이전 그가 왜 투쟁적 페르조나에 그렇게 집착하게 되었는지에 맞춰져야 했다. 이렇게 초점을 바꾸고 난 후 그의 행적들은 열쇠를 찾아낸 퍼즐게임처럼 일관된 모습으로 서로 연관성을 보이며 풀려나갔다. 그러므로 이러한 관점을 간과한 사람들이라면 누구나 부흥회의 회중들 앞에서 느닷없이 엉엉 울고 있는 이용도를 단순히 '갑작스런 회심의 경험' 때문이라고 평할 수밖에 없었던 것이다. 이처럼 강동체험은 그동안 한쪽으로만 편향되었던 그 이전의 행적에 대한 지극히 자연스러운 정신의 반동현상일 뿐이었다. 그러므로 그 체험 이후 그를 감싼 것은 투쟁적 페르조나에 젖어 살 때와는 전혀 다른 종교적이고 직관적인 감성들이었다. 이때를 개성화 과정에 견주어 달리 표현하면 이 기간은 그의 외적 인격인 투쟁적 페르조나의 한계성을 인식한 이후 학교생활과 교회생활에 충실하면서 그의 개인적 무의식의 굴레에서 서서히 벗어나려 했던 시기였다고 말할 수 있다. 그러니까 그가 신학생으로 목회자 훈련을 받아가며 신앙생활에 매진했다 하더라도 그의 심리적 수준은 아직도 그의 개인적 무의식의 문제를 해결하는 정도에 머물러 있었다는 말이다.

세 번째는 통천교회에서의 승마체험에 관한 문제이다. 그가 개인적 무의식의 수준에서 한 단계 뛰어넘어 집단적 무의식과의 만남 수준으로 가게 된 계기가 바로 통천교회에 부임하여 겪게 된 새로운 승마체험이었다. 이것이 대단한 체험이었던 이유는 그가 마귀와의 싸움에서 이겼기 때문이다. 이 말은 그가 이를 계기로 이적을 행사하는 능력의 사람이 되었음을 말하려는 것이 아니라 그 체험 이후 비로소 자기 자신의 집단적 무의식과 대화를 나눌 수 있는 능력의 사람이 되었다는 점을 강조하려는 것이다. 다시 말해서 그는 자신의 '자아'를 포기할 줄 알게 되었고 동시에 무심히 그의 집단적 무의식의 언행인 상징적 형상들과 어렴풋이나마 직관적으로 교류할 줄 알게 되었다는 뜻이다. 집단적 무의식은 개인적 무의식과는 달리 개인적 요구나 염려, 희망과 야망 같은 이기적인 것들에 관심이 있기보다는 집단적 무의식을 움직이게 하는 집단의 문제에 더 관심이 많아서 그러한 것들이 그 당시 이용도에게 더 중요한 주제로 대두되기 시작했다. 이제 무의식의 힘은 개인적 차원의 보상으로 인격의 균형을 유지하려 하기보다는 집단적 보상을 통해 균형을 유지하려 하였다. 필자는 이러한 포괄적인 의식의 확장이 그를 유명한 부흥사로 이끈 힘이었을 것이라고 생각하였다. 이러한 잠정적 추론에 확신을 준 것이 바로 '무거운 짐 지고 가는 자'의 환상이었다. 이 환상은 그의 개성화 과정이 집단적 무의식의 중심을 향해 매우 힘 있게 진행되어 가고 있음을 명확하게 보여주었다.

　네 번째로 주일학교 지도자 강습회에서의 환상체험을 중심에 두고 부흥사 이용도가 어떻게 그의 집단적 무의식에 그 자신을 전적으로 맡기는 삶을 살았는지를 정리해 보았다. 그 당시 집단적 무의식에 맡기는 삶에 상당히 익숙해져 있어서 존경받는 부흥사로 이름을 날리고 있던 이용도에게 있어서 최대의 적은 교만함이었다. 그러나 목적론적 관점에서 다시 해석했을 때 그것은 집단적 무의식이 가지고 있는 마성적 혹은 과대적 힘을 자기 자신의 것인 양 착각하는 동일시의 늪에 빠지지 말도록 그의 무의식이 경고한 것이다. "용도 목사가 강단에 나서니 어디선가 많은 청년들이 몰려들어 회당이 가득 찼다"는 환상의 내용은 청년의 형상들을 부흥사 페르조나의 인격화로 보았을 때 그가 얼마나 부흥사 페르조나에 대해 열망하고 있는지를 잘 나타내 주고 있었다. 그 열망은 '수많은 청년들'이라는 형상이 주는 이미지만큼 힘이 넘치고 희망에 가득 차 있었다. 그러나 이내 '두 사람'의 형상으로 출현한 그의 집단적 무의식은 그 청년들을 큰 칼로 모조리 베어 버렸다. 이런 장면을 통해 집단적 무의식은 이용도에게 영웅적 부흥사 페르조나를 단호히 벗어야 한다는 메시지를 강하게 전달하였다. 그 이후 그의 집단적 무의식에 그 자신을 전적으로 맡기는 구도자적 자세는 더욱더 뚜렷해졌다.

　다섯 번째의 과제가 바로 '자아와 자기의 합일'에 관한 문제이다. 지금까지 단계별로 차근차근히 추적해 왔듯이 이용도의 삶은 이제 그 끝에 와 있었다. 그리고 두 개의 큰 꿈은 '자아와 자기의 합일'에 관한 우리의 과제를 풀어줄 열쇠를 가지고 있었다. 집단적 무의식을 이루는 원형들 중 모성원형과 모성콤플렉스, 아니마원형 그리고 '자기'원형은 중요한 원형들이다. 필자는 우선 '아버지를 감싸던 큰 뱀이 도망가다가 죽임을 당하는 꿈'에서 이용도가 비로소 이러한 중요한 원형들을 의식화하기 시작했음을 발견하였다. 이 꿈은 그가 근친상간이라는 금기를 깨고 있음을 보여주었다. 즉 뱀은 근친상간으로 퇴행했을 때 그 결과에 대한 공포를 표현하는 상징이다. 아버지상은 도덕적 계율과 금지를 대표한다. 그러므로 큰 뱀이 감싸고 있던 아버지를 풀어 주고 있는 장면은 이용도의 무의식이 근친상간이라는 금기를 깨뜨리면서 불안해하고 있는 모습을 보여주는 것이다.

'사천집회의 꿈'은 '자기'원형의 의식화 과정을 비교적 명확하게 보여주었다. 첫째 그것은 '옷도 입지 않았는데 수치심도 못 느끼고 있는' 장면으로 그에게 있어서 이제 페르조나는 더 이상 걸림돌이 될 수 없는 지경에 이르렀음을 알려 주었다. 둘째 그동안 내내 부정적이었던 집단적 무의식이 친근한 이웃으로 바뀌었고 그것의 능력마저도 형편없었다. 이것은 집단적 무의식이 마나적 마성을 상실한 것을 의미하고 동시에 의식과 무의식의 거리가 상당히 가까워져 있음을 의미하였다. 셋째 십자가를 지고 가는 예수와의 닮음은 '자아'와 '자기'의 합일이 머지않았음을 암시하였다. 그러나 '십자가'에서 '나무로서의 어머니상'은 매우 중요하다. 개성화 과정의 궁극적 목표인 의식과 무의식의 합일은 사실 어머니 뱃속으로 들어갔다가 새로운 생명으로 재생한다는 상징으로 표현되기 때문이다. 다시 말해서 모성원형과 모성콤플렉스를 의식화한다는 것은 곧 근친상간의 정서를 의식하고 해결해야 한다는 뜻과 같다. 그런데 그것은 사실대로 일어날 수가 없다. 따라서 상징의 변환이 일어나는데 그것 중 하나가 십자가에 달린 신의 상징이다. 그리고 이 죽음은 곧 새로운 생명의 탄생을 내포한다. 그러므로 이것은 또한 '자아'가 '자기' 안에서 죽고 다시 태어남을 의미하기도 한다. 넷째 그동안의 환상과 꿈을 통틀어 볼 때 마귀의 상징이 점차적으로 친근하게 변화하였는데 이것도 또한 '자아'와 '자기'의 거리가 가까워져 왔음을 나타냈다. 다시 말해서 무의식의 의식화가 성공적으로 잘 진행되어 왔음을 보여주었던 것이다. 다섯째 '이용도가 뱀이 되고 급기야 죽는다'는 것은 그의 '자아'가 죽는다는 것을 의미하며 그 '자아'는 집단적 무의식의 무한한 멸시를 받은 후 산 위로 올라가는데 이것은 위로의 상승을 의미하였다. 이는 곧 기독교 신앙의 관점에서는 부활이고 융 심리학적 관점에서는 개성화 과정의 완성이었다. 이 마지막 꿈은 예언적 색체가 강하였고 그런 속성을 그 이후 이용도의 행적이 입증해 주었다.

이러한 꿈 이후 그는 현실에서 점차적으로 배척당하는 수순에 휘말리게 되었고 급기야 한준명 사건을 정점으로 그의 삶은 급전직하의 길로 치달았다. 마지막으로 향해 가는 그에게서 필자는 청년기의 저항적이고 열정적인 투사로서의 모습 대신, 모든 것을 무한한 사랑으로 감싸고 있는 성숙한 인간의 모습을 볼 수 있었다. 이제 그에게 분열이나 갈등이라는 단어는 전혀 의미가 없었다. 그는 '사천집회의 꿈'이 예언한 것처럼 진정한 '자기'를 실현하면서 조용히 33년이라는 짧은 생애를 마감하였다.

이와 같은 이용도의 마지막 죽음의 자세에서 필자는 융의 '사위일체' 개념의 참의미를 발견할 수 있었다. 이것은 본 연구의 주제인 개성화 과정의 핵심일 뿐 아니라 서론에서 제기했던 현재의 한국교회의 문제점에 대한 해결의 실마리가 숨어 있는 주제이기도 하였다. 사위일체란 절대타자이며 자족적인 존재로서의 삼위일체의 신을 말하는 것이 아님과 동시에 종교와 무관한 인간은 하나도 없음을 또한 일깨워 주는 개념이다. 다시 말해서 그것은 인간의 내면 깊숙이 들어와 실존적인 인간과 상호의존적인, 곧 인간의 무의식과 의식의 통합과정에 녹아 있는 하나님에 대한 개념이다. 융에 의하면 하나님 안에 선과 악이 같이 존재한다는 것은 이제 더 이상 불경스러운 것이 아니다. 그러한 대극은 적대적 투쟁의 근원이 아니라 오히려 상호의존의 에너지이기 때문이다. 즉 그것은 무조건적인 예수의 인간 사랑과도 같은 것이다. 따라서 '사위일체'는 현대인들에게 있어서는 치유적 상징이라고 융은 강조하였다. 이용도의 마지막 죽음은 이와 같은 '사위일체'의 치유적 힘이 충만되어 있던 순간과도 같았다.

끝으로 본 연구를 통해 현재 한국교회가 가지고 있는 문제점들을 풀어낼 수 있는 실마리를 찾아봐야 할 것이다. 우선 필자는 이용도의 행적 속에서 '진정한 회개'의 모습을 유추할 수 있었다. 모든 변화에 있어서 회개는 언제나 처음에 시작되어야 하는 행위이며 그것이 철저하면 할수록 변화의 질이 달라지는 작업이다. 그의 마귀와의 투쟁적 자세에서도 보았듯이 그는 어떤 경우에서라도 현실적인 문제에 적극적이었다. 그러한 적극성은 그가 무엇보다도 먼저 체면으로 인식되는 페르조나와 개인적 무의식 차원의 열등감 때문에 조성되었을 자신의 콤플렉스들을 과감히 포기한 후 그대로 받아들였다. 이처럼 진정한 회개는 페르조나의 한계를 알고 그것의 이중구조로부터 벗어나는 일이며 동시에 자신의 개인적 콤플렉스를 덮으려 하지 않고 직시하는 것이다. 그러면 인간은 무력해지는데 그때의 무력은 허망한 무력감에 젖는 것이 아니라 조용히 비어 있는 무(無)나 공(空)과 같은 객관적 허전함을 경험하는 것이다. 이러한 공간이 생겨야 성령의 역사가 일어나기 시작한다. 다시 말해서 이 공간은 좀 더 깊은 내면의 무의식을 활성화시켜서 새로운 삶의 메시지를 체득할 수 있게 한다. 이용도가 이러한 자신의 무능을 인식하였을 때 그는 그의 일상의 하찮은 순간마저도 성의(聖意)에 맡기는 태도로 자기 자신의 의식적 판단을 포기하였다. 이것이야말로 진정한 회개의 자세이다. 결과적으로 이러한 그의 태도는 오히려 그를 모든 일에 적극적으로 임하게 하였으며 능력 있는 부흥사로 만들어 나갔다.

둘째 이러한 회개가 왜 지금의 개신교회에서는 일어나지 않는지에 대한 반성이 있어야 한다. 인간은 모름지기 그 시대의 집단정신인 인간(직분, 자리)의 도리로 통칭되는 자기중심적 사고에서 벗어나기가 너무 어렵다. 설령 그러한 것에서 어느 정도 벗어났다 하더라도 좀 더 깊은 곳에 숨어 있는 열등적 콤플렉스의 힘은 너무 이기적이라서 극복하기가 더더욱 어렵다. 이때 교회는 이런 문제들을 근본적으로 해결해 주려 하기보다는 오히려 감사나 순종으로 포장하는 법만 가르치는 데 여념이 없다. 그러므로 교회는 교인들로 하여금 이중구조에 익숙하게 하여서 본래의 문제를 더욱더 볼 수 없게 만들어 주는 곳이 되고 만다. 왜 그럴까? 그 이유는 각 교인들이 자신의 페르조나에 얽매여 있어서만이 아니다. 좀 더 심각한 것은 교역자들이 자신의 직분적 권위 속에 안주하고 있기 때문이다. 이러한 현상은 이용도 당시의 교회에서도 분명하게 드러났다. 그들은 이용도가 바른 소리를 해서 담임목회자를 곤란하게 만든다는 이유로 그를 배척하였던 것이다. 교역자들이 필히 물리쳐야 하는 유혹은 목회자라는 페르조나 뒤에 숨어서 자신들의 문제는 보려하지 않은 채 신적 권위만을 만끽하려는 태도이다. 이러한 교역자의 태도는 교인들을 성숙한 신앙적 인격체로 성장시키기보다 오히려 우매함으로 이끌어서 정신적 유아상태에 머물러 있게 한다.

교인들의 병리적 군중심리 또한 참회개의 걸림돌이다. 교회 지도자들은 군중들의 이성이 개인적 이성보다 저급하다는 것을 간과해서는 안 된다. 그들의 욕구는 어떤 면에서 보면 이성적이기보다는 감성적이고 원초적이다. 따라서 그들이 열광할 때 그 속에는 기본적으로 병적인 요소가 내포되어 있다. 그중 하나가 고통스러운 현실로부터의 도피일 것이다. 그러나 많은 사람들은 그러한 패배적인 태도를 용납할 수 없기 때문에 의식적으로는 종교에 대한 열성적 믿음의 자세로 포장하게 된다. 따라서 신비적 경험들, 예컨대 방언이나 환상들을 갈망할지도 모르고 모든 일상을 포기하려는 듯한 열성으로 교회 봉사에 적극적일 수도 있다. 그러나 이런 군중들은 그들의 원초적 욕구가 조금이라도 손상을 받으면 쉽게 변하고 만다.

셋째 이러한 문제들에 대한 대책은 물론 한국교회가 종교의 위로기능에 안주하지 않고 화해와 통합기능을 충실히 이행하려는 노력에 있다. 이제는 교회가 양적 성장에서 질적 성숙으로 시급히 방향전환을 해야 하는 시점에 다다른 것이다. 이미 살펴보았듯이 교회가 위로기능에 머물러 있으면 젖과 꿀만 있는 데 반하여 화해와 통합기능으로서의 교회를 지향하면 필연적으로 개인과 집단 안에 갈등과 고통이 따르게 된다. 이때의 교회는 거듭남의 경험을 해야 하기 때문에 반드시 죽음의 고통을 겪어야 하는 것이다. 그러므로 그동안 위로기능에만 집중해 와서 정신적 인내력이 약해진 한국교회는 필히 그 대안을 찾아야 한다.

넷째 그러나 이 문제를 좀 더 근본적으로 파악하려면 왜 현 교회가 구복신앙의 분위기, 즉 종교의 위로기능에서 벗어나야 하는지를 자각해야 한다. 어떤 사회든 한쪽으로 편향되어 극단화되면 그것에 대한 반동이 일어난다. 이용도 당시에도 일제의 강압이라는 정치·사회적 문제를 등한히 한 채 오직 믿음에만 집착하게 만들었던 보수주의와 근본주의는 자유주의와 소종파 운동이 발흥되는 계기로 작용하였다. 아울러 사회적 무의식 또한 그 반대의 욕구를 가지게 되는데 그런 욕구 중 하나가 이용도와 같은 부흥사에 대한 열망이었다. 사회의 분위기가 과학적·물질주의적 혹은 합리적·이성주의적인 방향으로 편향되어갈 때 인간의 내면에선 그 반대를 향한 욕구가 점점 커지게 된다. 현대인들이 다른 때보다 훨씬 더 영성에 관심을 갖는 것은 바로 그런 편향성에 대한 반동일 수 있다. 이러한 현대인의 욕구에 비교적 잘 부응한 것이 불교와 천주교인 것 같다. 이 종교들은 실재가 어떻든 간에 적어도 사람들에게 그들의 엄숙한 종교의식을 통해 영적 가치 혹은 문제에 대한 해답을 제공해 주는 이미지를 갖게 하였기 때문이다. 현대교회는 이러한 현대인들의 심성을 겸허히 읽을 줄 알아야 한다.

마지막으로 이러한 문제에 대한 구체적 대안이 '사위일체'의 개념 속에 숨겨져 있음을 다시 한 번 더 강조하고자 한다. 이용도가 온 몸으로 실천하다 간 그의 근본적 변환의 핵심을 정리해 보면 여기에는 현대교회가 겸허하게 자성해 봐야 할 문제점과 그것에 대한 해결책이 암시되어 있다. 그는 교파 간의 간격은 물론 종교 간의 간격마저도 비교적 과감히 뛰어넘었던 인물이었다. 이러한 그의 태도에서 필자는 우선 그를 신과 인간 사이의 이원론적 사고에서 자유로웠던 인물로 볼 수 있었다. 게다가 그가 빈번하게 묘사하는 신과 인간 사이의 친밀성까지 고려해 보았을 때 그를 융의 '사위일체'의 개념으로 재해석해 내는 데 큰 무리가 없음을 확인할 수 있었다. 이미 언급했듯이 '사위일체'란 삼위일체의 교리와 대립된 신학적 개념이 아니다. 그것은 그동안 삼위일체가 심리적으로 인간의 내면에 끼쳤던 폐해를 지나간 선조들이 겪으면서 그것의 대안으로서 인류의 정신 안에서 자연스럽게 형성되어 온 심리적 틀을 일컫는 것이다.

왜 이 '사위일체'가 지금의 한국교회를 구원할 수 있는 열쇠 중 하나인가 하면 첫째 삼위일체 교리가 현대사회에 끼치고 있는 심리적 폐해가 너무 심각한 지경에 이르렀고 둘째 현대인들은 과학의 발달로 말미암아 수많은 신화의 전통을 잃었으며 그로 인해 심리적 풍요로움에서 멀어진 지 이미 오래이다. 그러므로 그들은 외롭고 메말라 가고 있는 정신적 황폐화 상태에서 구원받을 수 있는 기회를 좀처럼 찾을 수 없는 지경에 이르렀다. 그런데다가 셋째 한국교회는 이러한 현상을 치유하려 하기보다는 오히려 자본주의적 상업주의와 결탁하여 종교를 값싼 위로의 상품으로 만들어 팔기에 여념이 없었던 것이다.

이러한 시점에서 하나님이 이 땅에 내재하기 위해 인성이라는 요소를 필요로 한다는 사위일체의 메시지는 새로운 소식이 아닐 수 없다. 그러므로 이때의 인성은 차라리 성령으로의 인간성이 된다. 이것을 융은 제도적 속박에서 벗어난 '자기'라는 성령이라고 표현한다.(Dourley, 33) 왜냐하면 '자기'는 인성의 핵심이기 때문이다. 즉 융의 '사위일체'는 하나님과의 관계에서 인간의 가치와 존엄성을 일깨워 주는 개념이다. 그것은 종교 공동체에 속해 있는 사람이거나 속해 있지 않은 사람들 모두에게 그들이 타고난 신성과 다시 관련을 맺게 하며 인간의 정신 안에서 그리고 그 정신을 통해서 신성과 대화하게 한다. 이러한 대화가 많이 일어날 때 세속사회는 그의 내면에 있는 창조적인 인간성을 되찾을 수 있을 것이다. 이러한 창조성의 회복이야말로 침체된 한국교회를 일깨우는 원동력이다. 그리고 한국교회가 이를 통해 다시 깨어날 수만 있다면 이제 더 이상 독선적이거나 자기중심적 그리고 배타적인 모습을 보이지는 않을 것이다.

참고문헌

1. 국내문헌

1) 이용도 목사전집

이용도/변종호 편저(2004a), 이용도 목사전집1, 『고는 나의 인생: 서간집』,
　　　서울: 장안문화.
　　　＿＿＿＿＿＿＿＿＿＿.(2004b), 이용도 목사전집2, 『빈은 나의 애처: 일기』,
　　　서울: 장안문화.
　　　＿＿＿＿＿＿＿＿＿＿.(2004c), 이용도 목사전집3, 『비는 나의 궁전: 저술집』,
　　　서울: 장안문화.
피터스/변종호(2004), 이용도 목사전집4, 『시무언, 말 없는 것이 옳다: 전
　　　기』, 서울: 장안문화.
변종호 편저(2004), 이용도 목사전집5, 『사모의 세월: 추모집』, 서울: 장
　　　안문화.

2) 융 기본 저작집(기저)

C. G. Jung/한국융연구원 C. G. 융 저작 번역위원회 옮김(2001), 융 기본
　　　저작집1, 『정신요법의 기본문제』, 서울: 솔출판사.
　　　＿＿＿＿＿＿＿.(2002), 융 기본 저작집2, 『원형과 무의식』, 서울: 솔출
　　　판사.

________________.(2004), 융 기본 저작집3, 『인격과 전이』, 서울: 솔출판사.

________________.(2002), 융 기본 저작집5, 『꿈에 나타난 개성화 과정의 상징』, 서울: 솔출판사.

________________.(2004), 융 기본 저작집6, 『연금술에서 본 구원의 관념』, 서울: 솔출판사.

________________.(2005), 융 기본 저작집7, 『상징과 리비도』, 서울: 솔출판사.

________________.(2006), 융 기본 저작집8, 『영웅과 어머니 원형』, 서울: 솔출판사.

________________.(2004), 융 기본 저작집9, 『인간과 문화』, 서울: 솔출판사.

3) 그 밖의 국내문헌

길희성(2003), 『마이스터 엑카르트의 영성 사상』, 서울: 분도출판사.

김상일(2001), "한국문화와 이용도의 영성", 『탄신백주년 기념특집 이용도, 김재준, 함석헌』, 서울: 한들출판사.

김영철(1998), "이용도 목사의 생애", 「우원사상논총」 제5집, 우원사상연구소.

민경배(1969), "이용도의 신비주의 연구", 「현대와 신학」 제5호, 연세대학교. 128 - 160.

______(1991), 『일제하의 한국 기독교 민족·신앙 운동사』, 서울: 기독교서회.

박봉배(1978), "이용도의 사랑의 신비주의와 그 윤리성", 「신학과 세계」, 감리교 신학대학교. 51 - 71.

박용규(2004a), 『한국 기독교 교회사 1』, 서울: 생명의말씀사.

______(2004b), 『한국 기독교 교회사 2』, 서울: 생명의말씀사.

박종현(2004), 『일제하 한국교회의 신앙구조』, 서울: 한들출판사.

변선환(1978), "이용도와 마이스터 에크하르트", 「신학과 세계」, 감리교 신학대학교. 72-123.

성백걸(2001a), "이용도 생애와 사상", 『이용도의 생애·신학·영성』, 서울: 한들출판사. 17-60.

______(2001b), "영원의 향유: 이용도의 생애와 사상", 『탄신백주년 기념 특집 이용도, 김재준, 함석헌』, 서울: 한들출판사. 19-54.

송길섭(1978), "한국교회의 개혁자 이용도", 「신학과 세계」, 감리교 신학대학교. 124-157.

______(1982), 『일제하 감리교 삼대거성』, 서울: 성광문화사.

양미강(1992), "초기 전도부인의 신앙과 활동", 『한국 기독교와 역사』, 서울: 한국기독교역사연구소.

呂洞賓/李允熙·高聖勳共 譯(1999), 『太乙金華宗旨』, 서울: 여강출판사.

유동식(1967), "이용도 목사와 그의 주변", 「기독교사상」 1967년 7월, 대한기독교서회. 21-27.

윤성범(1978), "李龍道와 十字架神秘主義", 「신학과 세계」, 감리교 신학대학교. 9-30.

이덕주(2003), "이용도 목사의 성자 이야기", 「세계의 신학」, 통권 61호. 211-224.

이만열(1991), "한말 기독교 사조의 양면성 시고", 『한국기독교와 민족의식』, 서울: 지식산업사.

이병윤(1990), 『정신의학사전』, 서울: 일조각.

이부영(1987), "Jung의 母性像과 母性콤플렉스論", 「심성연구」, 1987. 2: 73-88.

______(1995), 『한국 민담의 심층분석』, 서울: 집문당.

______(1997), "재생의 상징적 의미", 「심성연구」, 12:(2). 89-114.

______(2004), 『아니마와 아니무스』, 서울: 한길사.

______(2005a), 『그림자』, 서울: 한길사.

______(2005b), 『자기와 자기실현』, 서울: 한길사.

______(2005c), 『분석심리학』, 서울: 일조각.

이원규(2003), 『기독교의 위기와 희망』, 서울: 대한기독교서회.

이유경(1998), "서양 중세 연금술에서의 '안트로포스(Anthropos)", 「심성연구」, 13:(1). 1-53.
이정배(2001), "이용도 연구사에 대한 개관과 비판적 분석", 『이용도의 생애·신학·영성』, 서울: 한들출판사. 89-121.
이죽내(1987), "한국신화에서 본 모성상", 「심성연구」, 2. 89-102.
장규식(2001), 『일제하 한국 기독교민족주의 연구』. 서울: 도서출판 혜안.
정지련(1998), "성령론적 관점에서 본 이용도의 신앙운동", 『이용도 목사의 영성과 예수운동』, 서울: 성서연구사. 117-135.
차성환(2001), "이용도의 사회·역사관", 『탄신백주년 특집논문집 이용도, 김재준, 함석헌』, 서울: 한들출판사. 129-156.
최대광(2001), "세계 신학적 흐름에서 본 이용도 목사의 영성과 신학", 『이용도의 생애·신학·영성』, 서울: 한들출판사. 61-88.
한국기독교역사연구소(2004), 『한국기독교의 역사 Ⅰ』, 서울: 기독교문사.
_______________________(2003), 『한국기독교의 역사 Ⅱ』, 서울: 기독교문사.

3) 번역서

Elaine Pagels/하연희 역(2006), 『숨겨진 복음서 영지주의』, 서울: 루비박스
Franz, M. L. von/이윤기 역(1996), "개성화의 과정", 『인간과 상징』, 서울: 열린책들.
Freud, Sigmund/김석희 역(1997), 『문명 속의 불만』, 서울: 열린책들.
James, William/김재영 역(2000), 『종교적 경험의 다양성』, 서울: 한길사.
Jung, C. G./김성관 역(1997), 『융 심리학과 동양종교』, 서울: 일조각.
_________/이부영 역(1996), 『회상, 꿈 그리고 사상』, 서울: 집문당.
_________/이윤기 역(1996), "무의식에의 접근", 『인간과 상징』, 서울: 열린책들.
_________/이은봉 역(1980), 『종교와 심리학』, 서울: 경문사.
Otto, R./길희성 역(1995), 『성스러움의 의미』, 서울: 분도출판사.

Robertson, R./이광자 역(2005), 『융과 괴델』, 서울: 몸과마음.

Tillich, P./송기득 역(1986), 『폴틸리히의 그리스도교 사상사』, 한국신학연구소.

Thompson, C./이형영·이귀행 역(1987), 『정신분석의 발달』, 서울: 하나의학사.

Vanier, A./김연권 역(1999), 『정신분석의 기본원리』, 서울: 솔출판사.

2. 국외문헌

1) Collected Works of C. G. Jung(*CW*)

Jung, C. G.(1967), Collected Works of C. G. Jung Vol. 5: *Symbols of Transformation*, Translated by R. F. C. Hull, Princeton University Press, Princeton, New Jersey.

__________,(1977), Collected Works of C. G. Jung Vol. 6: *Psychological Types*, Translated by R. F. C. Hull, Princeton University Press, Princeton, New Jersey.

__________,(1977), Collected Works of C. G. Jung Vol. 7: *Two Essays on Analytical Psychology*, Translated by R. F. C. Hull, Lowe & Brydone Printers Limited Theeford, Norfolk.

__________,(1969), Collected Works of C. G. Jung Vol. 8: *The Structure and Dynamics of the Psyche*, Translated by R. F. C. Hull, Princeton University Press.

__________,(1969), Collected Works of C. G. Jung Vol. 9. part I: *The Archetypes and The Collective Unconscious*, Translated by R. F. C. Hull, Bollingen Series XX, Princeton University Press.

_________,(1968), Collected Works of C. G. Jung Vol. 9. part Ⅱ: *Aion*, Translated by R. F. C. Hull, Unwin brothers Limited The Gresham Press, Old Working, Surrey, England.

_________,(1969), Collected Works of C. G. Jung Vol. 11: *Psychology and Religion: West and East*, Translated by R. F. C. Hull, Princeton University Press.

_________,(1966), Collected Works of C. G. Jung Vol. 15: *The spirit in Man. Art and Literature*, Translated by R. F. C. Hull, Bollingen Series XX, Princeton University Press.

_________,(1966), Collected Works of C. G. Jung Vol. 16: *The Practice of Psychotherapy*, Translated by R. F. C. Hull, Princeton University Press.

_________,(1974), Collected Works of C. G. Jung Vol. 17: *The Development of Personality*, Translated by R. F. C. Hull, Bollingen Series XX, Princeton University Press.

_________,(1976), Collected Works of C. G. Jung Vol. 18: *The Symbolic Life Miscellaneous Writing*, Translated by R. F. C. Hull, Princeton University Press.

2) Grundwerk C. G. Jung(GW)

C. G. Jung.(1984), Grundwerk C. G. Jung, Band 1, *Grundfragen zur Praxis*, Walter－Verlag, Olten und Freiburg im Breisgau.

_________,(1984), Grundwerk C. G. Jung, Band 2, *Archetyp and Unbewußtes*, Walter－Verlag, Olten und Freiburg im Breisgau.

_________,(1984), Grundwerk C. G. Jung, Band 3, *Die Beziehungen zwischen dem Ich und dem Unbewußten*, Walter－Verlag, Zürich und Düsseldorf.

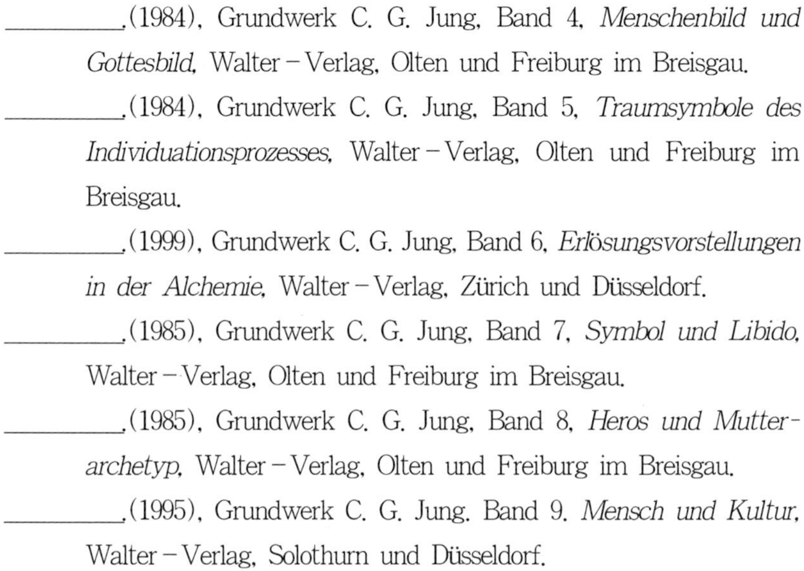

__________,(1984), Grundwerk C. G. Jung, Band 4, *Menschenbild und Gottesbild*, Walter – Verlag, Olten und Freiburg im Breisgau.

__________,(1984), Grundwerk C. G. Jung, Band 5, *Traumsymbole des Individuationsprozesses*, Walter – Verlag, Olten und Freiburg im Breisgau.

__________,(1999), Grundwerk C. G. Jung, Band 6, *Erlösungsvorstellungen in der Alchemie*, Walter – Verlag, Zürich und Düsseldorf.

__________,(1985), Grundwerk C. G. Jung, Band 7, *Symbol und Libido*, Walter – Verlag, Olten und Freiburg im Breisgau.

__________,(1985), Grundwerk C. G. Jung, Band 8, *Heros und Mutterarchetyp*, Walter – Verlag, Olten und Freiburg im Breisgau.

__________,(1995), Grundwerk C. G. Jung. Band 9. *Mensch und Kultur*, Walter – Verlag, Solothurn und Düsseldorf.

3) Others

Charet, F. X.(1993), *Spiritualism and the Foundations of C. G. Jung's Psychology*, State University of New York Press, Albany.

Dourley, John P.(2001), "Revisioning Incarnation: Jung on the Relativity of God", 「심성연구」 16: (1), 1 – 33.

Ellenberger, H. F.(1970), *the Discovery of the Unconscious*, Basic Books Publishers, New York.

Ellwood, Jr., R. S.(1980), *Mysticism and Religion*, Prentice – Hall, Englewood Clifts, New Jersey.

Fuller, Andrew R.(1994), *Psychology & religion. Eight points of view*, Rowman & Littlefield Publishers, Inc., London, England.

Jung, C. G. (1968), *Analytical Psychology: Its Theory & Practice*, Vintage Books, New York.

Louth, Andrew.(1990), *The Origins of the Christian Mystical Tradition*, Oxford University Press, New York.

Palmer, Michael(1997), *Freud and Jung on Religion*, Routledge, London and New York.

Paloutzian, Raymond F.(1996), *Invitation to the Psychology of Religion*, *2nd Ed.* Boston etc., Allyn and Bacon.

Parsons, William B.(1999), *The Enigma of the Oceanic Feeling*, Oxford University Press, Inc.

Walsh Roger and Vaughan Frances E.(1996), "*Comparative Models of the Person and Psychotherapy*", *Transpersonal Psychotherapy*, *2nd Ed.*, Edited by Seymour Boorstein. State University of New York Press, Albany.

Wulff, David M.(1997), *Psychology of Religion Classic and Contemporary*, 2nd Ed. New York etc., John Wiley & Sons, Inc.

· 저자 ·

장덕환　·약　력·
서울 보성고등학교 졸업
고려대학교 의과대학 졸업
고려대학교 의과대학 대학원 졸업
강남대학교 신학대학원 졸업
강남대학교 대학원 졸업(신학박사)

국립 서울 정신병원 정신과 전문의
(전) 논산 백제병원 신경정신과 과장
(전) 침례교 신학대학교 기독교와 정신의학 강의
(현) 한신대학교 종교심리학 강의
(현) 장덕환 신경정신과 의원장

·주요 논저·
「체·게·융의 인간이해과정에 관한 연구」
「하나님 형상에 관한 연구」
「이용도의 꿈과 환상체험에 대한 융 심리학적 분석」

융 심리학적 관점에서 본
이용도 목사의 꿈과 환상체험

· 초판 인쇄	2007년 10월 10일
· 초판 발행	2007년 10월 10일
· 지 은 이	장덕환
· 펴 낸 이	채종준
· 펴 낸 곳	한국학술정보㈜
	경기도 파주시 교하읍 문발리 526-2
	파주출판문화정보산업단지
	전화　031) 908-3181(대표) · 팩스　031) 908-3189
	홈페이지　http://www.kstudy.com
	e-mail(출판사업부)　publish@kstudy.com
· 등　　록	제일산-115호(2000. 6. 19)
· 가　　격	15,000원

ISBN　978-89-534-7579-3 93180 (Paper Book)
　　　978-89-534-7580-9 98180 (e-Book)